Gestión de servicios en el sistema informático

Ester Chicano Tejada

ic editorial

Gestión de servicios en el sistema informático
© Ester Chicano Tejada

1ª Edición

© IC Editorial, 2025

Editado por: IC Editorial
c/ Cueva de Viera, 2, Local 3
Centro Negocios CADI
29200 Antequera (Málaga)
Teléfono: 952 70 60 04
Fax: 952 84 55 03
Correo electrónico: iceditorial@iceditorial.com
Internet: www.iceditorial.com

ISBN: 978-84-1184-862-6
Depósito Legal: MA 833-2025

Impresión: PODiPrint
Impreso en Andalucía – España

Nota de la editorial: IC Editorial pertenece a Innovación y Cualificación S. L.

Presentación del manual

El **Certificado de Profesionalidad** es el instrumento de acreditación, en el ámbito de la Administración laboral, de las cualificaciones profesionales del Catálogo Nacional de Cualificaciones Profesionales adquiridas a través de procesos formativos o del proceso de reconocimiento de la experiencia laboral y de vías no formales de formación.

El elemento mínimo acreditable es la **Unidad de Competencia.** La suma de las acreditaciones de las unidades de competencia conforma la acreditación de la competencia general.

Una **Unidad de Competencia** se define como una agrupación de tareas productivas específica que realiza el profesional. Las diferentes unidades de competencia de un certificado de profesionalidad conforman la **Competencia General,** definiendo el conjunto de conocimientos y capacidades que permiten el ejercicio de una actividad profesional determinada.

Cada **Unidad de Competencia** lleva asociado un **Módulo Formativo,** donde se describe la formación necesaria para adquirir esa **Unidad de Competencia,** pudiendo dividirse en **Unidades Formativas.**

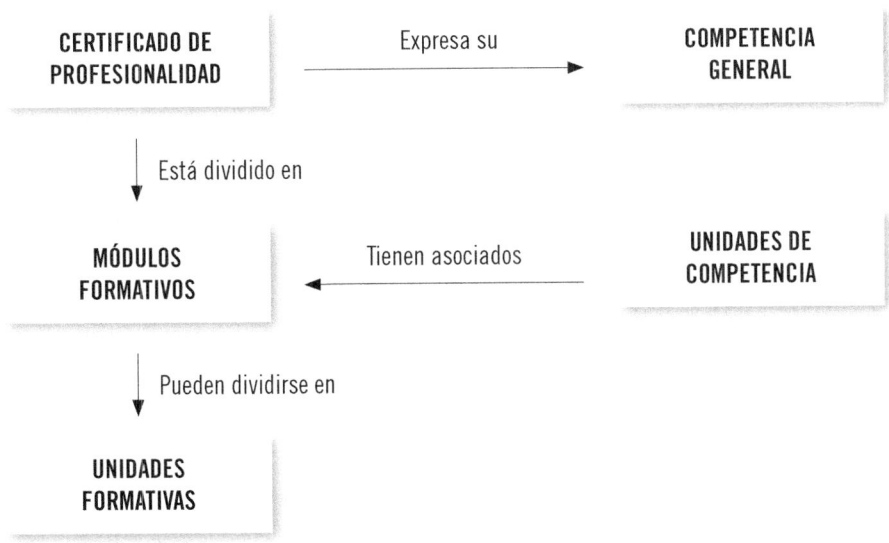

El presente manual desarrolla el Módulo Formativo **MF0490_3: Gestión de servicios en el sistema informático,**

asociado a la unidad de competencia **UC0490_3: Gestionar servicios en el sistema informático,**

del Certificado de Profesionalidad **Programación de sistemas informáticos.**

FICHA DE CERTIFICADO DE PROFESIONALIDAD

(IFCT0609) PROGRAMACIÓN DE SISTEMAS INFORMÁTICOS (R. D. 686/2011, de 13 de mayo modificado por el R. D. 628/2013, de 2 de agosto)

COMPETENCIA GENERAL: Desarrollar componentes software a partir de unas especificaciones concretas, proporcionando funciones de administración y supervisión del sistema operativo, para la gestión de los recursos de un sistema informático y la interacción con otros sistemas utilizando tecnologías de desarrollo orientadas a objetos y a componentes.

Cualificación profesional de referencia		Unidades de competencia	Ocupaciones o puestos de trabajo relacionados:
IFC303_3 PROGRAMACIÓN DE SISTEMAS INFORMÁTICOS (R. D. 1201/2007, de 14 de septiembre)	UC0490_3	Gestionar servicios en el sistema informático	• 2711.1019 Analista de Sistemas, nivel superior • 2712.1030 Analista Programador, nivel medio • 2712.1012 Analista de Aplicaciones, nivel medio • 3820.1017 Programador de Aplicaciones Informáticas • Programador de sistemas • Programador de componentes
	UC0964_3	Crear elementos software para la gestión del sistema y sus recursos	
	UC0965_3	Desarrollar elementos software con tecnologías de programación basada en componentes	

Correspondencia con el Catálogo Modular de Formación Profesional

Módulos certificado	Unidades formativas	Horas
MF0490_3: Gestión de servicios en el sistema informático	UF1286: Desarrollo y optimización de componentes software para tareas administrativas de sistemas	90
MF0964_3: Desarrollo de elementos software para gestión de sistemas	UF1287: Desarrollo de componentes software para el manejo de dispositivos (Drivers)	90
	UF1288: Desarrollo de componentes software para servicios de comunicaciones	60
MF0965_3: Desarrollo de software basado en tecnologías orientadas a componentes	UF1289: Diseño de elementos software con tecnologías basadas en componentes	60
	UF1290: Implementación e integración de elementos software con tecnologías basadas en componentes	90
	UF1291: Despliegue y puesta en funcionamiento de componentes software	90
MP0274: Módulo de prácticas profesionales no laborales		30
		80

Índice

Capítulo 1
Gestión de la seguridad y normativas

Contenido

1. Introducción

En la actualidad, y cada vez más, las tecnologías de la información tienen un papel muy importante en cualquier tipo de organización, hasta el punto de integrarse plenamente en los distintos procedimientos de gestión de las mismas.

Por ello, es imprescindible tener un conocimiento básico y genérico sobre las distintas normativas referentes a las tecnologías de la información.

En este capítulo, primeramente se procederá a ofrecer una visión general del código de buenas prácticas para efectuar una adecuada gestión de la seguridad de la información, llamado también norma ISO/IEC 27002.

A continuación, se estudiará la librería de infraestructuras de las tecnologías de la información, herramienta fundamental con una serie de recomendaciones para que la integración de las tecnologías de la información con los servicios de la organización se realice correctamente.

Aparte, las tecnologías de la información van estrechamente ligadas al tratamiento de datos personales, ya que muy frecuentemente los datos personales forman parte de la base de datos de cualquier organización. En este capítulo se da una especial importancia a la normativa referente al tratamiento de datos personales, para evitar incurrir en cualquier infracción debido al desconocimiento de las normas fundamentales.

Para terminar, además de una correcta gestión de la seguridad de la información automatizada, también es vital mantener un nivel adecuado de seguridad física para evitar la intromisión de personas no autorizadas o para prevenir un mal uso de los ficheros manuales que contengan información delicada. Por este motivo, el capítulo termina con una serie de medidas y recomendaciones que aporten a la organización un nivel de seguridad física óptimo.

2. Norma ISO 27002. Código de buenas prácticas para la gestión de la seguridad de la información

La norma ISO/IEC 27002 se crea bajo la coordinación de la *International Organization for Standaration* y la Comisión Electrotécnica Internacional e, inicialmente, era llamada normativa ISO 17799.

Importante

La norma ISO 17799 consiste en un manual de buenas prácticas para una adecuada gestión de la seguridad de la información.

Se engloba dentro de un conjunto de normativas ISO/IEC 2700X que regulan temas de seguridad en los ámbitos digital y electrónico:

- **ISO 27000:** incluye fundamentalmente el vocabulario que se va a utilizar en las normas incluidas en toda la serie para una mayor comprensión de las mismas.
- **ISO/IEC 27001:** también es un manual de buenas prácticas pero, en este caso, se incluyen los requisitos necesarios de los sistemas de gestión de seguridad de la información.
- **ISO/IEC 27002:** es un estándar para la seguridad de la información (también se considera una guía de buenas prácticas) en el que se incluyen los distintos objetivos de control y controles recomendados para mantener un nivel de seguridad de la información óptimo.

La norma ISO/IEC 27002 está formada por una serie de secciones que se van a describir y detallar brevemente en este apartado:

0. Introducción
1. Objeto y campo de aplicación
2. Normas para consulta

3. Términos, definiciones y abreviaturas
4. Estructura del documento
5. Organización
6. Controles de personas
7. Controles físicos
8. Controles tecnológicos

 Nota

La versión más reciente de la ISO/IEC 27002 (la ISO/IEC 27002:2023) incluye un total de 93 controles clasificados en 4 categorías, simplificando y mejorando la eficacia de los controles de seguridad de las versiones anteriores que llegaron a alcanzar los 114 controles.

En cada una de las secciones se describen los objetivos de los controles para la seguridad de la información, indicándose también una guía para la implantación de estos controles.

2.1. Introducción

La información es un activo especialmente valioso en cualquier organización, sobre todo si se tiene en cuenta que el entorno empresarial está cada vez más interconectado debido al fenómeno de la globalización.

Este fenómeno provoca que la información cada vez sea más vulnerable ante ataques y amenazas, por lo que resulta imprescindible que esté protegida con un nivel de seguridad lo más elevado posible.

Para establecer sistemas de información seguros, la norma ISO 27002 establece una serie de pasos importantes que debe realizar cada empresa u organización (tanto privadas como públicas):

- Determinar los requisitos de seguridad de la información, evaluando los distintos riesgos de la organización.
- Evaluar los riesgos de seguridad de la organización, con un alcance claramente definido.
- Una vez evaluados los riesgos, determinar los controles a implantar para reducirlos a un nivel aceptable.
- Actuar como punto de partida para que la organización desarrolle sus directrices específicas.
- Determinar el ciclo de vida de la información y de las modificaciones de su valor y de los riesgos que corre a lo largo de este.
- Orientarse sobre la información básica adicional que pueden ofrecer los distintos documentos de la familia ISO/IEC 27000.

2.2. Objeto y campo de aplicación

Los objetivos de control y los controles de la ISO 27002 se diseñan para que, al implementarse, se satisfagan los requerimientos identificados mediante la evaluación de los riesgos de la organización.

Esta normativa, aparte de mostrar y definir unos controles recomendados, también sirve como orientación de partida para las organizaciones con el fin de elaborar e implantar sus propias medidas de seguridad y para fomentar un ambiente de confianza y participación de las distintas áreas organizativas en las actividades relacionadas con la seguridad de la información.

2.3. Términos y definiciones

En este apartado se recogen las definiciones de los términos más utilizados en esta normativa. Los más significativos son los siguientes:

- **Control:** medios para gestionar el riesgo, que incluyen políticas, procesos, dispositivos, prácticas u otras condiciones que pueden mantener y/o modificar un riesgo.

- **Instalación de tratamiento de la información:** cualquier sistema, servicio o infraestructura de procesamiento de la información o los lugares físicos que los alojan.
- **Brecha en la seguridad de la información:** compromiso de la seguridad de la información en una organización que ocasiona la destrucción, modificación, pérdida, accesos no deseados o, incluso, divulgación a información de carácter protegido.
- **Incidente de seguridad de la información:** evento o serie de eventos inesperados de seguridad de la información que tienen una probabilidad significativa de comprometer las operaciones comerciales y amenazar la seguridad de la información.
- **Gestión de incidentes de la seguridad de la información:** conjunto de acciones para gestionar los incidentes de seguridad de la información de forma coherente y eficaz.
- **Sistema de información:** conjunto de servicios, aplicaciones y activos de tecnologías de la información que tienen como función gestionar la información.
- **Interrupción:** evento esperado o inesperado que genera una desviación negativa y no planificada de la entrega programada de productos y servicios según los objetivos de una organización.

2.4. Estructura del documento

La norma ISO/IEC 27002:2023 clasifica los controles en cuatro categorías:

- Controles organizativos.
- Controles de personas.
- Controles físicos.
- Controles tecnológicos.

Además, contiene dos anexos informativos en los que se explica la utilización de los atributos y la correspondencia de esta versión de la norma con la versión más antigua (Norma ISO/IEC 27002:2013).

2.5. Organización

En este apartado se describen una serie de indicaciones para establecer los controles organizativos en una empresa y garantizar que estos se ejecutan de forma eficiente. Además de la descripción del control organizativo en sí, también se describe cuál es el propósito de cada uno y da una serie de orientaciones para su correcta implantación.

Así, los controles organizativos de la ISO/IE 27002 que se plasman en este apartado son los siguientes:

1. Políticas para la seguridad de la información.
2. Roles y responsabilidades en seguridad de la información.
3. Segregación de tareas.
4. Responsabilidades de la dirección.
5. Contacto con las autoridades.
6. Contacto con grupos de interés especial.
7. Inteligencia de amenazas.
8. Seguridad de la información en la gestión de proyectos.
9. Inventario de información y otros activos asociados.
10. Uso aceptable de la información y activos asociados.
11. Devolución de activos.
12. Clasificación de la información.
13. Etiquetado de la información.
14. Transferencia de la información.
15. Control de acceso.
16. Gestión de identidad.
17. Información de autenticación.
18. Derechos de acceso.
19. Seguridad de la información en las relaciones con los proveedores.
20. Abordar la seguridad de la información dentro de los acuerdos de los proveedores.
21. Gestión de la seguridad de la información en la cadena de suministro de las TIC.
22. Seguimiento, revisión y gestión del cambio de los servicios de proveedores.
23. Seguridad de la información para el uso de servicios en la nube.

24. Planificación y preparación de la gestión de incidentes de seguridad de la información.
25. Evaluación y decisión sobre los eventos de seguridad de la información.
26. Respuesta a incidentes de seguridad de la información.
27. Aprender de los incidentes de seguridad de la información.
28. Recopilación de evidencias.
29. Seguridad de la información durante la interrupción.
30. Preparación para las TIC para la continuidad del negocio.
31. Identificación de requisitos legales, reglamentarios y contractuales.
32. Derechos de propiedad intelectual (DPI).
33. Protección de los registros.
34. Privacidad y protección de datos de carácter personal (DCP).
35. Revisión independiente de la seguridad de la información.
36. Cumplimiento de las políticas y normas de seguridad de la información.
37. Documentación de procedimientos operacionales.

A continuación, se va a dar una breve descripción de cada uno de los controles mencionados anteriormente:

- **Control 5.1. Políticas para la seguridad de la información.** Una política de seguridad de la información, junto con las políticas específicas complementarias debe ser establecida formalmente. Esto implica la aprobación por parte de la dirección, la publicación para su acceso, la comunicación efectiva al personal y a las partes interesadas relevantes para asegurar su conocimiento y la revisión periódica según un plan preestablecido, además de una revisión cada vez que ocurran cambios importantes.
- **Control 5.2. Roles y responsabilidades en seguridad de la información.** Los roles y responsabilidades en seguridad de la información deben configurarse a medida, respondiendo a las necesidades específicas de cada organización.
- **Control 5.3. Segregación de tareas.** Se aconseja segregar las funciones y las áreas de responsabilidad que tengan algún conflicto.
- **Control 5.4. Responsabilidades de la dirección.** La dirección debe requerir que todos los empleados apliquen las medidas de seguridad de la información según lo estipulado en la política general, las políticas específicas y los procedimientos de la organización.

- **Control 5.5. Contacto con las autoridades.** Se aconseja establecer y mantener los contactos necesarios y adecuados con las autoridades que procedan en cada caso.

- **Control 5.6. Contacto con grupos de interés especial.** Se recomienda la creación y el mantenimiento de redes de contacto relevantes con grupos de interés especial, otros foros y asociaciones profesionales especializadas en el ámbito de la seguridad.

- **Control 5.7. Inteligencia de amenazas.** Debería recopilarse y analizarse la información sobre amenazas a la seguridad con la finalidad de producir información de utilidad sobre las mismas.

- **Control 5.8. Seguridad de la información en la gestión de proyectos.** Se aconseja integrar la seguridad de la información en la gestión de proyectos.

- **Control 5.9. Inventario de información y otros activos asociados.** Se aconseja elaborar y mantener actualizado un inventario exhaustivo de la información y otros activos asociados, identificando a los propietarios correspondientes.

- **Control 5.10. Uso aceptable de la información y activos asociados.** Para asegurar un uso adecuado y una gestión eficaz de la información y los activos relacionados, es necesario identificar, documentar e implementar reglas de uso aceptable y procedimientos.

- **Control 5.11. Devolución de activos.** Tras el cambio o la conclusión de su trabajo, contrato o acuerdo, los empleados y terceras partes correspondientes deberían reintegrar todos los activos de la organización que tengan en su poder.

- **Control 5.12. Clasificación de la información.** Los criterios para la clasificación de la información deben ser la confidencialidad, la integridad, la disponibilidad y los requisitos relevantes de las partes interesadas, en consonancia con las necesidades de seguridad de la organización.

- **Control 5.13. Etiquetado de la información.** El etiquetado de la información debería realizarse siguiendo procedimientos desarrollados e implementados que se ajusten al esquema de clasificación adoptado por la organización.

- **Control 5.14. Transferencia de la información.** Se recomienda la existencia de un marco regulatorio que defina cómo se debe transferir la información, ya sea interna o externamente, y para cualquier medio de transferencia.

- **Control 5.15. Control de acceso.** Se aconseja definir e implementar reglas que regulen el acceso físico y lógico a la información y los activos asociados, basándose en las necesidades del negocio y los requerimientos de seguridad de la información.
- **Control 5.16. Gestión de identidad.** Se recomienda gestionar el ciclo de vida completo de las distintas identidades.
- **Control 5.17. Información de autenticación.** Un proceso formal de gestión debería controlar la asignación y la gestión de la información de autenticación, incluyendo la capacitación del personal sobre su manejo adecuado.
- **Control 5.18. Derechos de acceso.** La asignación, revisión, modificación y eliminación de los derechos de acceso a la información y otros activos asociados deben realizarse de acuerdo con la política específica de la organización y las reglas sobre control de acceso.
- **Control 5.19.** Seguridad de la información en las relaciones con los proveedores. Deberían identificarse e implementarse procesos y procedimientos con la finalidad de llevar a cabo una gestión de los riesgos de seguridad de la información asociados al uso de los productos o servicios de los proveedores.
- **Control 5.20. Abordar la seguridad de la información dentro de los acuerdos de los proveedores.** Los requisitos oportunos de seguridad de la información deberían establecerse y ser acordados con cada proveedor atendiendo al tipo de relación que se tenga con este.
- **Control 5.21. Gestión de la seguridad de la información en la cadena de suministro de las TIC.** Es necesario definir e implementar procesos y procedimientos que mitiguen los riesgos de seguridad de la información vinculados a la cadena de suministro de productos y servicios de las Tecnologías de la Información y de las Comunicaciones (TIC).
- **Control 5.22. Seguimiento, revisión y gestión del cambio de los servicios de proveedores.** La organización debería realizar tareas de supervisión, revisión, evaluación y gestión de los cambios en las prácticas de seguridad de la información y prestación de servicios de los proveedores de forma regular.
- **Control 5.23. Seguridad de la información para el uso de servicios en la nube.** La seguridad de la información debe ser el pilar fundamental en todas las etapas del ciclo de vida de los servicios en la nube, desde su adquisición hasta su finalización.

- **Control 5.24. Planificación y preparación de la gestión de incidentes de seguridad de la información.** Para garantizar una respuesta efectiva ante incidentes de seguridad, la organización debe desarrollar e implementar un marco de gestión de incidentes que incluya la definición de procesos, la asignación de roles y la comunicación de responsabilidades.
- **Control 5.25. Evaluación y decisión sobre los eventos de seguridad de la información.** Para gestionar de manera efectiva los riesgos a la seguridad de la información, la organización debe contar con un mecanismo para evaluar y categorizar los eventos de seguridad, diferenciando entre incidentes menores y mayores.
- **Control 5.26. Respuesta a incidentes de seguridad de la información.** Se recomienda responder a los incidentes de seguridad de la información atendiendo a los procedimientos documentados.
- **Control 5.27. Aprender de los incidentes de seguridad de la información.** El conocimiento adquirido a raíz de los incidentes de seguridad de la información se debería usar con la finalidad de fortalecer y mejorar los controles de seguridad de la información.
- **Control 5.28. Recopilación de evidencias.** La organización debería desarrollar e implementar un protocolo para identificar, recolectar, adquirir y preservar la evidencia relacionada con cualquier evento que pueda poner en riesgo la seguridad de la información.
- **Control 5.29. Seguridad de la información durante la interrupción.** Es recomendable que la organización planifique cómo hay que mantener la seguridad de la información a un nivel adecuado durante una interrupción.
- **Control 5.30. Preparación para las TIC para la continuidad del negocio.** La resiliencia de las TIC se debería planificar, implementar, mantener y probar atendiendo a los objetivos de continuidad del negocio establecidos y a los requisitos de continuidad de las tecnologías de información y comunicación.
- **Control 5.31. Identificación de requisitos legales, reglamentarios y contractuales.** Para asegurar el cumplimiento normativo, la organización debería identificar, documentar y actualizar periódicamente todos los requisitos legales y contractuales que se aplican a la gestión de la seguridad de la información.
- **Control 5.32. Derechos de propiedad Intelectual (DPI).** Se aconseja que la organización implemente procedimientos adecuados para proteger los derechos de propiedad intelectual (DPI).

- **Control 5.33. Protección de los registros.** Los registros se deberían proteger con la finalidad de evitar su pérdida, destrucción, falsificación, acceso no autorizado y divulgación no autorizada.
- **Control 5.34. Privacidad y protección de datos de carácter personal (DCP).** La organización debería establecer y mantener un programa de cumplimiento de las leyes de protección de datos que incluya la identificación de los requisitos legales, la implementación de controles técnicos y organizativos adecuados, y la realización de evaluaciones de impacto en la protección de datos.
- **Control 5.35. Revisión independiente de la seguridad de la información.** La organización debería establecer un programa de revisión independiente para evaluar la efectividad de sus controles de seguridad de la información, tanto a nivel de procesos, tecnología como de personas, y realizar ajustes cuando sea necesario.
- **Control 5.36. Cumplimiento de las políticas y normas de seguridad de la información.** Habría que comprobar periódicamente el cumplimiento de la política de seguridad de la información, las políticas específicas de la organización, las reglas y las normas de la organización.
- **Control 5.37. Documentación de procedimientos operacionales.** Los procedimientos operacionales de los medios de tratamiento de la información se deberían documentar y poner a disposición de todos aquellos usuarios que los requieran.

Actividades

1. Señale si considera adecuados los controles organizativos enumerados en la ISO 27002:2023 y proponga medidas adicionales para implantar dichos controles.

2.6. Controles de personas

En este apartado se presentan una serie de indicaciones para establecer los controles de personas de una organización y garantizar que estos se ejecutan eficientemente. Del mismo modo que en el apartado anterior, en este apartado se describen el propósito de cada control y se dan varias orientaciones para que se implante correctamente.

Así, los controles de personas de la ISO/IE 27002 que se plasman en este apartado son los siguientes:

1. **Comprobación:** la organización debería establecer un proceso de verificación de antecedentes que se aplique a todos los candidatos y empleados, y que se ajuste a los requisitos legales y a la naturaleza de los puestos de trabajo. Estas verificaciones deben realizarse antes de la contratación y de forma periódica, y deben ser proporcionales al nivel de acceso a información sensible y a los riesgos asociados.
2. **Términos y condiciones de contratación:** los acuerdos contractuales de empleo deberían plasmar cuáles van a ser las responsabilidades tanto del personal como de la organización, en materia de seguridad de la información.
3. **Concienciación, educación y formación en seguridad de la información:** es necesario establecer un plan de capacitación continuo para garantizar que todos los miembros de la organización, incluyendo a las partes interesadas externas, estén familiarizados con las políticas y procedimientos de seguridad de la información y sean conscientes de los riesgos a los que se enfrentan.
4. **Proceso disciplinario:** la organización debería contar con un proceso disciplinario documentado y comunicado a todos los empleados y partes interesadas, que establezca las acciones a tomar en caso de incumplimiento de las medidas de seguridad de la información.
5. **Responsabilidades ante la finalización o cambio:** la organización debería establecer y comunicar de forma clara las responsabilidades en seguridad de la información que continúan vigentes tras la finalización del contrato laboral, tanto para los empleados como para las partes interesadas.
6. **Acuerdos de confidencialidad o no divulgación:** los acuerdos de confidencialidad o no divulgación deberían cumplir con la legislación vigente y proporcionar una protección legal adecuada a la información sensible de la empresa.

7. **Teletrabajo:** se deberían poner en marcha medidas de seguridad robustas para proteger la información confidencial a la que el personal tiene acceso cuando trabaja fuera de las oficinas de la empresa.

8. **Notificación de los eventos de seguridad de la información:** se debería contar con un mecanismo de notificación de incidentes de seguridad que permita a los empleados informar cualquier anomalía o actividad sospechosa de manera confidencial y segura.

 Aplicación práctica

En la empresa en la que trabaja le acaban de encomendar la evaluación de los distintos riesgos a los que se somete la empresa y el diseño de una serie de medidas y buenas prácticas para disminuir estos riesgos. En estos momentos se encuentra analizando los riesgos que puede haber al dejar entrar libremente a una persona externa de la organización. ¿Qué riesgo supondría este hecho? ¿Cómo lo evitaría?

SOLUCIÓN

El hecho de dejar entrar a cualquier persona sin ningún tipo de control pone en grave riesgo a la empresa, ya que esta persona puede acceder a información confidencial y hacer un mal uso de la misma. También puede manipular esta información libremente en perjuicio de la empresa. Para evitar estos riesgos, se recomienda implantar planes para la concienciación, educación y formación en seguridad de la información en los empleados, establecer un proceso disciplinario y comunicarlo a todos los usuarios de la empresa o firmar acuerdos de confidencialidad o no divulgación, entre otros ejemplos.

2.7. Controles físicos

En este apartado se describen varias indicaciones para que la organización establezca los controles físicos y garantizar una ejecución eficiente de los mismos. Como en los demás apartados, también se ofrece una descripción de cada control, orientaciones para su implantación y, en algunos casos, información adicional que pueda ser de utilidad.

Así, los controles físicos de la ISO/IE 27002 descritos en este apartado son los siguientes:

1. **Perímetro de seguridad física:** la creación de perímetros de seguridad es fundamental para prevenir incidentes de seguridad y proteger la información de la organización.

2. **Controles físicos de entrada:** las áreas seguras deberían protegerse mediante controles de entrada y puntos de acceso adecuados.

3. **Seguridad de oficinas, despachos y recursos:** debería diseñarse y aplicar medidas de seguridad física en oficinas, despachos y recursos.

4. **Monitorización de la seguridad física:** las instalaciones deberían monitorizarse de forma continua para poder detectar cualquier acceso físico que no esté autorizado.

5. **Protección contra las amenazas externas y ambientales:** deberían diseñarse e implementar medidas de protección a las infraestructuras físicas para protegerlas de las amenazas físicas y ambientales como, por ejemplo, los desastres naturales.

6. **El trabajo en áreas seguras:** deberían implementarse y diseñar procedimientos para desempeñar el trabajo en las áreas seguras.

7. **Puesto de trabajo despejado y pantalla limpia:** deberían establecerse protocolos para garantizar que los puestos de trabajo estén despejados de cualquier material confidencial y que los recursos informáticos estén protegidos de accesos no autorizados.

8. **Emplazamiento y protección de equipos:** los equipos deben estar ubicados en una zona protegida y segura.

9. **Seguridad de los equipos fuera de las instalaciones:** los equipos ubicados fuera de las instalaciones deberían estar protegidos.

10. **Soportes de almacenamiento:** la organización debería establecer procedimientos claros para gestionar los soportes de almacenamiento a lo largo de todo su ciclo de vida, desde su adquisición hasta su eliminación final, asegurando que se cumplan los requisitos de seguridad y clasificación de la información.

11. **Instalaciones de suministro:** deberían implementarse medidas de seguridad para proteger los equipos de procesamiento de información de los efectos de los fallos en el suministro eléctrico como cortes de energía, subidas de tensión o fluctuaciones.

12. **Seguridad del cableado:** todo cableado eléctrico y de comunicaciones que transmite datos o que se utiliza de soporte a los servicios de información debería protegerse frente a posibles interferencias, interceptaciones o daños.

13. **Mantenimiento de los equipos:** los equipos deberían mantenerse de forma correcta para asegurar la disponibilidad, confidencialidad e integridad de la información.

14. **Eliminación o reutilización segura de los equipos:** para garantizar la seguridad y disponibilidad de los sistemas de información deberían implementarse medidas que protejan los equipos de los efectos de las fluctuaciones y cortes en el suministro eléctrico.

2.8. Controles tecnológicos

El apartado Controles tecnológicos de la ISO/IEC 27002 se centra en la protección de los sistemas y equipos que procesan, almacenan y transmiten información. En particular, este apartado detalla las medidas de seguridad que deben implementarse para garantizar la confidencialidad, integridad y disponibilidad de los activos informáticos de una organización.

De este modo, los controles tecnológicos descritos en este apartado son los siguientes:

1. Dispositivos finales de usuario.
2. Gestión de privilegios de acceso.
3. Restricción del acceso a la información.
4. Acceso al código fuente.
5. Autenticación segura.
6. Gestión de capacidades.
7. Controles contra el código malicioso.
8. Gestión de vulnerabilidades técnicas.
9. Gestión de la configuración.
10. Eliminación de la información.
11. Enmascaramiento de datos.
12. Prevención de fugas de datos.
13. Copias de seguridad de la información.

14. Redundancia de los recursos de tratamiento de la información.
15. Registros de eventos.
16. Seguimiento de actividades.
17. Sincronización del reloj.
18. Uso de los programas de utilidad con privilegios.
19. Instalación del *software* en sistemas de producción.
20. Seguridad en redes.
21. Seguridad en los servicios de red.
22. Segregación en redes.
23. Filtrado de webs.
24. Uso de la criptografía.
25. Seguridad en el ciclo de vida del desarrollo.
26. Requisitos de seguridad de las aplicaciones.
27. Arquitectura segura de sistemas y principios de ingeniería.
28. Codificación segura.
29. Pruebas de seguridad en desarrollo y aceptación.
30. Externalización del desarrollo.
31. Separación de los entornos de desarrollo, prueba y producción.
32. Gestión de cambios.
33. Datos de prueba.
34. Protección de los sistemas de información durante las pruebas de auditoría.

A continuación, se va a dar una breve descripción de cada uno de los controles mencionados anteriormente:

- **Control 8.1. Dispositivos finales de usuario.** Toda información que se almacene, procese o sea accesible mediante dispositivos finales de usuario debería ser protegida.
- **Control 8.2. Gestión de privilegios de acceso.** Debería restringirse la asignación y la utilización de los derechos de acceso con privilegios.
- **Control 8.3. Restricción del acceso a la información.** El acceso a la información y a los otros activos relacionados debería restringirse, atendiendo a las políticas de control de accesos definidas específicamente.
- **Control 8.4. Acceso al código fuente.** El acceso de lectura y escritura al código fuente, a las herramientas de desarrollo y a las bibliotecas de los programas informáticos deberían ser gestionadas de forma adecuada.

- **Control 8.5. Autenticación segura.** La implementación de tecnologías y procedimientos de autenticación segura debería ser personalizada para cada sistema, considerando los niveles de acceso requeridos y las políticas de seguridad de la organización.
- **Control 8.6. Gestión de capacidades.** El uso de los recursos debería ser supervisado y ajustado atendiendo a los requisitos de capacidad actuales y esperados.
- **Control 8.7. Controles contra el código malicioso.** Se recomienda la implementación de un sistema de protección con el código malicioso, que esté respaldada, además, por una concienciación al usuario adecuada.
- **Control 8.8. Gestión de vulnerabilidades técnicas.** Debería llevarse a cabo un proceso de identificación, evaluación y tratamiento de las vulnerabilidades técnicas a fin de proteger los activos de información de la organización.
- **Control 8.9. Gestión de la configuración.** Deberían establecerse, implementarse, documentar, monitorizar y revisar todas las configuraciones de *software, hardware,* redes y servicios, incluyendo en todo caso sus configuraciones de seguridad.
- **Control 8.10. Eliminación de la información.** La gestión efectiva de la información implica la eliminación periódica de los datos que ya no son necesarios para las operaciones de la organización.
- **Control 8.11. Enmascaramiento de datos.** La implementación del enmascaramiento de datos debería basarse en una evaluación exhaustiva de las políticas de seguridad, los requisitos legales aplicables y las necesidades específicas de cada negocio.
- **Control 8.12. Prevención de fugas de datos.** Se recomienda la aplicación de medidas de prevención de fugas de información a los sistemas, las redes y cualquier dispositivo que se encargue de procesar, almacenar o transmitir información de carácter confidencial.
- **Control 8.13. Copias de seguridad de la información.** De acuerdo con la política de copias de seguridad, se deberían realizar pruebas de restauración periódicas para asegurar la integridad y recuperabilidad de los datos.
- **Control 8.14. Redundancia de los recursos de tratamiento de la información.** El diseño de los sistemas debería considerar la implementación de mecanismos de redundancia desde las primeras etapas del proyecto.

- **Control 8.15. Registros de eventos.** Se recomienda la generación, protección, almacenamiento y análisis de los registros de las actividades, excepciones, fallos y cualquier otro evento importante.
- **Control 8.16. Seguimiento de actividades.** Es fundamental establecer un proceso de vigilancia y análisis de los sistemas para identificar patrones de comportamiento inusuales que puedan indicar una amenaza a la seguridad de la información y tomar las medidas correctivas necesarias.
- **Control 8.17. Sincronización del reloj.** Deberían sincronizarse los relojes de los sistemas de procesamiento de información utilizados por la organización con fuentes de tiempo adecuadas.
- **Control 8.18. Uso de los programas de utilidad con privilegios.** Es necesario establecer controles estrictos sobre el uso de *software* con capacidad para modificar los mecanismos de seguridad del sistema, a fin de prevenir posibles vulnerabilidades.
- **Control 8.19. Instalación del *software* en sistemas de producción.** Es necesario implementar controles estrictos para garantizar la seguridad en la instalación de *software* en producción.
- **Control 8.20. Seguridad en redes.** Se deberían establecer procedimientos y controles rigurosos para asegurar la protección de las redes y dispositivos de red, con el objetivo de salvaguardar la integridad de la información.
- **Control 8.21. Seguridad en los servicios de red.** Todos los servicios de red deberían contar con mecanismos de seguridad, niveles de servicio y requisitos de servicio identificados, implementados y monitorizados.
- **Control 8.22. Segregación en redes.** Es fundamental establecer una arquitectura de red que permita aislar los distintos grupos de servicios, usuarios y sistemas, con el fin de reducir el impacto de posibles incidentes de seguridad.
- **Control 8.23. Filtrado de webs.** Debería gestionarse adecuadamente el acceso a los sitios web externos con la finalidad de disminuir el acceso a aquellos recursos web que no estén autorizados.
- **Control 8.24. Uso de la criptografía.** Se recomienda la definición e implementación de reglas para una utilización eficaz de la criptografía, donde se incluye la gestión de las claves criptográficas.
- **Control 8.25. Seguridad en el ciclo de vida del desarrollo.** Deberían establecerse y aplicar reglas para un desarrollo seguro de las aplicaciones y de los sistemas.

- **Control 8.26. Requisitos de seguridad de las aplicaciones.** Los requisitos de seguridad deberían ser identificados, documentados y aprobados formalmente antes de iniciar cualquier proyecto de desarrollo o adquisición de *software.*
- **Control 8.27. Arquitectura segura de sistemas y principios de ingeniería.** Se debería establecer, documentar y mantener un conjunto de principios de ingeniería de sistemas seguros, los cuales deben ser aplicados de manera rigurosa en todas las fases del desarrollo de *software.*
- **Control 8.28. Codificación segura.** Deberían aplicarse principios de codificación segura al desarrollo de *software.*
- **Control 8.29. Pruebas de seguridad en desarrollo y aceptación.** Se recomienda la definición e implementación de pruebas de seguridad en el ciclo de vida del desarrollo de los nuevos sistemas de información.
- **Control 8.30. Externalización del desarrollo.** Es fundamental ejercer un control riguroso sobre los proyectos de desarrollo de *software* que se han externalizado, mediante el control, la monitorización y revisión de todas las actividades relacionadas con ello.
- **Control 8.31. Separación de los entornos de desarrollo, prueba y producción.** Se recomienda la separación y protección de los entornos de desarrollo, prueba y producción.
- **Control 8.32. Gestión de cambios.** Se recomienda el establecimiento de procedimientos de gestión de cambios para llevar a cabo un control en todas las instalaciones de tratamiento de la información y los sistemas de información.
- **Control 8.33. Datos de prueba.** Se deberían seleccionar los datos de prueba con cautela, además de protegerse y controlarse.
- **Control 8.34. Protección de los sistemas de información durante las pruebas de auditoría.** Es necesario establecer una planificación detallada y consensuada entre evaluadores y gestores para llevar a cabo pruebas de auditoría y otras actividades de aseguramiento en sistemas en producción, garantizando así su eficacia y eficiencia.

Actividades

2. Busque y lea con más detalle la normativa ISO/IEC 27002:2023. Señale qué capítulos considera más relevantes y por qué.

3. Metodología ITIL. Librería de infraestructuras de las tecnologías de la información

Se puede decir que la antigüedad de las tecnologías de la información (TI) es bastante notable. No obstante, su integración en los distintos procesos de gestión de las organizaciones y de los negocios ha hecho que cobren una importancia estratégica relevante e imprescindible para la buena marcha de un negocio.

Hasta hace pocos años, las tecnologías de la información y las estructuras informáticas se limitaban a dar apoyo a las distintas áreas de un negocio. Sin embargo, en la actualidad han cobrado suma importancia y en lugar de dar apoyo a las áreas de negocio han pasado a formar parte de las mismas, integrándose en ellas.

La Biblioteca de Infraestructura de Tecnologías de Información *(ITIL o Information Technology Infrastructure Library)* se concibe como un conjunto de buenas prácticas dirigidas a alcanzar una correcta gestión de los servicios TI.

En ella, se describen detalladamente procedimientos de gestión que servirán para:

- Aumentar la eficiencia de las organizaciones.
- Lograr una gestión de la calidad adecuada.
- Disminuir los riesgos relacionados con las TI.
- Desarrollar conjuntamente los procesos de negocio y la infraestructura de las TI.

Nota

La Biblioteca de Infraestructura de Tecnologías de Información (ITIL) se considera el estándar mundial en la gestión de servicios informáticos.

3.1. Historia de la Biblioteca de Infraestructura de Tecnologías de la Información (ITIL)

La Biblioteca de Infraestructura de Tecnologías de la Información se desarrolló sobre 1980, aunque no fue hasta mediados de los años noventa cuando tuvo una mayor adopción y estandarización.

La iniciativa de su elaboración y desarrollo la tuvo el Gobierno británico a través de la Agencia para las Telecomunicaciones y Ordenadores Centrales (CCTA, *Central Computer and Telecomunications Agency),* atendiendo al crecimiento de dependencia de las TI: a medida que se iban implantando las TI, era necesario establecer estándares de gestión para ahorrar duplicidades, costes y errores innecesarios.

Posteriormente, la Oficina de Comercio Gubernamental (OGC, *Office of Gobernance Commerce)* fue la que tomó su gestión y desarrollo hasta la actualidad.

La primera versión de ITIL (v1) constaba de diez libros centrales que cubrían las áreas de Soporte del Servicio y Prestación del Servicio, orientadas exclusivamente a aspectos relacionados con la tecnología de los *mainframe* (o computadoras centrales), sin tener en cuenta los servicios de los negocios.

Durante los ochenta, la ITIL fue creciendo hasta contener cuarenta y dos volúmenes.

 Definición

Mainframe
Es un ordenador grande, costoso y potente utilizado sobre todo por grandes empresas para manejar un elevado número de datos.

Fue a mediados de los noventa cuando se desarrolló una nueva versión (ITIL v2) a raíz de la popularidad que estaba alcanzando. En esta versión se reformula completamente la anterior, llegando a compactar los cuarenta y dos volúmenes en un total de ocho temas o categorías lógicas para una mayor comprensión.

En la v2 ya no solo se tienen en cuenta las tecnologías, sino que empiezan a tomar relevancia los procesos y servicios. Aparte de incluir recomendaciones de buenas prácticas para la Provisión de Servicio y para el Soporte de Servicio (incluidas cada una de ellas en un libro distinto), también se trabajan las áreas siguientes (también tratadas cada una en un libro distinto):

- Gestión de la infraestructura de tecnologías de la información.
- Gestión de la seguridad.
- Perspectiva de negocio.
- Gestión de aplicaciones.
- Gestión de activos de *software*.
- Planeando implementar la Gestión de Servicios.
- Implementación de ITIL a pequeña escala.

La versión 3 de ITIL (ITIL v3) nace en 2007 (aunque es actualizada en 2011) para proseguir con la integración de la tecnología con el negocio, comenzada en la versión anterior.

Se mantienen los conceptos de Provisión de Servicio y Soporte de Servicio (y, por lo tanto, sigue estando orientada a procesos), aunque se han reformulado en cinco fases correspondientes al Ciclo de Vida del Servicio, dando flexibilidad en la gestión de los servicios y un enfoque más empresarial.

Unos años más tarde, en 2019, fue publicada la versión ITIL v4. En ella se define un sistema en el que todos los componentes y actividades de la organización trabajan de forma conjunta para permitir la creación de valor. Este sistema se conoce como Sistema de Valor del Servicio o SVS.

Mientras que ITIL v3 se enfoca en los procesos, ITIL v4 gira entorno a los procesos y las cadenas de valor, siendo estas últimas las que definen cómo se crea el valor para usuarios y clientes. Además, ITIL v4 complementa el modelo propuesto en ITIL v3 con un modelo de cuatro dimensiones.

3.2. ITIL v4 y el Sistema de Valor de Servicio

El Sistema de Valor de Servicios ofrece una gran versatilidad y flexibilidad debido a que su planteamiento no es estático a lo largo del tiempo. Este sistema permite reconfigurar los componentes y actividades para amoldarse a las circunstancias.

ITIL v4 no define procesos específicos, sino que otorga a los proveedores de servicios unas pautas generales que les permita diseñar procesos a medida. Dichas pautas son las siguientes:

- **Principios Básicos:**

    a. El sistema diseñado ha de ser sencillo, práctico y fácil de mantener en el tiempo.
    b. Debe empezar a partir de la situación actual en la que se encuentre la organización.
    c. Tiene que centrarse en todo lo que la organización aporta de forma directa e indirecta.
    d. Debe seguir una implementación incremental. Es decir, el sistema debe construirse de forma iterativa complementando los componentes con los que ya se cuenta.
    e. Cada paso debe estar optimizado y automatizado en la mayor medida posible.

- **Gobernanza:** esta pauta se divide en un proceso de generación de estrategias para la empresa, gestionar cómo se va a llevar a cabo dicha estrategia y supervisar que la estrategia se está cumplimentando satisfactoriamente.
- **Cadena de valor de servicio:** se divide en seis actividades:

  a. Asegurar que el estado actual y la dirección de mejora de todos los productos de la organización sean comprendidos por las partes involucradas.
  b. Mejorar de forma continua los productos, prácticas y servicios de la organización.
  c. Mantener una buena relación con las partes involucradas, comprendiendo sus necesidades y estableciendo acuerdos mutuos.
  d. Los productos y servicios siempre deben satisfacer las expectativas de costes, tiempos y calidad acordados.
  e. Los componentes del servicio deben mantener un tiempo de disponibilidad cercano al 100 %. Es decir, siempre deben estar disponibles.
  f. Los servicios deben ser entregados a los interesados de forma accesible para ellos.

- **Prácticas:** ITIL v4 cuenta con 34 prácticas que apoyan las actividades de la cadena de valor de servicio en tres ámbitos: prácticas de gestión general, prácticas de gestión de servicio y prácticas de gestión técnica.
- **Mejora continua:** el entorno, las necesidades de la organización y las necesidades de las partes involucradas cambia constantemente. De la misma forma, la organización, los productos y servicios que ofrece y los modelos y estrategias que se siguen, deben estar en constante proceso de mejora.

Actividades

3. Realice un breve esquema de las distintas pautas para definir un Sistema de valor de servicio y describa levemente las características fundamentales de dichas pautas.

Continúa en página siguiente >>

<< Viene de página anterior

4. En la actualidad existen una serie de certificaciones ITIL v4 para indicar que los profesionales con esta certificación disponen de conocimientos básicos de gestión de servicios en tecnologías de la información. Busque más información sobre estas certificaciones y sobre las condiciones que deben cumplir los profesionales para obtenerlas.

4. Ley Orgánica de protección de datos de carácter personal/Ley Orgánica de protección de Datos personales y garantía de los derechos digitales

La protección de datos de carácter personal es un derecho fundamental que tienen las personas. Se trata de la potestad de control de las personas sobre el uso de sus datos personales. Mediante este control se evita la violación de varios derechos reflejados en la Constitución española referentes a la intimidad y a las libertades públicas.

 Nota

El artículo 18 de la Constitución española señala que la ley limitará el uso de la informática para garantizar el honor y la intimidad personal y familiar de los ciudadanos y el pleno ejercicio de sus derechos.

La Ley Orgánica de Protección de Datos Personales y garantía de Derechos Digitales (Ley Orgánica 3/2018), conocida como LOPDGDD, sirve como herramienta de protección de estos datos personales y el respeto a los derechos relacionados establecidos en la Constitución y en el Reglamento Europeo 2016/679 de Protección de Datos.

En la LOPDGDD se establecen las obligaciones que deben cumplir los responsables y los encargados de los tratamientos (tanto si son públicos como privados), para que esté en todo momento garantizado el derecho a la protección de datos de carácter personal y la garantía de los derechos digitales.

4.1. Ámbito de aplicación

La LOPDGDD se aplica a cualquier tratamiento total o parcialmente automatizado de datos personales, así como al tratamiento no automatizado de datos personales contenidos ya notificados en el Registro General de Protección de Datos antes de la entrada en vigor de la LOPDGDD.

Esta ley no será de aplicación:

- A los tratamientos excluidos del ámbito de aplicación del Reglamento general de protección de datos por su artículos 2.2, sin perjuicio de lo dispuesto en los apartados 3 y 4 de este artículo.
- A los tratamientos de datos de personas fallecidas, sin perjuicio de los establecido en su artículo 3.
- A los tratamientos sometidos a la normativa sobre protección de materias clasificadas.

4.2. Conceptos fundamentales de la LOPDGDD

Para poder entender con más facilidad la LOPDGDD, se tendrá en cuenta a continuación una serie de conceptos importantes recogidos en el Artículo 5 del R. D. 1720/2007, de 21 de Diciembre, el cual sirvió para desarrollar la Ley Orgánica 15/1999 de 13 de diciembre (antigua LOPD) ya derogada:

- **Datos personales:** cualquier información que concierna a personas físicas identificadas o identificables.
- **Fichero:** todo conjunto estructurado de datos personales, accesibles con arreglo a criterios determinados:

  - Centralizado.
  - Descentralizado.
  - Repartido de forma funcional o geográfica.

- **Tratamiento de datos:** operaciones y procedimientos técnicos de carácter automatizado o no, que permitan la recogida, registro, organización, estructuración, conservación, modificación, extracción, consulta, utilización, comunicación por transmisión, difusión o cualquier otra forma de habilitación de acceso, cotejo o interconexión, limitación, supresión o destrucción de datos personales.
- **Responsable del tratamiento:** persona física o jurídica, autoridad pública, servicio u otro organismo que decida sobre la finalidad, contenido y uso del tratamiento de los datos.
- **Afectado o interesado:** persona física titular de los datos objeto de tratamiento.
- **Procedimiento de disociación (anonimización):** tratamiento de datos personales que tiene como objetivo dejar de asociar la información obtenida a la persona identificable o identificada a la que pertenece.
- **Encargado del tratamiento:** persona física o jurídica, autoridad pública, servicio o cualquier otro organismo que trate datos personales por cuenta del responsable del tratamiento.
- **Consentimiento del interesado:** manifestación de voluntad libre, inequívoca, específica e informada, mediante la cual el interesado consiente el tratamiento de datos que le conciernen.
- **Cesión o comunicación de los datos:** revelación de datos realizada a otros distintos del interesado.
- **Fuentes accesibles al público:** ficheros cuya consulta puede ser realizada por cualquier persona, no impedida por una norma limitativa o sin más exigencia que, cuando proceda, el abono de una contraprestación. Solo se consideran fuentes de acceso público las siguientes:

  - Censo promocional.
  - Repertorios telefónicos.
  - Listas de personas que pertenecen a grupos profesionales. Por ejemplo, una lista de los abogados de una ciudad en la que aparezcan sus datos de contacto y su especialidad.
  - Diarios y boletines oficiales.
  - Medios de comunicación.

Actividades

5. El procedimiento de disociación (anonimización) de datos consiste en aislar los datos de un afectado con la identidad del mismo. Ponga ejemplos de posibles situaciones en las que pueda ser necesario este procedimiento de disociación.

4.3. Principios fundamentales de la protección de datos

Los principios fundamentales que rigen todo tratamiento de datos para que estos gocen de una protección adecuada son los siguientes:

- **Principio de calidad:** los datos de carácter personal solo se pueden recoger para su tratamiento cuando estos sean adecuados, pertinentes y no excesivos para cumplir las finalidades del fichero. Estos datos no podrán tener un uso distinto al definido en su recogida. La única excepción para conservar o tratar datos con un uso distinto al inicial es utilizarlos en momentos posteriores para fines históricos, estadísticos o científicos.
- **Principio de información:** los responsables del tratamiento deben informar al interesado del que recaban los datos de forma expresa, precisa e inequívoca de los siguientes aspectos:

  - Identidad y dirección del responsable del tratamiento o de su representante.
  - Existencia del fichero o tratamiento de datos personales, su finalidad y los destinatarios de la información.
  - Obligatoriedad o no obligatoriedad de responder a las preguntas planteadas.
  - Consecuencias de la obtención de los datos o de la negativa a suministrarlos.
  - Posibilidad de ejercer los derechos fundamentales (acceso, rectificación, cancelación y oposición).

■ **Principio de consentimiento del afectado:** para poder efectuar el tratamiento de los datos, se exige que el interesado dé su consentimiento
previo e inequívoco. Se establecen varias excepciones:

> ▮ Cuando la ley disponga otra cosa.
> ▮ Cuando los datos se recojan para el ejercicio de las funciones propias
> de las Administraciones Públicas en el ámbito de sus competencias.
> ▮ Cuando los datos se refieran a las partes de un contrato o precontra-
> to y sean necesarios para su mantenimiento o cumplimiento.
> ▮ Cuando el tratamiento de los datos tenga por finalidad proteger un
> interés vital del interesado.
> ▮ Cuando los datos figuren en fuentes accesibles al público.

■ **Datos especialmente protegidos:** se consideran datos especialmente
protegidos aquellos referentes a la ideología, religión o creencias del
afectado. Este tipo de datos tiene las siguientes peculiaridades:

> ▮ Nadie puede ser obligado a declarar sobre ellos.
> ▮ Solo pueden ser tratados con el consentimiento expreso y por escrito
> del afectado.
> ▮ No se pueden crear ficheros con el fin exclusivo de almacenar datos
> de esta tipología.

■ **Datos relativos a la salud:** las instituciones y los centros sanitarios públicos y privados y los profesionales correspondientes solo podrán tratar los
datos de carácter personal relativos a la salud de aquellas personas que
acudan a ellos o que tengan que ser tratadas en los mismos.
■ **Principio de seguridad de los datos:** el responsable del tratamiento deberá adoptar las medidas técnicas y organizativas necesarias para garantizar la seguridad de los datos de carácter personal, evitando el acceso y
alteración de los mismos por usuarios no autorizados.
■ **Principio de deber de confidencialidad:** tanto el responsable del tratamiento como todos aquellos que participen en el tratamiento de datos
personales estarán sujetos al deber de confidencialidad al que se refiere
el artículo 5.1.f) del Reglamento (UE) 2016/679.

- **Principio de comunicación de datos:** los datos personales objeto de tratamiento se podrán comunicar a terceros cuando se cumplan las siguientes condiciones:

  - Que la cesión se realice con consentimiento previo del interesado.
  - Que se produzca para el cumplimiento de finalidades relacionadas con las funciones legítimas del cedente y del concesionario.
  - Que el interesado esté informado de la identidad del cesionario y de los fines de la cesión de los datos.

- **Principio de acceso a los datos por cuenta de terceros:** el acceso por cuenta de terceros es aquel que se produce con usuarios distintos al responsable del tratamiento del fichero. La persona, distinta del responsable del tratamiento, que trate los datos se convertirá en el encargado del fichero y prestará servicios al responsable del mismo, actuando bajo las condiciones establecidas anteriormente en una relación contractual.

Actividades

6. Para una mayor retención y comprensión de los conceptos, realice un breve esquema con los distintos principios fundamentales de la protección de datos.

4.4. Derechos de las personas

La LOPDGDD, en el título III, reconoce varios derechos de las personas sobre sus datos de carácter personal:

- **Derecho de acceso:** se ejercitará de acuerdo con lo establecido en el artículo 15 del Reglamento (UE) 2016/679 (si se están tratando o no, y en caso afirmativo el derecho de acceso a los datos personales).
- **Derecho de rectificación:** cuando el titular de los datos considera que estos están incompletos o inexactos, tiene derecho a solicitar su rectificación al responsable del tratamiento.

- **Derecho de supresión ("el derecho al olvido"):** se ejercerá de acuerdo a lo establecido en el artículo 17 del Reglamento (UE) 2016/679 (obtener sin dilación indebida del responsable del tratamiento la supresión de los datos personales que le conciernen).
- **Derecho de oposición:** se ejercerá de acuerdo a lo establecido en los artículos 21 y 22 del Reglamento (UE) 2016/679 (oponerse en cualquier momento por motivos relacionados con su situación particular, a no ser objeto de una decisión basada únicamente en el tratamiento automatizado incluida la elaboración de perfiles…).
- **Derecho a la limitación del tratamiento:** se ejercerá de acuerdo a lo establecido en el artículo 18 del Reglamento (UE) 2016/679 (derecho a obtener del responsable del tratamiento la limitación del tratamiento de los datos cuando el interesado impugne la exactitud de los datos personales, cuando el tratamiento sea ilícito y el interesado se oponga y solicite la limitación de su uso, cuando el responsable ya no necesite los datos personales para los fines del tratamiento, y cuando el interesado se haya opuesto al tratamiento mientras se verifica si los motivos legítimos del responsable prevalecen sobre los del interesado).
- **Derecho a la portabilidad:** se ejercerá de acuerdo a lo establecido en el artículo 20 del Reglamento (UE) 2016/679 (derecho a recibir los datos personales que le incumban).

 Nota

Como conclusión, tanto en la normativa europea como la normativa española, contemplan los derechos de acceso, rectificación, consulta y oposición, conocidos como derechos ARCO, pero estos se ven ampliados por el RGPD, que a partir de la entrada en vigor de la LOPDGDD se incluyen nuevos derechos. Estos son: derecho de supresión, limitación de tratamiento y portabilidad de datos.

Igualmente, con la aplicación del RGPD se añaden nuevos deberes de obligado cumplimiento por parte de las empresas y organizaciones, las cuales tienen que proporcionar a los interesados la información sobre el tratamiento de sus datos de manera concisa, clara y de fácil acceso.

4.5. La seguridad de los datos y el documento de seguridad

Con el Real Decreto 1720/2007, de 21 de diciembre, se establecieron las medidas de seguridad que debían realizarse para garantizar la privacidad de los datos y evitar el acceso a los mismos de usuarios no autorizados. Este R. D. sirvió para desarrollar la Ley Orgánica 15/1999, de 13 de diciembre, de protección de Datos de Carácter Personal, normativa derogada con efectos de 7 de diciembre de 2018, entrando en vigor la actual Ley Orgánica 3/2018, de 5 de diciembre, de Protección de Datos Personales y garantía de los derechos digitales, conocida por las siglas LOPDGDD.

La LOPDGDD es una norma muy importante para las organizaciones en cuanto a su gestión diaria de los activos de información sujetos al tratamiento de carácter personal, ya que el desarrollo de la misma aporta claridad a los recovecos que ofrecía la RGPD (Reglamento General de Protección de Datos). Este nivel de concreción en la regulación de aspectos ignorados por el RGPD, es una garantía añadida para las organizaciones en cuestiones claves de su actividad diaria.

Para el correcto tratamiento de los datos, la LOPDGDD determina la necesidad de contar con figuras que asuman la responsabilidad de garantizar la adecuada utilización de los datos. Estas figuras representativas son tres:

- **El Responsable de tratamiento de datos:** es la figura física o jurídica que se encargará de planificar y organizar las actuaciones técnicas necesarias para poder garantizar y demostrar la correcta utilización de los datos que son gestionados en la organización.
- **El Encargado de tratamiento de datos:** es la figura física o jurídica que igualmente, como el responsable, realiza labores organizativas y técnicas para garantizar el uso correcto de los datos pero además, dentro de sus responsabilidades, está la de llevar un control de actividades relacionadas con el uso de los datos para aclarar el fin y el tratamiento de los mismos.
- **El Delegado de Protección de Datos:** es la figura representativa en el tratamiento de datos que más cercana estará de la Agencia Española de Protección de Datos. Su principal función consistirá en realizar labores de inspección y conservación de datos. El DPD representa los

compromisos adquiridos a nivel europeo en materia de protección y privacidad una vez aprobado en Mayo de 2018, el Reglamento General de Protección de Datos.

La figura del Delegado de Protección de Datos es de designación obligatoria para aquellas organizaciones en las que se den las siguientes condiciones:

- Siempre que el tratamiento de datos le corresponda a un organismo o autoridad pública.
- Siempre que el responsable de datos realice voluminosas actividades que requieran un seguimiento constante.
- Siempre que el responsable de datos realice voluminosas actividades que tengan que ver con condenas y delitos.

En definitiva, el Delegado de Protección de Datos es una figura relevante que se encargará de preservar todos los mecanismos de control en la gestión de datos personales que realizan las empresas.

Aunque se puede decir que la responsabilidad última en relación al tratamiento de datos es del responsable de tratamiento, la figura del encargado debe adoptar obligaciones propias del puesto que le une a la figura del responsable, no obstante, las actuaciones de ambas figuras pueden se supervisadas por las autoridades de protección de datos de manera independiente.

Medidas de seguridad de los datos

Las medidas de protección de cuyo responsable es el encargado de tratamiento de datos son:

- El mantenimiento de un un registro de actividades de tratamiento.
- La determinación de medidas de seguridad aplicables a los tratamientos que esta figura realiza.
- La designación de un Delegado de Protección de Datos en los que se prevea.
- La adhesión a códigos de conducta.
- La certificación como instrumento para demostrar la adecuación de la norma.

Las medidas de protección de cuyo responsable es el responsable de tratamiento de datos son:

- La toma de medidas apropiadas para garantizar y demostrar que el tratamiento de datos se ajusta de acuerdo al Reglamento General de Protección de Datos.
- La elección del encargado de tratamiento de datos.
- La contratación exclusiva solo con encargados que brinden garantías suficientes para la aplicación de medidas técnicas y organizativas efectivas de forma que el tratamiento sea conforme con los requisitos del Reglamento General de Protección de Datos.

La relación entre la figura del responsable y del encargado debe estar instrumentalizada en un contrato que vincule al encargado con el responsable, y en el que se reflejen todos los detalles, objetos de la relación, finalidad del tratamiento y la obligación por parte del encargado de suprimir o devolver todos los datos personales que han obrado en su poder durante dicha relación.

Las medidas de protección de los datos deben ajustarse al principio de responsabilidad proactiva atendiendo a:

- El análisis del riesgo.
- El registro de actividades de tratamiento.
- La protección de datos desde el diseño y por defecto.
- La implementación de medidas de seguridad.
- La notificación de violaciones de seguridad de los datos.
- La evaluación de impacto sobre la protección de datos.

Como medidas de seguridad concretas, se tienen en cuenta las del reglamento anterior, más la adecuación de estas con las siguientes variables:

- El coste de la técnica.
- Los costes de aplicación.
- La naturaleza, el alcance, el contexto y los fines del tratamiento.
- Los riesgos para los derechos y libertades.

Estas medidas de seguridad son:

- Definir y establecer las funciones y obligaciones de cada usuario que tenga acceso a los datos personales, con las autorizaciones correspondientes.
- Establecer un procedimiento de notificación y gestión de las incidencias para poder realizar un seguimiento de las mismas.
- Mantener controles de acceso para que solo accedan a los datos aquellas personas que estén autorizadas. Estos controles estarán establecidos por el responsable del fichero o tratamiento.
- Los soportes y documentos que contengan datos personales deben estar identificados e inventariados.
- Establecer las medidas necesarias para que haya una correcta identificación y autenticación de todo el que acceda a los datos personales.
- Establecer procedimientos de actuación para que semanalmente (como mínimo) se realicen copias de respaldo, excepto que no se haya producido ninguna variación de los datos durante esa semana.
- Establecer procedimientos de recuperación de los datos.
- Cada seis meses, el responsable del fichero debe verificar la correcta definición, funcionamiento y aplicación de los procedimientos de copias de seguridad y de recuperación de datos.
- Los dispositivos de almacenamiento de documentos no automatizados que contengan datos personales deben tener mecanismos que obstaculicen su apertura e impidan el acceso de personas no autorizadas.
- Mientras la documentación no esté archivada en los dispositivos de almacenamiento, la persona al cargo de la misma debe custodiarla e impedir accesos no autorizados.
- Designar uno o varios responsables de seguridad.
- Realizar auditorías internas y externas al menos cada dos años. Estas auditorías deben ser analizadas por el responsable de seguridad competente.
- Establecer sistemas de registros de entrada y salidas de soportes.
- Establecer un mecanismo que limite la posibilidad de intentos reiterados de acceso no autorizado al sistema de información.
- Solo el personal autorizado en el documento de seguridad podrá acceder a los lugares donde se encuentren los equipos físicos que den soporte a los sistemas de información.

- Registrar los procedimientos realizados de recuperación de datos en el registro de incidencias.
- Identificar los soportes mediante sistemas de etiquetado comprensibles y con significado. La distribución de los soportes debe hacerse cifrando los datos para que la información no pueda ser accesible o manipulada.
- Conservar una copia de seguridad de los datos y de los procedimientos de recuperación de los mismos. Se debe conservar una copia de seguridad de los datos en un lugar distinto de donde estos se encuentran.
- En cada intento de acceso se deben almacenar, por lo menos: la identificación del usuario, fecha y hora en que se realizó, fichero al que se accedió, tipo de acceso y si se ha autorizado o denegado el acceso. Si el acceso se ha autorizado, también se deben guardar los datos identificativos del usuario.
- Conservar los datos de acceso registrados durante, por lo menos, dos años.
- Revisar una vez al mes la información de control registrada y elaborar un informe de las revisiones realizadas. Estas revisiones serán efectuadas por el responsable de seguridad.
- No será necesario el registro de accesos cuando el responsable del tratamiento o fichero sea una persona física o cuando este garantice que únicamente él tiene acceso y trata los datos personales.
- Los ficheros no automatizados deben almacenarse en áreas en las que el acceso esté protegido con puertas de acceso con sistemas de apertura mediante llave o dispositivo equivalente. Estas áreas permanecerán cerradas cuando no sea necesario el acceso a los documentos.
- Las copias o la reproducción de los documentos solo pueden realizarse bajo el control del responsable de seguridad. Se deberá proceder a la destrucción de las copias o reproducciones desechadas.
- Cuando se traslade físicamente la documentación de un fichero no automatizado se deben adoptar medidas para impedir el acceso o manipulación de la información trasladada.

Por tanto, la LOPDGD no introduce una nueva lista de medidas de seguridad, pero sí alerta a la Administración Pública para que esta adopte todas las medidas expuestas en el Esquema de Seguridad Nacional.

4.6. La Agencia Española de Protección de Datos

La Agencia Española de Protección de Datos es un ente de derecho público, con personalidad jurídica propia y plena capacidad pública y privada, que actúa con plena independencia de las Administraciones Públicas en el ejercicio de sus funciones. Las principales funciones de este ente se representan en la siguiente tabla:

Funciones de la Agencia Española de Protección de Datos (AEPD)
Controlar la aplicación del Reglamento General de Protección de Datos 2016/679 y el resto de la normativa de protección de datos, así como proceder a que se aplique.
Promover la sensibilización del público y su comprensión de los riesgos, normas, garantías y derechos en relación con el tratamiento. Las actividades dirigidas específicamente a los niños deberán ser objeto de especial atención.
Asesorar, con arreglo al Derecho de los Estados miembros, al Parlamento nacional, al Gobierno y a otras instituciones y organismos sobre las medidas legislativas y administrativas relativas a la protección de los derechos y libertades de las personas físicas con respecto al tratamiento.
Promover la sensibilización de los responsables y encargados del tratamiento acerca de las obligaciones que les incumben en virtud del presente Reglamento.
Previa solicitud, facilitar información a cualquier interesado en relación con el ejercicio de sus derechos en virtud del presente Reglamento y, en su caso, cooperar a tal fin con las autoridades de control de otros Estados miembros.
Etc.

En términos generales, la AEPD se encarga de comprobar la legalidad de los tratamientos de los datos y de sancionar a aquellos que no cumplan con la legislación vigente. También es la responsable de difundir y dar publicidad a toda normativa referente a la protección de datos.

Nota

La AEPD pone a disposición de los usuarios su página web: <http://www.agpd.es>. En ella se puede realizar cualquier consulta en materia de protección de datos.

4.7. Infracciones y sanciones

Los responsables y los encargados de los tratamientos deben cumplir con la LOPDGDD, y en caso contrario están sujetos a ser sancionados. Las sanciones aplicables se distinguen según el tipo de infracción cometida, diferenciando entre sanciones leves, graves y muy graves:

- **Sanciones leves:** igual o inferior a 40.000 €. Se consideran infracciones leves:

  a. El incumplimiento del principio de transparencia de la información o el derecho de información del afectado por no facilitar toda la información exigida por los artículos 13 y 14 del Reglamento (UE) 2016/679.
  b. La exigencia del pago de un canon para facilitar al afectado la información exigida por los artículos 13 y 14 del Reglamento (UE) 2016/679 o por atender las solicitudes de ejercicio de derechos de los afectados previstos en los artículos 15 a 22 del Reglamento (UE) 2016/679, cuando así lo permita su artículo 12.5, si su cuantía excediese el importe de los costes afrontados para facilitar la información o realizar la actuación solicitada.
  c. No atender las solicitudes de ejercicio de los derechos establecidos en los artículos 15 a 22 del Reglamento (UE) 2016/679, salvo que resultase de aplicación lo dispuesto en el artículo 72.1.k) de esta ley orgánica.
  d. No atender los derechos de acceso, rectificación, supresión, limitación del tratamiento o a la portabilidad de los datos en tratamientos en los que no se requiere la identificación del afectado, cuando este, para el ejercicio de esos derechos, haya facilitado información

adicional que permita su identificación, salvo que resultase de aplicación lo dispuesto en el artículo 73 c) de esta ley orgánica.

e. El incumplimiento de la obligación de notificación relativa a la rectificación o supresión de datos personales o la limitación del tratamiento exigida por el artículo 19 del Reglamento (UE) 2016/679.

f. El incumplimiento de la obligación de informar al afectado, cuando así lo haya solicitado, de los destinatarios a los que se hayan comunicado los datos personales rectificados, suprimidos o respecto de los que se ha limitado el tratamiento.

g. El incumplimiento de la obligación de suprimir los datos referidos a una persona fallecida cuando ello fuera exigible conforme al artículo 3 de esta ley orgánica.

h. La falta de formalización por los corresponsables del tratamiento del acuerdo que determine las obligaciones, funciones y responsabilidades respectivas con respecto al tratamiento de datos personales y sus relaciones con los afectados al que se refiere el artículo 26 del Reglamento (UE) 2016/679 o la inexactitud en la determinación de las mismas.

i. No poner a disposición de los afectados los aspectos esenciales del acuerdo formalizado entre los corresponsables del tratamiento, conforme exige el artículo 26.2 del Reglamento (UE) 2016/679.

j. La falta del cumplimiento de la obligación del encargado del tratamiento de informar al responsable del tratamiento acerca de la posible infracción por una instrucción recibida de este de las disposiciones del Reglamento (UE) 2016/679 o de esta ley orgánica, conforme a lo exigido por el artículo 28.3 del citado reglamento.

k. El incumplimiento por el encargado de las estipulaciones impuestas en el contrato o acto jurídico que regula el tratamiento o las instrucciones del responsable del tratamiento, salvo que esté legalmente obligado a ello conforme al Reglamento (UE) 2016/679 y a la presente ley orgánica o en los supuestos en que fuese necesario para evitar la infracción de la legislación en materia de protección de datos y se hubiese advertido de ello al responsable o al encargado del tratamiento.

l. Disponer de un Registro de actividades de tratamiento que no incorpore toda la información exigida por el artículo 30 del Reglamento (UE) 2016/679.

m. La notificación incompleta, tardía o defectuosa a la autoridad de protección de datos de la información relacionada con una violación de seguridad de los datos personales de conformidad con lo previsto en el artículo 33 del Reglamento (UE) 2016/679.

n. El incumplimiento de la obligación de documentar cualquier violación de seguridad, exigida por el artículo 33.5 del Reglamento (UE) 2016/679.

o. El incumplimiento del deber de comunicación al afectado de una violación de la seguridad de los datos que entrañe un alto riesgo para los derechos y libertades de los afectados, conforme a lo exigido por el artículo 34 del Reglamento (UE) 2016/679, salvo que resulte de aplicación lo previsto en el artículo 73 s) de esta ley orgánica.

p. Facilitar información inexacta a la Autoridad de protección de datos, en los supuestos en los que el responsable del tratamiento deba elevarle una consulta previa, conforme al artículo 36 del Reglamento (UE) 2016/679.

q. No publicar los datos de contacto del delegado de protección de datos, o no comunicarlos a la autoridad de protección de datos, cuando su nombramiento sea exigible de acuerdo con el artículo 37 del Reglamento (UE) 2016/679 y el artículo 34 de esta ley orgánica.

r. El incumplimiento por los organismos de certificación de la obligación de informar a la autoridad de protección de datos de la expedición, renovación o retirada de una certificación, conforme a lo exigido por los apartados 1 y 5 del artículo 43 del Reglamento (UE) 2016/679.

s. El incumplimiento por parte de los organismos acreditados de supervisión de un código de conducta de la obligación de informar a las autoridades de protección de datos acerca de las medidas que resulten oportunas en caso de infracción del código, conforme exige el artículo 41.4 del Reglamento (UE) 2016/679.

- **Sanciones graves:** desde 40.001 hasta 300.000 €. Se consideran infracciones graves:

  a. El tratamiento de datos personales de un menor de edad sin recabar su consentimiento, cuando tenga capacidad para ello, o el del titular de su patria potestad o tutela, conforme al artículo 8 del Reglamento (UE) 2016/679.

b. No acreditar la realización de esfuerzos razonables para verificar la validez del consentimiento prestado por un menor de edad o por el titular de su patria potestad o tutela sobre el mismo, conforme a lo requerido por el artículo 8.2 del Reglamento (UE) 2016/679.

c. El impedimento o la obstaculización o la no atención reiterada de los derechos de acceso, rectificación, supresión, limitación del tratamiento o a la portabilidad de los datos en tratamientos en los que no se requiere la identificación del afectado, cuando este, para el ejercicio de esos derechos, haya facilitado información adicional que permita su identificación.

d. La falta de adopción de aquellas medidas técnicas y organizativas que resulten apropiadas para aplicar de forma efectiva los principios de protección de datos desde el diseño, así como la no integración de las garantías necesarias en el tratamiento, en los términos exigidos por el artículo 25 del Reglamento (UE) 2016/679.

e. La falta de adopción de las medidas técnicas y organizativas apropiadas para garantizar que, por defecto, solo se tratarán los datos personales necesarios para cada uno de los fines específicos del tratamiento, conforme a lo exigido por el artículo 25.2 del Reglamento (UE) 2016/679.

f. La falta de adopción de aquellas medidas técnicas y organizativas que resulten apropiadas para garantizar un nivel de seguridad adecuado al riesgo del tratamiento, en los términos exigidos por el artículo 32.1 del Reglamento (UE) 2016/679.

g. El quebrantamiento, como consecuencia de la falta de la debida diligencia, de las medidas técnicas y organizativas que se hubiesen implantado conforme a lo exigido por el artículo 32.1 del Reglamento (UE) 2016/679.

h. El incumplimiento de la obligación de designar un representante del responsable o encargado del tratamiento no establecido en el territorio de la Unión Europea, conforme a lo previsto en el artículo 27 del Reglamento (UE) 2016/679.

i. La falta de atención por el representante en la Unión del responsable o del encargado del tratamiento de las solicitudes efectuadas por la autoridad de protección de datos o por los afectados.

j. La contratación por el responsable del tratamiento de un encargado de tratamiento que no ofrezca las garantías suficientes para aplicar las medidas técnicas y organizativas apropiadas conforme a lo establecido en el Capítulo IV del Reglamento (UE) 2016/679.

k. Encargar el tratamiento de datos a un tercero sin la previa formalización de un contrato u otro acto jurídico escrito con el contenido exigido por el artículo 28.3 del Reglamento (UE) 2016/679.

l. La contratación por un encargado del tratamiento de otros encargados sin contar con la autorización previa del responsable, o sin haberle informado sobre los cambios producidos en la subcontratación cuando fueran legalmente exigibles.

m. La infracción por un encargado del tratamiento de lo dispuesto en el Reglamento (UE) 2016/679 y en la presente ley orgánica, al determinar los fines y los medios del tratamiento, conforme a lo dispuesto en el artículo 28.10 del citado reglamento.

n. No disponer del registro de actividades de tratamiento establecido en el artículo 30 del Reglamento (UE) 2016/679.

o. No poner a disposición de la autoridad de protección de datos que lo haya solicitado, el registro de actividades de tratamiento, conforme al apartado 4 del artículo 30 del Reglamento (UE) 2016/679.

p. No cooperar con las autoridades de control en el desempeño de sus funciones en los supuestos no previstos en el artículo 72 de esta ley orgánica.

q. El tratamiento de datos personales sin llevar a cabo una previa valoración de los elementos mencionados en el artículo 28 de esta ley orgánica.

r. El incumplimiento del deber del encargado del tratamiento de notificar al responsable del tratamiento las violaciones de seguridad de las que tuviera conocimiento.

s. El incumplimiento del deber de notificación a la autoridad de protección de datos de una violación de seguridad de los datos personales de conformidad con lo previsto en el artículo 33 del Reglamento (UE) 2016/679.

t. El incumplimiento del deber de comunicación al afectado de una violación de la seguridad de los datos de conformidad con lo previsto en el artículo 34 del Reglamento (UE) 2016/679 si el responsable del tratamiento hubiera sido requerido por la autoridad de protección de datos para llevar a cabo dicha notificación.

u. El tratamiento de datos personales sin haber llevado a cabo la evaluación del impacto de las operaciones de tratamiento en la protección de datos personales en los supuestos en que la misma sea exigible.

v. El tratamiento de datos personales sin haber consultado previamente a la autoridad de protección de datos en los casos en que dicha consulta resulta preceptiva conforme al artículo 36 del Reglamento (UE) 2016/679 o cuando la ley establezca la obligación de llevar a cabo esa consulta.

w. El incumplimiento de la obligación de designar un delegado de protección de datos cuando sea exigible su nombramiento de acuerdo con el artículo 37 del Reglamento (UE) 2016/679 y el artículo 34 de esta ley orgánica.

x. No posibilitar la efectiva participación del delegado de protección de datos en todas las cuestiones relativas a la protección de datos personales, no respaldarlo o interferir en el desempeño de sus funciones.

y. La utilización de un sello o certificación en materia de protección de datos que no haya sido otorgado por una entidad de certificación debidamente acreditada o en caso de que la vigencia del mismo hubiera expirado.

z. Obtener la acreditación como organismo de certificación presentando información inexacta sobre el cumplimiento de los requisitos exigidos por el artículo 43 del Reglamento (UE) 2016/679.

aa. El desempeño de funciones que el Reglamento (UE) 2016/679 reserva a los organismos de certificación, sin haber sido debidamente acreditado conforme a lo establecido en el artículo 39 de esta ley orgánica.

ab. El incumplimiento por parte de un organismo de certificación de los principios y deberes a los que está sometido según lo previsto en los artículos 42 y 43 de Reglamento (UE) 2016/679.

ac. El desempeño de funciones que el artículo 41 del Reglamento (UE) 2016/679 reserva a los organismos de supervisión de códigos de conducta sin haber sido previamente acreditado por la autoridad de protección de datos competente.

ad. La falta de adopción por parte de los organismos acreditados de supervisión de un código de conducta de las medidas que resulten oportunas en caso que se hubiera producido una infracción del código, conforme exige el artículo 41.4 del Reglamento (UE) 2016/679.

■ **Sanciones muy graves:** superior a 300.001 €. Se consideran infracciones muy graves:

a. El tratamiento de datos personales vulnerando los principios y garantías establecidos en el artículo 5 del Reglamento (UE) 2016/679.

b. El tratamiento de datos personales sin que concurra alguna de las condiciones de licitud del tratamiento establecidas en el artículo 6 del Reglamento (UE) 2016/679.

c. El incumplimiento de los requisitos exigidos por el artículo 7 del Reglamento (UE) 2016/679 para la validez del consentimiento.

d. La utilización de los datos para una finalidad que no sea compatible con la finalidad para la cual fueron recogidos, sin contar con el consentimiento del afectado o con una base legal para ello.

e. El tratamiento de datos personales de las categorías a las que se refiere el artículo 9 del Reglamento (UE) 2016/679, sin que concurra alguna de las circunstancias previstas en dicho precepto y en el artículo 9 de esta ley orgánica.

f. El tratamiento de datos personales relativos a condenas e infracciones penales o medidas de seguridad conexas fuera de los supuestos permitidos por el artículo 10 del Reglamento (UE) 2016/679 y en el artículo 10 de esta ley orgánica.

g. El tratamiento de datos personales relacionados con infracciones y sanciones administrativas fuera de los supuestos permitidos por el artículo 27 de esta ley orgánica.

h. La omisión del deber de informar al afectado acerca del tratamiento de sus datos personales conforme a lo dispuesto en los artículos 13 y 14 del Reglamento (UE) 2016/679 y 12 de esta ley orgánica.

i. La vulneración del deber de confidencialidad establecido en el artículo 5 de esta ley orgánica.

j. La exigencia del pago de un canon para facilitar al afectado la información a la que se refieren los artículos 13 y 14 del Reglamento

(UE) 2016/679 o por atender las solicitudes de ejercicio de dere-chos de los afectados previstos en los artículos 15 a 22 del Regla-mento (UE) 2016/679, fuera de los supuestos establecidos en su artículo 12.5.

k. El impedimento o la obstaculización o la no atención reiterada del ejercicio de los derechos establecidos en los artículos 15 a 22 del Reglamento (UE) 2016/679.

l. La transferencia internacional de datos personales a un destinatario que se encuentre en un tercer país o a una organización internacio-nal, cuando no concurran las garantías, requisitos o excepciones es-tablecidos en los artículos 44 a 49 del Reglamento (UE) 2016/679.

m. El incumplimiento de las resoluciones dictadas por la autoridad de protección de datos competente en ejercicio de los poderes que le confiere el artículo 58.2 del Reglamento (UE) 2016/679.

n. El incumplimiento de la obligación de bloqueo de los datos esta-blecida en el artículo 32 de esta ley orgánica cuando la misma sea exigible.

o. No facilitar el acceso del personal de la autoridad de protección de datos competente a los datos personales, información, locales, equipos y medios de tratamiento que sean requeridos por la auto-ridad de protección de datos para el ejercicio de sus poderes de investigación.

p. La resistencia u obstrucción del ejercicio de la función inspectora por la autoridad de protección de datos competente.

q. La reversión deliberada de un procedimiento de anonimización a fin de permitir la reidentificación de los afectados.

 Nota

La cuantía final de las sanciones se gradúa atendiendo a una serie de criterios establecidos en la misma LOPDGDD. Unos ejemplos son: el carácter continuado de la infracción, el volu-men de los tratamientos efectuados, los beneficios obtenidos por cometer la infracción, etc.

A modo de resumen, en la siguiente tabla se muestran los diferentes tipos de infracciones, las sanciones correspondientes y su prescripción:

Tipo de infracción	Sanción	Prescripción
Leve	Igual o inferior a 40.000 €	Un año
Grave	Desde 40.001 a 300.000 €	Dos años
Muy grave	Superior a 300.001 €	Tres años

Actividades

7. Comente si considera adecuadas las medidas económicas para sancionar las infracciones en materia de protección de datos personales (tanto leves como graves y muy graves). Señale otras medidas no económicas que considere efectivas para estas infracciones.

Aplicación práctica

Usted, como responsable de tratamiento de datos de su empresa, acaba de darse cuenta de que se han seguido utilizando datos ilícitamente de un antiguo cliente cuando este ha solicitado reiteradamente y por vía formal la eliminación de sus datos de la base de datos de la empresa. ¿Qué tipo de infracción se estaría cometiendo? ¿De qué cuantía podría ser la sanción?

SOLUCIÓN

Cuando se tratan datos reiteradamente de forma ilícita a pesar de haber sido solicitado el cese del tratamiento de estos datos, se está incurriendo en una infracción muy grave. Por ello, las sanciones pueden superar los 300.001 €.

5. Normativas más frecuentemente utilizadas para la gestión de la seguridad física

Las normas y recomendaciones referentes a la gestión de la seguridad física se encuentran en la novena séptima de la norma ISO/IEC 27002:2023 (7. Controles físicos), que se ha visto anteriormente. En este apartado se analizará con más profundidad y dando más detalle a las recomendaciones que se proporcionan en dicha sección.

De este modo, el punto 7 de la norma ISO/IEC 27002:2023 se centra en la seguridad física de los activos de una organización, es decir, en todas aquellas medidas que protegen las instalaciones, los equipos y los medios físicos que contienen información confidencial. Estos controles son fundamentales para garantizar la integridad y confidencialidad de los datos, ya que un acceso no autorizado o un daño físico a los sistemas puede comprometer la seguridad de la información.

Los objetivos principales de los controles físicos son los siguientes:

- **Prevención de accesos no autorizados:** impedir que personas no autorizadas ingresen a áreas restringidas o manipulen equipos y sistemas.
- **Protección contra amenazas naturales:** mitigar los riesgos asociados a eventos como incendios, inundaciones, terremotos, etc.
- **Minimización de daños:** reducir las consecuencias de incidentes como robos, vandalismo o sabotaje.
- **Cumplimiento normativo:** asegurar el cumplimiento de las regulaciones locales y sectoriales en materia de seguridad física.

Controles específicos

Como ya se ha ido comentando anteriormente, la norma ISO/IEC 27002 establece una amplia gama de controles físicos, que pueden adaptarse a las necesidades específicas de cada organización.

Algunos de los controles específicos más importantes son los que se describen a continuación:

■ **Control de acceso:**

▮ Sistemas de identificación: tarjetas de acceso, biometría, tokens de seguridad.

▮ Vigilancia por video: cámaras de seguridad estratégicamente ubicadas.

▮ Control de visitantes: registro y acompañamiento de visitantes.

▮ Puertas de seguridad: puertas de acceso restringido, puertas cortafuegos.

■ **Protección contra incendios:**

▮ Detectores de incendios: detección temprana de incendios.

▮ Sistemas de extinción: rociadores, extintores.

▮ Alarmas de incendio: alerta temprana al personal.

▮ Planes de evacuación: procedimientos claros en caso de emergencia.

■ **Protección contra inundaciones:**

▮ Sistemas de detección de fugas: detección temprana de fugas de agua.

▮ Drenajes y sumideros adecuados.

▮ Barreras de inundación.

■ **Seguridad de las áreas de trabajo:**

▮ Organización del espacio de trabajo: minimización de riesgos de accidentes.

▮ Protección de equipos: anclaje de equipos, protección contra sobrecargas.

▮ Limpieza y orden: mantenimiento de un entorno de trabajo seguro.

■ **Gestión de residuos:**

▮ Destrucción segura de documentos y medios de almacenamiento.

▮ Reciclaje de equipos electrónicos.

- **Seguridad de las instalaciones de energía:**

  - Protección de fuentes de alimentación: UPS, generadores.
  - Sistemas de climatización: mantenimiento de condiciones ambientales adecuadas.

- **Seguridad en áreas de construcción:**

  - Control de acceso durante las obras.
  - Protección de equipos y sistemas existentes.

En definitiva, los controles físicos son una parte esencial de cualquier sistema de gestión de seguridad de la información. Al implementar estos controles, las organizaciones pueden aprovecharse de los siguientes beneficios:

- **Reducir el riesgo de incidentes:** minimizar la probabilidad de sufrir pérdidas económicas y de reputación.
- **Cumplir con los requisitos legales y regulatorios:** asegurar el cumplimiento de las normas aplicables.
- **Mejorar la imagen de la organización:** demostrar un compromiso con la seguridad de la información.
- **Proteger los activos de la organización:** garantizar la disponibilidad, integridad y confidencialidad de los datos.

En resumen, el punto 7 de la ISO/IEC 27002 actual proporciona una guía completa para implementar medidas de seguridad física efectivas. Al seguir estas recomendaciones, las organizaciones pueden proteger sus activos físicos y garantizar la seguridad de la información que contienen.

 Nota

Las principales amenazas que se prevén en la seguridad física son: los accesos no autorizados, los desastres naturales, los sabotajes a través de actos vandálicos o de ataques cibernéticos o físicos, los errores humanos y la pérdida o robo de dispositivos.

Actividades

8. Las medidas de seguridad son fundamentales para proteger a los equipos y para prevenirlos de todo riesgo de daño o de acceso no autorizado. Ponga ejemplos (además de los mencionados en este apartado) de medidas de seguridad que usted aplicaría para un correcto mantenimiento de los equipos.

Aplicación práctica

Usted, como responsable de seguridad de su empresa, está diseñando las distintas medidas que deben aplicarse en las áreas de trabajo. ¿Qué finalidad tienen estas medidas? Proponga tres medidas para mantener la seguridad en estas áreas.

SOLUCIÓN

Las medidas de seguridad de las áreas de trabajo tienen como objetivo evitar el acceso físico no autorizado y los daños o intromisiones en las instalaciones y a la información de la organización.

Tres posibles medidas para mantener la seguridad de las áreas de trabajo podrían ser el mantenimiento de una organización del espacio de trabajo, el establecimiento de medidas de protección en los equipos de trabajo o el mantenimiento de la limpieza y de un orden en las áreas de trabajo.

6. Resumen

La información es un activo muy valioso en cualquier organización y más en un mundo globalizado en el que esta puede circular por los cinco continentes en cuestión de segundos.

La norma ISO/IEC 27002 es una guía de buenas prácticas en la que se incluye una serie de medidas y controles de seguridad que las organizaciones deben tener en cuenta para que se elaboren, implanten y difundan (evaluación de riesgos, seguridad en los recursos humanos, gestión de los activos, etc.). Es necesario establecer un nivel adecuado de seguridad física tanto en las áreas seguras de una organización como en los equipos que forman parte de ella.

Además de tener en cuenta las recomendaciones de la normativa ISO/IEC 27002, una organización debe saber cómo poder integrar las tecnologías de la información en todos sus procesos. Para ello está la Biblioteca de Infraestructura de Tecnologías de Información (ITIL), un conjunto de buenas prácticas que tiene como objetivo ayudar a alcanzar una buena gestión de los servicios de las tecnologías de la información.

Aparte de una correcta integración de las tecnologías de la información en los procesos de una organización, hay que ser especialmente meticuloso con los datos de carácter personal que se puedan tratar, ya que la protección de los datos personales es un derecho fundamental que tienen las personas, reflejado en la Constitución española. La norma que protege este derecho es la Ley Orgánica 3/2018, de Protección de Datos Personales y Garantía de los Derechos Digitales, que detalla todos los derechos que tienen los individuos sobre sus datos personales y qué tipo de tratamiento y protección deben recibir según su grado de intimidad.

 Ejercicios de repaso y autoevaluación

1. **Indique qué normativa ISO se corresponde con las siguientes definiciones:**

    a. Estándar para la seguridad de la información (también se considera una guía de buenas prácticas) en la que se incluyen los distintos objetivos de control y controles recomendados para mantener un nivel de seguridad de la información óptimo.
    b. Manual de buenas prácticas que incluye fundamentalmente el vocabulario que se va a utilizar en las normas incluidas en toda la serie para una mayor comprensión de las mismas.
    c. Manual de buenas prácticas en el que se incluyen los requisitos necesarios de los sistemas de gestión de seguridad de la información.

2. **¿Cuál de los siguientes puntos no forma parte de la norma ISO/IEC 27002?**

    a. Controles físicos.
    b. Controles virtuales.
    c. Controles tecnológicos.
    d. Controles de personas.

3. **Relacione las siguientes definiciones con los conceptos que se describen a continuación:**

    a. Procesamiento de la información o los lugares físicos que los alojan.
    b. Conjunto de acciones para gestionar los incidentes de seguridad de la información de forma coherente y eficaz.
    c. Compromiso de la seguridad de la información en una organización que ocasiona la destrucción, modificación, pérdida, accesos no deseados o, incluso, divulgación a información de carácter protegido.

    __ Brecha en la seguridad de la información.
    __ Instalación de tratamiento de la información.
    __ Gestión de incidentes de la seguridad de la información.

4. La norma ISO/IEC 27002 clasifica los controles de seguridad en varias categorías. ¿Cuántas categorías son y qué nombre tienen?

_____
_____
_____
_____

5. Complete la siguiente fase:

Una _____ es un evento esperado o inesperado que genera una desviación _____ y no planificada de la entrega programada de productos y servicios según los _____ de una organización.

6. El ciclo de vida del servicio está compuesto por una serie de fases. ¿Cuántas fases son y qué nombre tienen? Menciónelas por orden.

_____
_____
_____
_____

7. Indique a qué fase del ciclo de vida del servicio corresponde la siguiente definición: "Fase en la que se define el servicio que se va a prestar, la tipología de clientes a la que se va a destinar y en qué mercados se va a prestar".

_____
_____
_____
_____

8. De la nueva LOPDGDD, ¿qué significan las siglas "GDD"?

    a. Garantía de Derechos Digitales.
    b. Gestión Datos Directos.
    c. Garantía de Derechos de Datos.
    d. Todas las opciones son incorrectas.

9. Según la **LOPDGDD**, ¿quién es el responsable del tratamiento?

_____

_____

_____

_____

10. Encuentre en la siguiente sopa de letras los derechos de las personas sobre sus datos personales reconocidos en la **LOPDGDD**.

R	E	C	T	I	F	I	C	A	C	I	O	N
A	B	C	E	Z	I	O	L	C	Z	A	N	I
A	C	O	S	R	L	J	P	C	O	N	A	L
S	E	T	O	S	I	E	Y	E	S	R	T	A
U	S	A	C	I	M	I	A	S	O	N	A	R
P	O	P	O	S	I	C	I	O	N	A	R	T
R	U	E	R	A	T	I	C	O	L	A	E	M
E	P	O	R	T	A	B	I	L	I	D	A	D
S	A	L	U	R	C	O	R	E	A	S	T	E
I	C	A	S	C	I	O	N	A	R	E	A	R
O	H	C	U	L	O	R	Y	E	R	T	O	S
N	I	M	R	A	N	A	M	A	R	E	R	O

11. Indique cuál de las opciones tiene un dato incorrecto (selección múltiple).

a. Los soportes y documentos que contengan datos personales no deben estar identificados e inventariados.

b. Conservar los datos de acceso registrados durante, por lo menos, 10 años.

c. Registrar al menos algún procedimiento realizado de recuperación de datos en el registro de incidencias.

d. Cada 2 años, el responsable del fichero debe verificar la correcta definición, funcionamiento y aplicación de los procedimientos de copias de seguridad y de recuperación de datos.

12. ¿Cuáles de las siguientes funciones son responsabilidad de la Agencia Española de Protección de Datos (AEPD)?

    a. Controlar a los agentes implicados en el tratamiento de los datos.
    b. Asesorar a otras instituciones y organismos sobre las medidas legislativas y administrativas.
    c. Velar por la publicidad de los datos.
    d. Ejercer la potestad sancionadora.

13. Complete la siguiente tabla de infracciones y sanciones que aplica la AEPD:

Tipo de infracción	Sanción	Prescripción
Leve		
Grave		
Muy grave		

14. En la norma ISO/IEC 27002 hay un punto dedicado a los controles tecnológicos. De los siguientes controles, indique cuál de ellos no se corresponde con un control tecnológico.

    a. Gestión de privilegios de acceso.
    b. Acceso al código secundario.
    c. Autenticación segura.
    d. Controles contra el código malicioso.

15. Complete la siguiente frase sobre la autenticación segura:

La implementación de tecnologías y procedimientos de autenticación _____ debería ser _____ para cada sistema, considerando los niveles de _____ requeridos y las políticas de seguridad de la organización.

Capítulo 2
Análisis de los procesos de sistemas

Contenido

1. Introducción

En la actualidad, los negocios van cambiando y evolucionando continuamente a pasos agigantados debido a los procesos de globalización e internacionalización de las empresas y organizaciones.

Por ello, resulta imprescindible saber identificar correctamente los distintos procesos de negocio que forman parte de las organizaciones e integrar las tecnologías de la información, de modo que la adaptación al entorno cambiante sea lo más sencilla posible.

En este capítulo se aprende a identificar los distintos procesos de negocio, destacando la importancia de la integración de las nuevas tecnologías y de los sistemas de información en las empresas.

Además, como complemento, se define el concepto de proceso electrónico y se describen con detenimiento los distintos estados por los que pasa y cómo realizar una gestión eficiente del mismo.

Una vez se ha aprendido a identificar los distintos procesos de negocio y la utilización de los procesos electrónicos, se procede a explicar con más profundidad el funcionamiento de los sistemas de información, la forma en la que estos se integran en los procesos de negocio y los activos y servicios que están implicados en cada etapa.

Para terminar, se da un enfoque práctico a los conocimientos adquiridos realizando una exposición de las distintas funcionalidades de los sistemas operativos (tanto *Windows* como *Linux)* para monitorizar los procesos y servicios que se han ido describiendo y se señala una serie de consejos para optimizar los procesos y conseguir que consuman la menor cantidad de recursos posible.

2. Identificación de procesos de negocio soportados por sistemas de información

Según la norma internacional ISO 9000, referente a los sistemas de gestión de la calidad, el concepto "proceso" se define como el "conjunto de actividades mutuamente relacionadas que utilizan las entradas para proporcionar un resultado previsto".

En otras palabras, un proceso está formado por una serie de tareas conectadas de modo sistemático con el fin de obtener un producto o servicio *(output)* que tenga valor para el cliente. La definición se puede observar en el siguiente esquema:

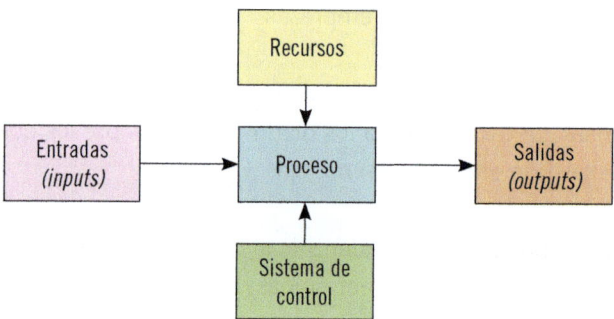

En este esquema se pueden diferenciar claramente cinco partes:

- **Proceso:** definido anteriormente como el conjunto de tareas realizadas para conseguir un objetivo.
- **Entradas (o *inputs*):** conjunto de características definidas de antemano para llevar a cabo las actividades del proceso.
- **Salidas (o *outputs*):** conjunto de objetivos y/o productos/servicios que se lograrán una vez finalizado el proceso.
- **Recursos:** recursos materiales (materias primas, instalaciones, maquinaria, herramientas, personal, etc.) e inmateriales (formación del personal, instrucciones de trabajo, definición de procedimientos, etc.) necesarios para llevar a cabo el proceso y conseguir los outputs deseados.

- **Sistema de control:** indicadores utilizados para comprobar el seguimiento de las actividades del proceso y ver si realmente se están cumpliendo las directrices definidas.

Se distinguen varios tipos de procesos:

- **Procesos para la gestión de una organización:** son los procesos estratégicos de la organización. Incluyen procesos de establecimiento de políticas o de fijación de objetivos, entre otros.
- **Procesos para la gestión de recursos:** procesos cuyo objetivo es realizar una correcta provisión de los recursos necesarios para la gestión de una organización.
- **Procesos operativos:** procesos que transforman los recursos en el producto/servicio, añadiéndole valor. Por ejemplo, proceso productivo, proceso de ventas, etc.
- **Procesos de apoyo:** procesos que proporcionan recursos al resto de procesos, atendiendo a sus requisitos. Por ejemplo, gestión financiera, gestión de personal, etc.
- **Procesos de medición, análisis y mejora:** incluyen procesos de medición, seguimiento y auditoría necesarios para analizar el desempeño y medir la eficacia y la eficiencia de los otros procesos.

2.1. Los procesos de negocio y su gestión

Después de conocer los términos genéricos de la definición del concepto "proceso", ya se puede profundizar más en otros más relacionados con el mundo empresarial y los sistemas de información.

Un "proceso de negocio" es un conjunto de tareas o actividades que se llevan a cabo de un modo lógico para conseguir un negocio definido. Del mismo modo que en los procesos, los procesos de negocios están formados por entradas *(inputs),* salidas *(outputs)* y por una serie de funciones que se aplicarán a los *inputs* para conseguir las salidas buscadas. Más concretamente, las funciones sirven para transformar los *inputs* de modo que aumenten su valor para producir una salida, que puede ser un producto físico o un servicio.

Importante

El concepto de "proceso de negocio" no debe confundirse con el de "tarea". Una tarea es una actividad llevada a cabo por una o varias personas, mientras que un proceso de negocio es un conjunto de actividades cuyo objetivo es crear valor.

Se distinguen tres tipos de procesos:

- **Procesos estratégicos:** dan orientación al negocio. Definen elementos imprescindibles para un negocio como son: su visión, misión, valores, mercados, competidores, objetivos, etc.
- **Procesos sustantivos:** surgen a partir de las solicitudes del cliente externo; dan valor al cliente. Un ejemplo de proceso sustantivo podría ser el reparto a domicilio de la mercancía.
- **Procesos de apoyo vertical:** tienen que ver con la atención y apoyan al proceso sustantivo dando atención a sus clientes. Por ejemplo, la recepción de los clientes.
- **Procesos de apoyo horizontal:** surgen por las solicitudes de los equipos de procesos sustantivos. Son de este tipo los apoyos informáticos o administrativos.

Enfoque de gestión por procesos

Las organizaciones son tan eficientes como lo son sus procesos. Por ello, la necesidad de una gestión eficiente de los procesos es cada vez más vital y necesaria para una larga vida de las organizaciones y de los negocios.

La gestión por procesos tiene como característica fundamental una serie de procesos interrelacionados que contribuyen a elevar la satisfacción del cliente, eliminando barreras entre las áreas funcionales y unificando los enfoques hacia los objetivos y metas principales de la organización.

Este enfoque enfatiza principalmente los siguientes aspectos:

- Orientación hacia las necesidades y expectativas de los clientes.
- Identificación de los requisitos a cumplir.
- Identificación del mapa de procesos de la organización.
- Identificación y diseño de procesos clave que aporten valor al producto/ servicio final.
- Control y mejora de los procesos clave.
- Aplicación de la gestión de la calidad al proceso.
- Evaluación de la eficacia y eficiencia de los procesos mediante un sistema de indicadores.
- Documentación de los distintos procedimientos de los procesos para verificar su grado de cumplimiento y eficacia.
- Mejora continua del proceso una vez evaluados los indicadores.

En definitiva, la gestión por procesos de negocio *(Business Process Management* o BPM, en inglés) es la metodología corporativa que tiene como objetivo mejorar la eficiencia y eficacia (o, en otras palabras, el desempeño) de la organización mediante el diseño, modelaje, organización, documentación y optimización continuados de los procesos de negocios.

 Aplicación práctica

Ana, Jesús y usted quieren formar una empresa que lanzará un producto innovador y están definiendo los puntos importantes de la misma como su misión, objetivos fundamentales y al mercado al que se van a dirigir. ¿Qué tipo de proceso de negocio están planificando?

SOLUCIÓN

Cuando se trata de definir aspectos que dan orientación al negocio, como su misión, visión, mercado en el que se va a mover, análisis de competidores y los objetivos a conseguir, se está definiendo un proceso de negocio estratégico. Esto se da en este caso, ya que todavía no han iniciado la actividad de la empresa. Por ello, la misión, los objetivos a alcanzar y el mercado a abastecer.

2.2. Procesos de negocio y sistemas de información

Como ya se ha comentado anteriormente, un proceso de negocio se puede definir como el modo en que se organiza, coordina y enfoca el trabajo para producir un bien o servicio, añadiéndole valor. En el proceso de negocio se incluyen:

- Flujos concretos de materiales, información y conocimientos.
- Formas en las que las organizaciones coordinan el trabajo, la información y los conocimientos.

Los sistemas de información se crearon para apoyar uno o más procesos de negocio dentro de las organizaciones. El entorno donde las compañías desarrollan sus actividades cada vez resulta más complejo debido a la globalización, a los procesos de internacionalización de las empresas y al incremento de competencia en los mercados, entre muchos otros factores.

A finales del siglo XX, ya se mecanizaban los procesos de negocio que estaban compuestos por un gran volumen de tareas repetitivas. Sin embargo, hoy en día, los sistemas de información han pasado a integrarse dentro de los procesos de negocio de las organizaciones: prácticamente cualquier proceso que genera datos y supone un flujo de información que se dirige al exterior o a otros procesos o departamentos de la organización es susceptible de ser informatizado.

Aunque la integración de los sistemas de información en los distintos procesos de negocio de una empresa conlleve un coste elevado, a largo plazo se obtienen ventajas competitivas consiguiendo que estos sistemas ya formen parte de la dimensión estratégica en la empresa, ayuden a tomar decisiones de alto alcance a los directivos y gerentes y se conviertan en un activo de valor incalculable en las organizaciones.

Actividades

1. Recopile más datos sobre los sistemas de información y busque los más utilizados para la gestión de procesos de negocio.
2. Ponga ejemplos de cada uno de los elementos que forman parte de un proceso (entradas, salidas, recursos y sistemas de control).

3. Características fundamentales de los procesos electrónicos

Los datos de las empresas son una fuente de información básica que los directivos y ejecutivos utilizan para decidir sus futuras acciones (tanto para grandes como pequeñas o medianas empresas), realizando tareas de recolección, análisis y procesamiento de datos. Por este motivo, en la actualidad los datos de una empresa son considerados uno de sus activos fundamentales.

Ya que de la información depende la vida de la empresa, es necesario establecer los medios suficientes para asegurar su disponibilidad en el momento que sea necesaria. Teniendo en cuenta que en numerosas ocasiones el volumen de información recogida y tratada es muy elevado, es necesario que la empresa disponga de sistemas de computadores que procesen los datos con velocidad y puntualidad y que cree sistemas electrónicos de procesamiento de datos para ganar en eficacia y eficiencia de gestión de datos y de toma de decisiones.

En términos generales, un proceso electrónico consiste en cualquier programa en ejecución: un programa ejecutable está formado por una serie de instrucciones y de datos almacenados en un fichero. Cuando lo que tiene un programa se carga en la memoria y se ejecuta, pasa a convertirse en un proceso.

Un proceso necesita varios recursos para que pueda realizar su tarea con éxito:

- Tiempo de CPU.
- Memoria.

- Archivos.
- Dispositivos de entrada/salida.

 Nota

La CPU (Unidad Central de Procesamiento) o procesador es el componente principal de un ordenador. Su función primordial es interpretar las instrucciones contenidas en los programas y procesar los datos.

3.1. Estados de un proceso

Un proceso pasa por varios estados durante su ejecución, es decir, a medida que un proceso se ejecuta va cambiando de estado.

Los estados en los que puede estar un proceso son los siguientes:

- **Nuevo** *(new):* el proceso se acaba de crear, pero todavía no ha sido admitido en el grupo de procesos ejecutables por el sistema operativo.
- **Listo** *(ready):* el proceso está listo y esperando a ser asignado al procesador para ser ejecutado.
- **Ejecutando** *(running):* el proceso ya ha sido asignado y está en la CPU ejecutando sus instrucciones.
- **Bloqueado** *(waiting/blocked):* el proceso está esperando a que ocurra un suceso determinado (como, por ejemplo, la recepción de una señal o la terminación de una operación de entrada/salida).
- **Terminado** *(terminated):* el proceso ya ha finalizado su ejecución y, por tanto, ya no ejecuta más acciones. El proceso se ha sacado del grupo de procesos ejecutables por el sistema operativo y se han liberado los recursos que ha utilizado.

 Nota

Solo se puede estar ejecutando un proceso en cualquier procesador en un instante dado. Sin embargo, puede haber muchos procesos listos y esperando a ser ejecutados.

En la siguiente imagen, se pueden observar los distintos estados de un proceso electrónico:

Esquema de los estados de los procesos

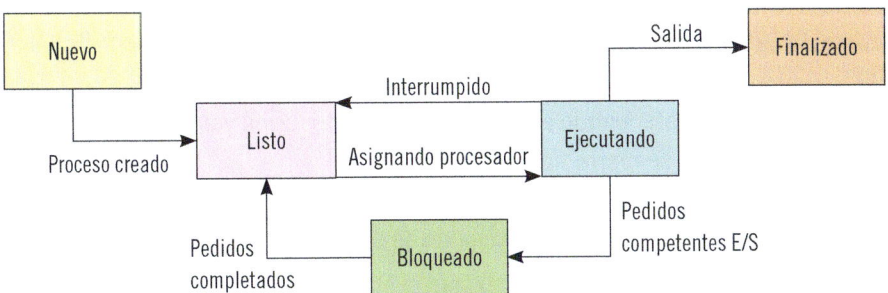

En la figura mostrada en la imagen, los nodos representan los estados y las flechas se corresponden con las acciones o eventos que llevan a un cambio de estado. Los eventos que pueden dar lugar a un cambio de estado son los siguientes:

- **De Ninguno a Nuevo:** se crea un proceso nuevo para ejecutar un programa.
- **De Nuevo a Listo:** el sistema está preparado para aceptar un proceso porque dispone de recursos suficientes.
- **De Preparado a Ejecutando:** el sistema elige uno de los procesos que están en estado de "Listo" para llevarlo a ejecución.
- **De Ejecutando a Terminado:** el sistema operativo finaliza el proceso que se está ejecutando, indicando si este se abandona o se cancela.

- **De Ejecución a Terminado:** el proceso ya ha agotado su tiempo de ejecución y cede voluntariamente su tiempo de ejecución o queda interrumpido para atender a otro proceso de mayor prioridad.
- **De Ejecución a Bloqueado:** el proceso solicita algo por lo que debe esperar.
- **De Bloqueado a Listo:** se produce el suceso que estaba esperando el proceso y se pone en la cola de espera para ser ejecutado.
- **De Bloqueado a Terminado (y de Listo a Terminado):** un proceso padre termina con un proceso hijo y ya no es necesario ejecutar el proceso hijo.

En resumen, los estados de ejecución de un proceso (que forman su ciclo de vida) son sencillos, constan de la creación, ejecución y terminación de instrucciones. No obstante, es importante destacar que un proceso en el transcurso de su ciclo puede terminar de diferentes formas:

- **Salida normal:** cuando el proceso termina de forma voluntaria. Por ejemplo, cuando se cierra una aplicación.
- **Salida por error:** cuando el proceso tiene que salir porque los datos son insuficientes. Por ejemplo, cuando se solicita información de un archivo inexistente.
- **Error fatal:** cuando hay algún error en el programa.
- **Eliminado por otro proceso:** ocurre sobre todo cuando un proceso se queda colgado. Cuando esto sucede, se ejecutan otros procesos encargados de eliminar los procesos colgados.

 Actividades

3. Averigüe si puede pasar una aplicación de estado bloqueado a ejecución, y argumente su respuesta.

3.2. Manejo de señales, su administración y los cambios de prioridades

Como ya se ha estudiado anteriormente, cada programa que se ejecuta es considerado un proceso. Estos procesos tienen una serie de recursos asignados y es gestionado por el **kernel** o núcleo.

 Definición

Kernel
Es un *software* encargado de facilitar a los programas acceso seguro al *hardware* de la computadora y de gestionar sus recursos. Es una parte fundamental del sistema operativo.

La gestión de procesos comprende la monitorización, detención y cambio de prioridad de los procesos. Aunque de modo general, los procesos son gestionados directamente por el *kernel* del sistema operativo sin necesidad de que tenga que intervenir el usuario en ningún momento; en ocasiones, los procesos pueden sufrir problemas inesperados y requerirán la intervención del usuario:

- Algunas veces los procesos se pueden detener por razones desconocidas y es necesario reiniciar el proceso.
- Otras veces, algún proceso se puede ejecutar descontroladamente malgastando los recursos del sistema. En este caso, es necesario que intervenga el administrador para detener el proceso.

Manejo y administración de señales

Una señal es un mecanismo utilizado para notificar a los procesos los eventos que se producen en el sistema. También se pueden utilizar como mecanismo de comunicación y sincronización en los procesos.

El *kernel* o núcleo genera las señales para los procesos respondiendo a los distintos eventos que pueden ser causados por el propio proceso receptor, por otro proceso, por interrupciones o por acciones externas.

Se pueden distinguir varias fuentes de generación de señales:

- **Excepciones:** el núcleo genera una señal y la notifica al proceso cuando se produce un intento de ejecutar una instrucción ilegal (o excepción) durante la ejecución del mismo.
- **Otros procesos:** un proceso puede enviar una señal a otro proceso o a un conjunto de procesos. Se suele utilizar para "matar" procesos que se quedan colgados. Por ejemplo, mediante el comando *kill* (utilizado en el sistema operativo *Linux)* se matan los procesos colgados. Algo similar se puede realizar con el **Administrador de tareas** de *Windows.*
- **Interrupciones del terminal:** cuando el usuario pulsa una combinación de teclas (como, por ejemplo, [Ctrl] + [C]), se produce el envío de señales a los procesos que se están ejecutando en el primer plano de un terminal.
- **Control de tareas:** se generan señales tanto para manipular a los procesos que se están ejecutando en primer plano como para los que lo hacen en segundo plano. Cuando un proceso termina, el núcleo lo notifica a su padre mediante una señal.
- **Cuotas:** cuando un proceso se excede en tiempo de uso de la CPU o en tamaño máximo de un fichero, el núcleo envía una señal a un proceso.
- **Notificaciones:** un proceso puede requerir al núcleo que le notifique ciertos eventos mediante una señal. Por ejemplo, cuando un dispositivo se encuentra listo para ser utilizado.
- **Alarmas:** el proceso puede configurar una alarma para que el núcleo le envíe una señal cuando pase un tiempo determinado.

Cada señal tiene asignada por defecto una acción. Esta acción es la que realizará el núcleo si el proceso no ha especificado alguna acción alternativa. Por defecto, se reflejan cinco posibles acciones:

- Abortar el proceso.
- Finalizar el proceso.
- Ignorar la señal.

- Parar o suspender el proceso.
- Continuar el proceso.

Para concluir, es importante mencionar el funcionamiento de las señales. Cuando un proceso recibe una señal, deja de ejecutar su código para atender la señal, por lo que recibe prioridad sobre la ejecución del código. Después de atender y responder a la señal, el proceso vuelve al punto en el que se interrumpió y continúa con la ejecución prevista. Cuando el proceso recibe una señal y este no se ha preparado para recibirla, se produce la muerte de dicho proceso.

Actividades

4. Explique qué diferencias hay entre abortar, finalizar y suspender un proceso.

Cambios de prioridades

Cuando hay más de un proceso en el estado "Listo", el *kernel* le asigna el uso de la CPU al de mayor prioridad en ese momento; cada proceso tiene asignada una determinada prioridad de ejecución al necesitar más o menos tiempo de CPU que otros.

Aunque habitualmente el *kernel* es el encargado de gestionar la prioridad de los procesos de modo automático, el usuario también tiene la posibilidad de cambiar estas prioridades manualmente. Se suelen cambiar prioridades cuando se necesita que alguna aplicación funcione con mayor soltura (por ejemplo, aplicaciones de edición de vídeo o fotografía digital) dejando en segundo plano otros procesos que no necesiten un acceso tan intensivo a los recursos del sistema.

En *Linux,* mediante el comando **nice** se lanza un nuevo proceso modificando su prioridad de uso de la CPU antes de empezar a ejecutarse.

Si, por lo contrario, se quiere modificar la prioridad de un proceso que ya se está ejecutando, el usuario tiene la opción de realizarlo mediante el comando **renice.**

Para cambiar las prioridades con *Windows,* acceda al **Administrador de tareas** y pulse [Ctrl] + [Mayus] + [Esc] simultáneamente o [Ctrl] + [Alt] + [Supr] y seleccione **Iniciar el Administrador de tareas.** Una vez abierta la ventana, seleccione la pestaña **Procesos** y haga clic con el botón derecho del ratón sobre la aplicación a la que desea dar mayor prioridad y seleccione **Ir a detalles.**

Administrador de tareas, pestaña de aplicaciones

A continuación, se mostrará la pestaña de **Detalles** con el proceso en cuestión seleccionado. En este punto basta con hacer clic con el botón derecho del ratón sobre dicho proceso, navegar hasta **Establecer prioridad** y elegir la prioridad deseada.

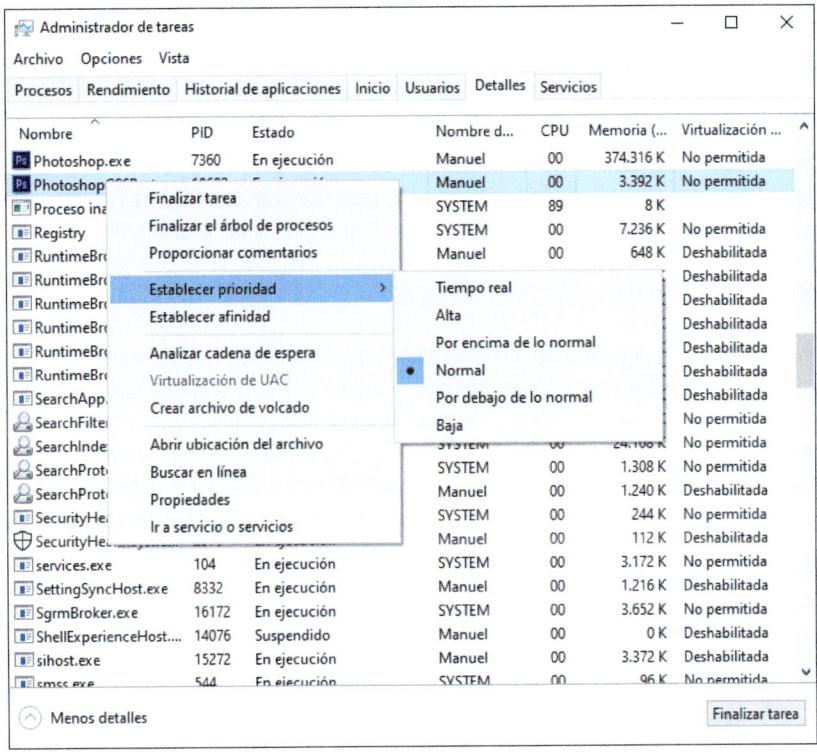

Administrador de tareas, pestaña de Procesos

Puede elevar la prioridad hasta **Tiempo real,** aunque prácticamente siempre se selecciona la prioridad **Alta** para poder trabajar con soltura con la aplicación deseada.

En el caso de que el sistema empezara a fallar, habría que bajar la prioridad o devolverla al estado inicial.

 Actividades

5. Comente a qué tipo de aplicaciones daría una prioridad Alta, si les daría la prioridad Alta permanentemente o solo en ocasiones y por qué.

Aplicación práctica

Usted, como responsable de comunicación de su empresa, se encuentra retocando unas fotos con una aplicación específica que necesita gran cantidad de recursos del sistema. ¿Qué prioridad le otorgaría a la aplicación? ¿Cómo lo haría con *Windows?*

SOLUCIÓN

Por lo general, las aplicaciones de retoque fotográfico consumen un volumen de recursos muy elevado y es necesario darles prioridad alta para que el sistema los canalice a esa aplicación en lugar de a las demás. Para cambiar la prioridad en *Windows,* acceda al **Administrador de tareas** (presione [Ctrl] + [Alt] + [Supr] y seleccione **Ir a Administrador de tareas)** y haga clic con el botón derecho del ratón sobre la aplicación a la que quiere dar prioridad. A continuación, seleccione **Ir al proceso** y, una vez quede señalado el proceso, presione encima con el botón derecho también y seleccione **Establecer prioridad → Alta**.

Una vez hechos todos los pasos, ya queda la prioridad establecida sobre la aplicación deseada.

4. Determinación de los sistemas de información que soportan los procesos de negocio y los activos y servicios utilizados por los mismos

Un sistema se define como el conjunto de elementos que interactúan entre sí para alcanzar un fin determinado. Un sistema de información es el conjunto de elementos que interactúan entre sí con el fin de apoyar las actividades de una empresa u organización. Todos los elementos interactúan para procesar los datos (que incluyen procesos manuales y automáticos) y proporcionan una información más elaborada que se distribuye en las diferentes áreas de una organización, atendiendo a los objetivos marcados por cada una de ellas.

Un sistema de información realiza cuatro actividades básicas:

1. **Entrada de información:** proceso en el que el sistema de información (SI) recoge los datos necesarios para procesar la información. Las entradas pueden ser manuales (proporcionadas directamente por el usuario) o automáticas (tomadas de otros sistemas).
2. **Almacenamiento de información:** proceso realizado por computadoras que suelen almacenar la información en estructuras de información llamadas archivos.
3. **Procesamiento de información:** el SI transforma la información almacenada para que pueda ser utilizada en la toma de decisiones de una organización.
4. **Salida de información:** el SI saca la información procesada al exterior. Las unidades más habituales de salida de información son las impresoras, *plotters,* CD, DVD, etc.

Además de las actividades básicas de un SI, es importante describir sus componentes o activos principales:

- **Financieros:** aspecto económico que permite la adquisición, contratación y mantenimiento de los recursos que integran un SI.
- **Administrativos:** estructura orgánica de objetivos, lineamientos, funciones, procedimientos, departamentalización, dirección y control de las actividades que sustenta la creación y el uso de los sistemas.
- **Humanos:** compuesto por el técnico (que posee conocimientos especializados para desarrollar los sistemas) y por el usuario (personas interesadas en el uso y gestión de la información de los SI).
- **Materiales:** elementos físicos que soportan el funcionamiento de un SI (local de trabajo, instalaciones eléctricas y de comunicaciones, etc.).
- **Tecnológicos:** conjunto de experiencias, conocimientos, técnicas y metodologías que orientan la creación, operación y mantenimiento de un sistema.

Recuerde

Los sistemas de información han producido grandes cambios en el modo de trabajar de las organizaciones. Por ello, es necesario conocer su potencial y su posibilidad de aplicación. Pueden resultar de gran ayuda en la toma de decisiones estratégicas de la organización y en la consecución de metas relevantes.

4.1. Tipos de sistemas de información básicos que soportan los procesos de negocio

Los sistemas de información están clasificados en cuatro niveles, atendiendo al nivel de la organización al que dan servicio:

- **Sistemas a nivel operativo:** apoyan a los gerentes operativos en el seguimiento de las actividades y transacciones elementales de la organización (ventas, ingresos, etc.).
- **Sistemas a nivel de conocimiento:** SI que apoyan a los trabajadores del conocimiento y de datos de una organización. Su objetivo es ayudar a las empresas a integrar el nuevo conocimiento en los negocios y ayudar a las organizaciones a controlar el flujo de trabajo de oficinas.
- **Sistemas a nivel administrativo:** sistemas que apoyan las actividades de supervisión, control, de toma de decisiones y administrativas de los gerentes de nivel medio. Respaldan la toma de decisiones menos estructuradas, no rutinarias.
- **Sistemas a nivel estratégico:** apoyan a las actividades de planificación a largo plazo de la dirección general de las empresas. Ayudan a los directores a tomar decisiones en aspectos estratégicos a largo plazo.

En cada uno de estos niveles de negocio de la organización se encuentran clasificados los siguientes sistemas de información. A continuación, de cada definición de los sistemas de información, se indican ejemplos de tareas y datos que forman parte de las distintas actividades e integrantes de sus procesos (entradas, procesamiento, salidas y usuarios):

■ **Sistemas de Procesamiento de Transacciones (TPS):** sistemas automatizados que gestionan las transacciones producidas en una empresa u organización. Dan servicio a nivel operativo y pueden contener tareas, datos y usuarios como los siguientes:

- Entradas: transacciones, eventos, etc.
- Procesamiento: actualización, clasificación, realización de listados, etc.
- Salidas: resúmenes, listados, informes detallados, etc.
- Usuarios: personal de operaciones, supervisores, etc.

■ **Sistemas de Trabajo del Conocimiento (KWS):** SI que dan apoyo a los trabajadores que se encargan de crear nuevos conocimientos e información (creación de nuevos productos, búsqueda de mejora de productos o servicios ya existentes, etc.). Forman parte de estos sistemas de información:

- Entradas: base de conocimientos, especificaciones de diseño, etc.
- Procesamiento: elaboración de modelos, simulaciones, etc.
- Salidas: modelos, gráficos, etc.
- Usuarios: profesionales y personal técnico.

■ **Sistemas de Oficina:** sistemas de cómputo (procesadores de texto, sistemas de programación, hojas de cálculo, etc.) que están diseñados para aumentar la productividad de los trabajadores de datos en la oficina. Realiza actividades como: procesamiento de datos, digitalización de documentos, administración y coordinación del trabajo de datos, administración de las comunicaciones de voz y digitales, etc. Se pueden mencionar como ejemplos las siguientes tareas:

- Entradas: documentos, programas, etc.
- Procesamiento: comunicación, programación, administración de documentos, etc.
- Salidas: correo, programas, documentos, etc.
- Usuarios: personal de oficina.

- **Sistemas de Información Gerencial (MIS o SIG):** apoyan a la planificación, control y toma de decisiones con la generación de informes y estadísticas resumidos de rutina. Las tareas más frecuentes de este tipo de sistema de información son:

  - Entradas: datos resumidos de transacciones, modelos simples, etc.
  - Procesamiento: modelos simples, análisis de bajo nivel, informes rutinarios, etc.
  - Salidas: informes resumidos y estadísticas.
  - Usuarios: gerentes de nivel medio.

- **Sistemas de Apoyo a la Toma de Decisiones (DSS):** combinan datos y modelos de análisis sofisticados mediante la utilización de herramientas de análisis de datos avanzadas para apoyar la toma de decisiones no estructurada o semiestructurada. Ejemplos de tareas que se llevan a cabo en este tipo de sistemas de información pueden ser:

  - Entradas: datos de bajo volumen, modelos analíticos, bases de datos optimizadas para su análisis, etc.
  - Procesamiento: interactivo, simulaciones, análisis, etc.
  - Salidas: análisis de decisiones, respuestas a consultas, informes especiales, etc.
  - Usuarios: profesionales, gerentes de personal, etc.

- **Sistemas de Apoyo a Ejecutivos (ESS):** apoyan a la toma de decisiones no estructurada, proporcionando gráficos y comunicaciones avanzadas. Pueden formar parte de estos sistemas las siguientes tareas, datos y usuarios:

  - Entradas: datos externos e internos acumulados.
  - Procesamiento: gráficos, simulaciones, etc.
  - Salidas: proyecciones, respuestas a consultas, etc.
  - Usuarios: altos directivos.

 **Nota**

Dadas las necesidades de una organización o empresa, el ejecutivo debe tener las herramientas necesarias para que la toma de decisiones sea la más adecuada para así evitar errores futuros.

En la siguiente tabla, se muestran los distintos tipos de sistemas de información situados en cada nivel de negocio en el que actúan:

Niveles de la organización	Tipos de sistemas de información
Nivel estratégico	SI de Apoyo a Ejecutivos (ESS)
Nivel administrativo	SI de Apoyo a la Toma de Decisiones (DSS)
	SI de Información Gerencial (MIS)
Nivel de conocimiento	SI de Trabajo de Conocimiento (KWS)
	SI de Oficina
Nivel operativo	SI de Procesamiento de Transacciones (TPS)

Además de las dos clasificaciones anteriores, existe una última de los sistemas de información atendiendo a las funciones a las que dan apoyo:

- **Sistemas de ventas y *marketing*:** ayudan a la empresa a identificar los tipos de clientes apropiados para sus productos o servicios, a desarrollar productos y servicios adecuados según las necesidades de los clientes y a promover y vender estos productos y servicios. También dan apoyo continuo a los clientes (ejemplos: análisis de mercados, fijación de precios, previsiones de ventas, etc.).
- **Sistemas de manufactura y producción:** apoyan a las áreas encargadas de la planificación, desarrollo y elaboración de los productos y servicios de la organización (ejemplos: planificación de la producción, control del

flujo de producción, ubicación de instalaciones, control de maquinaria, etc.).

- **Sistemas de finanzas y sistemas de contabilidad:** apoyan a las áreas encargadas de gestionar los activos financieros de la empresa (ejemplos: elaboración de presupuestos, realización de informes de cuentas pendientes de cobro, análisis de cartera de clientes, etc.).

- **Sistemas de recursos humanos:** encargados de realizar seguimientos de las habilidades de los empleados, de su desempeño del trabajo. Además, apoyan la planificación de remuneraciones e implantación de objetivos a los empleados (ejemplos: entrenamiento y desarrollo profesional, planificación de recursos humanos, definición y evaluación de trayectorias profesionales, análisis de remuneraciones, etc.).

A modo de resumen, para una mejor comprensión de los distintos tipos de sistemas de información y de sus clasificaciones varias, los principales conceptos desarrollados en este apartado quedan reflejados en el siguiente esquema:

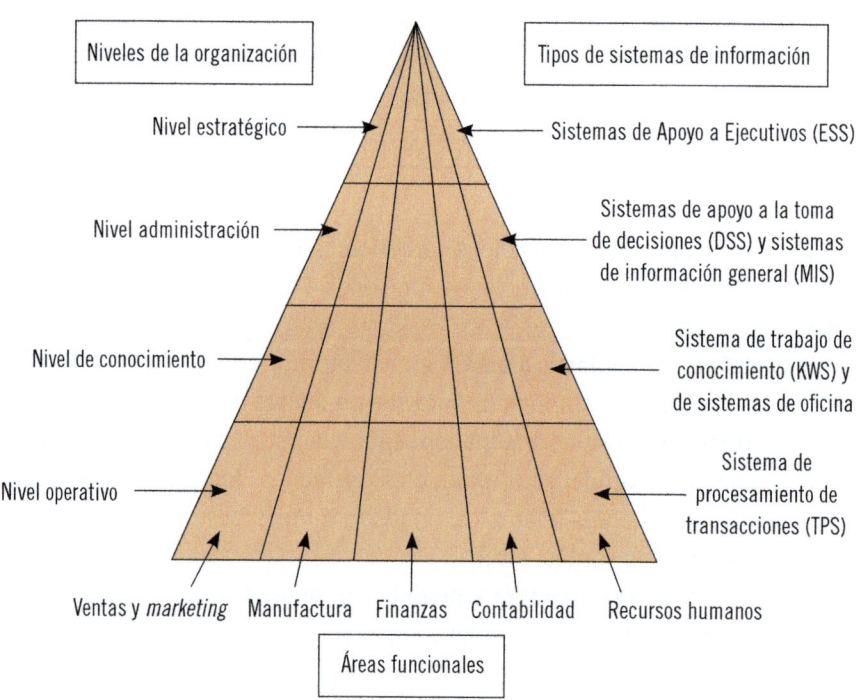

4.2. Desarrollo de un sistema de información para una organización o empresa

Para que un sistema de información funcione correctamente y proporcione a los distintos agentes la información necesaria para una toma de decisiones adecuada y pertinente, es necesario que este se desarrolle siguiendo una serie de pautas básicas y claves:

- **Conocimiento de la organización:** es necesario hacer un análisis previo de los sistemas que ya forman parte de la organización, así como los futuros a implantar. En las empresas con fines de lucro se analizan los distintos procesos de negocio a los que deberán dar soporte los SI.
- **Identificación de problemas y oportunidades:** hay que hacer un análisis exhaustivo de los puntos fuertes y débiles de la organización para sacar provecho de aquellos que pueden ofrecer una ventaja competitiva y para buscar soluciones o tener en cuenta las limitaciones que pueden encontrarse.
- **Determinación de necesidades:** este proceso también es llamado "análisis de requerimientos", en el que se identifica la información relevante para el sistema de información que se va a utilizar.
- **Diagnóstico:** se deben elaborar informes que resalten los aspectos positivos y negativos de la organización, que deberán tomarse en cuenta en la fase de diseño de los SI.
- **Propuesta:** cuando ya se tiene toda la información necesaria de la organización, ya se puede proceder a una propuesta formal del SI en el que se detalle: el presupuesto, la relación costes-beneficios y la presentación de su proyecto de desarrollo.
- **Diseño del SI:** una vez aprobado ya el proyecto de SI se procede a la elaboración de su diseño lógico en el que se definirán: el diseño del flujo de información dentro del sistema, los procesos que se realizarán dentro del SI, los reportes de salida, etc.
- **Codificación:** una vez diseñado el SI, se procede a su reescritura en un lenguaje de programación que la máquina pueda interpretar y ejecutar.
- **Implementación:** realización de todas las actividades necesarias para la instalación de los componentes físicos (equipos informáticos, redes, etc.) y la instalación de la aplicación que se va a utilizar en el SI.

- **Mantenimiento:** proceso cuyo objetivo es la mejora, la corrección o la adaptación de SI ya creados, con el apoyo de soporte técnico. Es un proceso de retroalimentación en el que, a través de la obtención de información de indicadores, se buscan alternativas de mejora continua.

Actividades

6. Para una mayor comprensión de los tipos de sistemas de información, realice un esquema en el que se detallen las entradas, procesamiento, salidas y usuarios que forman parte de cada uno de ellos.

5. Análisis de las funcionalidades de sistema operativo para la monitorización de los procesos y servicios

Los sistemas operativos actuales contienen varias aplicaciones o funcionalidades que sirven para monitorizar los procesos y servicios de las computadoras. Sea cual sea el sistema operativo, hay una serie de requisitos que deben tener en cuenta estas funcionalidades:

- La cantidad de usuarios que accederá al sistema (tanto de modo recurrente como en accesos diferidos).
- Los picos de tráfico de información y el tráfico medio, para establecer unos sistemas de comunicación adecuados.
- El tipo de dispositivo por el que acceden los usuarios, que puede ir desde un ordenador personal hasta teléfonos móviles o estaciones de trabajo remotas.
- Los derechos de acceso de cada usuario a las aplicaciones. Es necesario dar derechos de acceso a los usuarios según la aplicación a la que quieren acceder y también según el dispositivo desde el cual quieren acceder. Por ejemplo, se pueden dar más privilegios a un usuario que accede desde un portátil que al mismo usuario accediendo desde el móvil.

En cuanto a la monitorización de los sistemas operativos, el objetivo principal debe ser la reducción de la latencia y el aumento máximo del rendimiento, utilización y eficiencia:

- **Latencia:** indicador que mide el tiempo transcurrido entre la realización de una petición y la visualización de los resultados. Se mide en unidades de tiempo.
- **Utilización:** indicador que mide el porcentaje de un componente o servicio que se utiliza realmente. En este indicador hay que encontrar el equilibrio para que un nivel de utilización elevado no provoque problemas de sobrecarga del sistema.
- **Rendimiento:** cantidad de trabajo capaz de ser procesada por unidad de tiempo. Se mide en bits por segundo, *kilobytes* por hora, etc.
- **Eficiencia:** indicador resultante del cociente entre rendimiento y utilización:

Eficiencia = Rendimiento / Utilización

 Nota

En redes informáticas de datos se denomina latencia a la suma de retardos temporales dentro de una red.

Cumpliendo estas características principales, se consigue una alta percepción y satisfacción del cliente, ofreciéndoles un producto o servicio de calidad, con poco tiempo de respuesta, que cumplan con sus necesidades y con los requisitos de entrega satisfechos.

5.1. Monitorización de procesos y servicios en entorno *Windows*

En *Windows* se van a describir y analizar dos herramientas de monitorización del sistema operativo: el **Administrador de tareas** y *Process Monitor.*

Administrador de tareas de *Windows*

El Administrador de tareas de *Windows* es una de sus herramientas de monitorización más populares y utilizadas. Viene incluida por defecto en el sistema operativo y se puede localizar en *Windows 11* con la combinación de teclas [Ctrl] + [Alt] + [Supr] y seleccionando posteriormente **Ir al Administrador de tareas.** Esta herramienta no solo muestra información del sistema, sino que también permite que los usuarios interactúen con él.

Los principales servicios y funcionalidades que monitoriza el Administrador de tareas son:

- **Procesos:** muestra las aplicaciones y procesos en segundo plano que se están ejecutando actualmente en el equipo, así como un resumen de los recursos que están consumiendo.
- **Rendimiento:** describe mediante una serie de gráficas los recursos que están siendo consumidos en tiempo real.
- **Historial de aplicaciones:** dadas las aplicaciones por defecto del sistema, muestra el consumo de recursos durante un largo periodo de tiempo.
- **Inicio:** en esta sección se encuentran listadas todas las aplicaciones que se inician junto a la sesión del usuario junto con la posibilidad de habilitarlas y deshabilitarlas.
- **Usuarios:** muestra los usuarios activos en el sistema y los recursos que están consumiendo actualmente.
- **Detalles:** en esta pestaña se listan todos los procesos que se encuentran en ejecución actualmente.
- **Servicios:** en este apartado se encuentran todos los servicios del sistema y su estado de ejecución.

En la siguiente imagen, se muestra la herramienta **Administrador de tareas:**

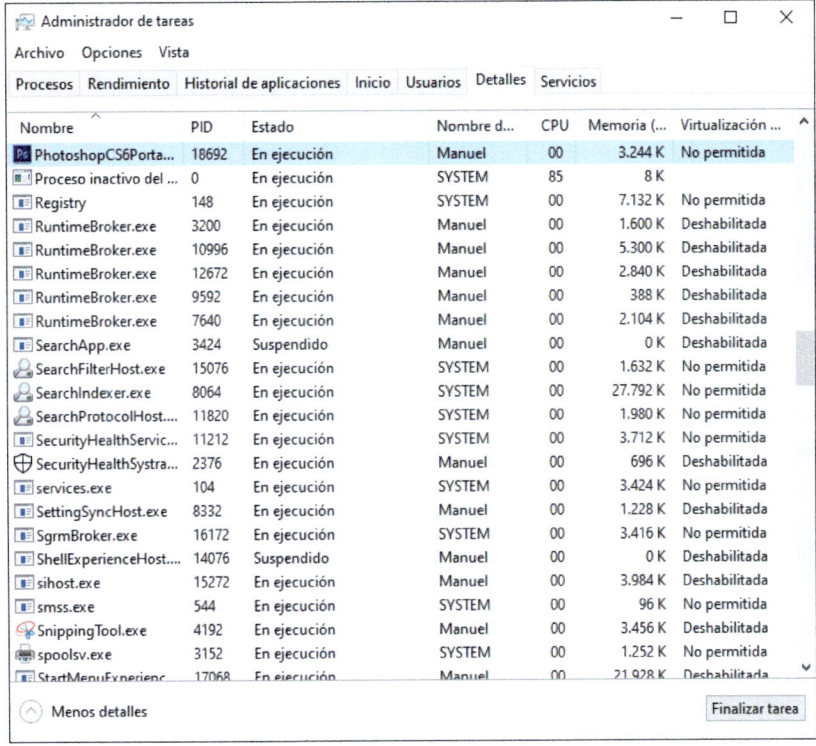

Administrador de tareas

En la imagen se pueden ver las distintas pestañas que se corresponden con los servicios que ofrece la herramienta: Procesos, Rendimiento, Historial de aplicaciones, Inicio, Usuarios, Detalles y Servicios.

Otra captura de pantalla (en este caso, mostrando el rendimiento del sistema) se muestra en la siguiente imagen:

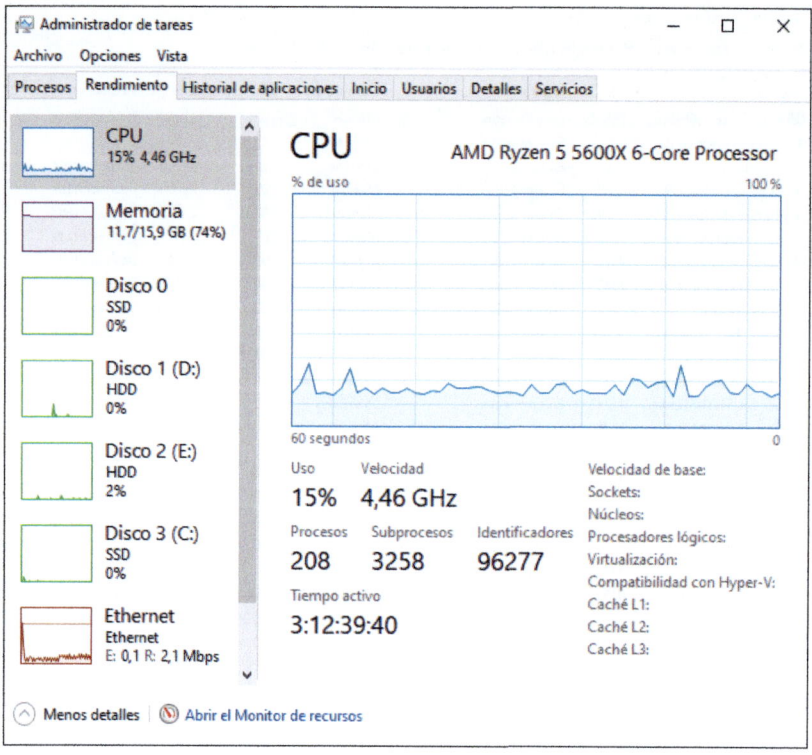

Administrador de tareas, pestaña de Rendimiento

Process Monitor

Otra herramienta para monitorizar los procesos y servicios en *Windows* es la utilidad *Process Monitor*. Esta herramienta se puede descargar directamente desde la página oficial de *Microsoft* siguiendo este enlace HYPERLINK <https://docs.microsoft.com/en-us/sysinternals/downloads/procmon> y haciendo clic en **Download Process Monitor.**

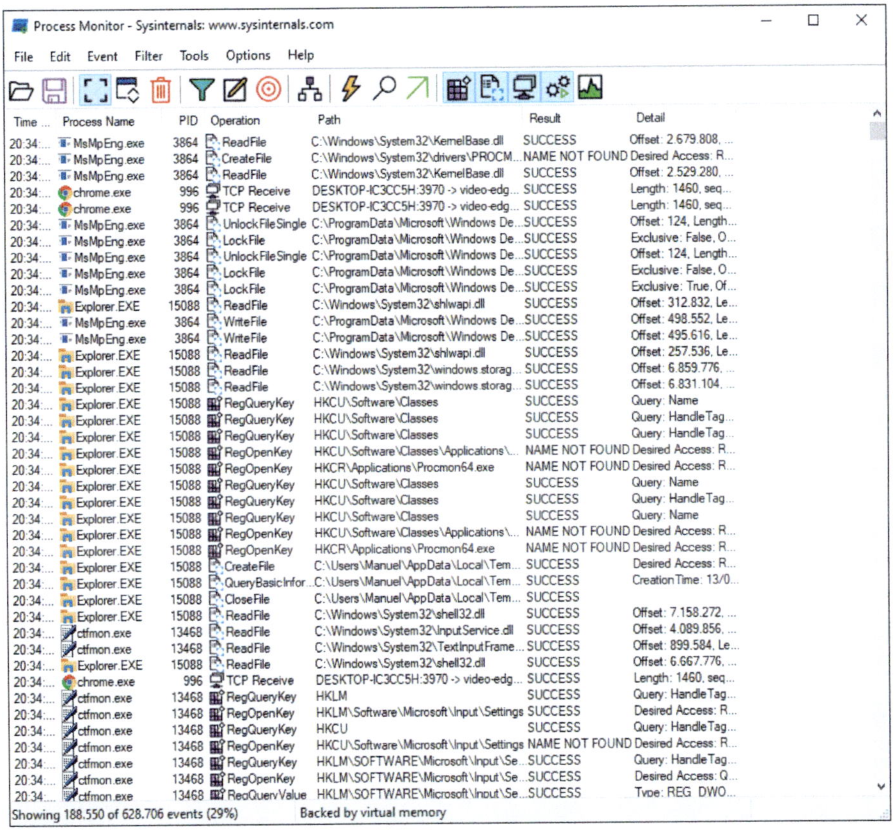
Process Monitor - Sysinternals: www.sysinternals.com
File Edit Event Filter Tools Options Help
Time ... Process Name PID Operation Path Result Detail
20:34:... MsMpEng.exe 3864 ReadFile C:\Windows\System32\KernelBase.dll SUCCESS Offset: 2.679.808, ...
20:34:... MsMpEng.exe 3864 CreateFile C:\Windows\System32\drivers\PROCM... NAME NOT FOUND Desired Access: R...
20:34:... MsMpEng.exe 3864 ReadFile C:\Windows\System32\KernelBase.dll SUCCESS Offset: 2.529.280, ...
20:34:... chrome.exe 996 TCP Receive DESKTOP-IC3CC5H:3970 -> video-edg... SUCCESS Length: 1460, seq...
20:34:... chrome.exe 996 TCP Receive DESKTOP-IC3CC5H:3970 -> video-edg... SUCCESS Length: 1460, seq...
20:34:... MsMpEng.exe 3864 UnlockFileSingle C:\ProgramData\Microsoft\Windows De... SUCCESS Offset: 124, Length...
20:34:... MsMpEng.exe 3864 LockFile C:\ProgramData\Microsoft\Windows De... SUCCESS Exclusive: False, O...
20:34:... MsMpEng.exe 3864 UnlockFileSingle C:\ProgramData\Microsoft\Windows De... SUCCESS Offset: 124, Length...
20:34:... MsMpEng.exe 3864 LockFile C:\ProgramData\Microsoft\Windows De... SUCCESS Exclusive: False, O...
20:34:... MsMpEng.exe 3864 LockFile C:\ProgramData\Microsoft\Windows De... SUCCESS Exclusive: True, Of...
20:34:... Explorer.EXE 15088 ReadFile C:\Windows\System32\shlwapi.dll SUCCESS Offset: 312.832, Le...
20:34:... MsMpEng.exe 3864 WriteFile C:\ProgramData\Microsoft\Windows De... SUCCESS Offset: 498.552, Le...
20:34:... MsMpEng.exe 3864 WriteFile C:\ProgramData\Microsoft\Windows De... SUCCESS Offset: 495.616, Le...
20:34:... Explorer.EXE 15088 ReadFile C:\Windows\System32\shlwapi.dll SUCCESS Offset: 257.536, Le...
20:34:... Explorer.EXE 15088 ReadFile C:\Windows\System32\windows.storag... SUCCESS Offset: 6.859.776, ...
20:34:... Explorer.EXE 15088 ReadFile C:\Windows\System32\windows.storag... SUCCESS Offset: 6.831.104, ...
20:34:... Explorer.EXE 15088 RegQueryKey HKCU\Software\Classes SUCCESS Query: Name
20:34:... Explorer.EXE 15088 RegQueryKey HKCU\Software\Classes SUCCESS Query: HandleTag...
20:34:... Explorer.EXE 15088 RegQueryKey HKCU\Software\Classes SUCCESS Query: HandleTag...
20:34:... Explorer.EXE 15088 RegOpenKey HKCU\Software\Classes\Applications\... NAME NOT FOUND Desired Access: R...
20:34:... Explorer.EXE 15088 RegOpenKey HKCR\Applications\Procmon64.exe NAME NOT FOUND Desired Access: R...
20:34:... Explorer.EXE 15088 RegQueryKey HKCU\Software\Classes SUCCESS Query: Name
20:34:... Explorer.EXE 15088 RegQueryKey HKCU\Software\Classes SUCCESS Query: HandleTag...
20:34:... Explorer.EXE 15088 RegQueryKey HKCU\Software\Classes SUCCESS Query: Name
20:34:... Explorer.EXE 15088 RegOpenKey HKCU\Software\Classes\Applications\... NAME NOT FOUND Desired Access: R...
20:34:... Explorer.EXE 15088 RegOpenKey HKCR\Applications\Procmon64.exe NAME NOT FOUND Desired Access: R...
20:34:... Explorer.EXE 15088 CreateFile C:\Users\Manuel\AppData\Local\Tem... SUCCESS Desired Access: R...
20:34:... Explorer.EXE 15088 QueryBasicInfor... C:\Users\Manuel\AppData\Local\Tem... SUCCESS CreationTime: 13/0...
20:34:... Explorer.EXE 15088 CloseFile C:\Users\Manuel\AppData\Local\Tem... SUCCESS
20:34:... Explorer.EXE 15088 ReadFile C:\Windows\System32\shell32.dll SUCCESS Offset: 7.158.272, ...
20:34:... ctfmon.exe 13468 ReadFile C:\Windows\System32\InputService.dll SUCCESS Offset: 4.089.856, ...
20:34:... ctfmon.exe 13468 ReadFile C:\Windows\System32\TextInputFrame... SUCCESS Offset: 899.584, Le...
20:34:... Explorer.EXE 15088 ReadFile C:\Windows\System32\shell32.dll SUCCESS Offset: 6.667.776, ...
20:34:... chrome.exe 996 TCP Receive DESKTOP-IC3CC5H:3970 -> video-edg... SUCCESS Length: 1460, seq...
20:34:... ctfmon.exe 13468 RegQueryKey HKLM SUCCESS Query: HandleTag...
20:34:... ctfmon.exe 13468 RegOpenKey HKLM\Software\Microsoft\Input\Settings SUCCESS Desired Access: R...
20:34:... ctfmon.exe 13468 RegQueryKey HKCU SUCCESS Query: HandleTag...
20:34:... ctfmon.exe 13468 RegOpenKey HKCU\Software\Microsoft\Input\Settings NAME NOT FOUND Desired Access: R...
20:34:... ctfmon.exe 13468 RegQueryKey HKLM\SOFTWARE\Microsoft\Input\Se... SUCCESS Query: HandleTag...
20:34:... ctfmon.exe 13468 RegOpenKey HKLM\SOFTWARE\Microsoft\Input\Se... SUCCESS Desired Access: Q...
20:34:... ctfmon.exe 13468 RegQueryValue HKLM\SOFTWARE\Microsoft\Input\Se... SUCCESS Type: REG_DWO...
Showing 188.550 of 628.706 events (29%)
Backed by virtual memory

Process Monitor

Nota

Process Monitor es una aplicación desarrollada por Sysinternals, adquirida en 2006 por *Microsoft*.

La principal funcionalidad de esta herramienta consiste en proporcionar la capacidad de monitorizar en tiempo real y de forma avanzada los procesos que afectan al sistema y al registro.

Las principales características de esta aplicación son las siguientes:

- Supervisión avanzada en tiempo real de los procesos y de la actividad asociada al sistema de archivos.
- Posibilidad de establecer filtros no destructivos. Se pueden establecer filtros y crear unas reglas para incluir o excluir la actividad que interese sin que se produzca ninguna pérdida de datos.
- Monitorización de propiedades de eventos, como, por ejemplo, identificadores de sesión y nombres de usuario.
- Ofrece información completa y detallada de todos los procesos a nivel de pila. Por ejemplo, la dirección de memoria donde se están efectuando las acciones, el tamaño, etc.
- Visualización de todos los procesos asociados a través de la utilidad **Árbol de procesos.**
- Herramientas de resumen de procesos detalladas para que la visualización de la información sea más clara y sencilla.

Actividades

7. Señale qué herramienta para la monitorización de procesos considera mejor para un entorno *Windows:* Administrador de tareas o *Process Monitor.* Justifique su respuesta.

Aplicación práctica

Usted se encuentra realizando un informe para su empresa (utilizando varias aplicaciones en entorno *Windows)* y de golpe hay una aplicación que ha sobrecargado el sistema de su ordenador. ¿Cómo solucionaría el problema con el Administrador de tareas?

Continúa en página siguiente >>

<< Viene de página anterior

SOLUCIÓN

Para solucionar el problema, hay que detectar la aplicación que está bloqueada en la pestaña **Aplicaciones** y proceder a terminar con su proceso para que el sistema vuelva a funcionar con normalidad.

5.2. Monitorización de procesos y servicios en entorno *Linux*

Los sistemas operativos *Linux* también pueden monitorizarse utilizando la herramienta de administración **Monitor del sistema.** Para ejecutarla haga clic en **Sistema → Administración → Monitor del sistema.**

 Nota

Linux aparece a principios de la década de los noventa, cuando un estudiante de informática finlandés llamado Linus Torvalds empezó a programar las primeras líneas de código de este sistema operativo.

Esta herramienta monitoriza los procesos que se están ejecutando en el sistema y el uso que están haciendo de los recursos. Ofrece información como la carga media en los últimos 1, 5 y 15 min.

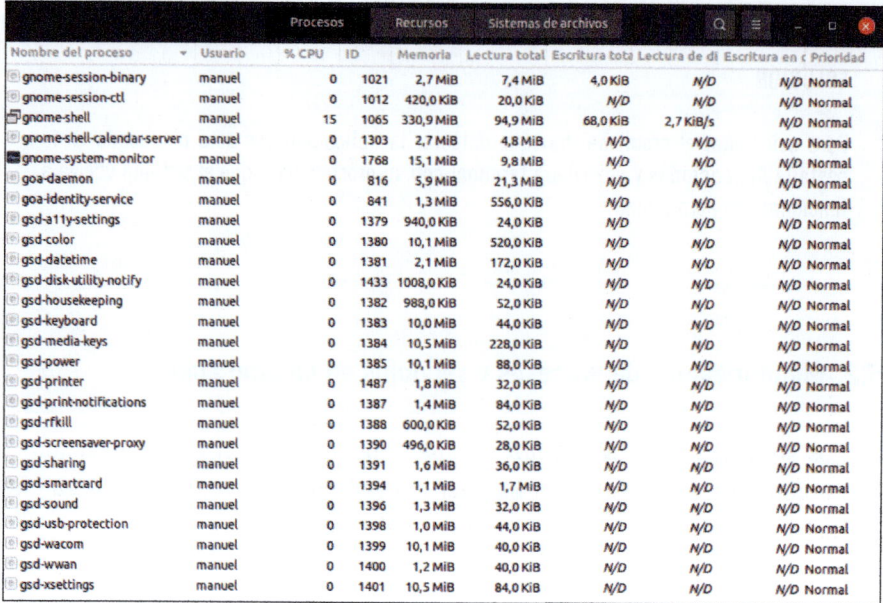

Nombre del proceso	Usuario	% CPU	ID	Memoria	Lectura total	Escritura tota	Lectura de di	Escritura en c	Prioridad
gnome-session-binary	manuel	0	1021	2,7 MiB	7,4 MiB	4,0 KiB	N/D	N/D	Normal
gnome-session-ctl	manuel	0	1012	420,0 KiB	20,0 KiB	N/D	N/D	N/D	Normal
gnome-shell	manuel	15	1065	330,9 MiB	94,9 MiB	68,0 KiB	2,7 KiB/s	N/D	Normal
gnome-shell-calendar-server	manuel	0	1303	2,7 MiB	4,8 MiB	N/D	N/D	N/D	Normal
gnome-system-monitor	manuel	0	1768	15,1 MiB	9,8 MiB	N/D	N/D	N/D	Normal
goa-daemon	manuel	0	816	5,9 MiB	21,3 MiB	N/D	N/D	N/D	Normal
goa-identity-service	manuel	0	841	1,3 MiB	556,0 KiB	N/D	N/D	N/D	Normal
gsd-a11y-settings	manuel	0	1379	940,0 KiB	24,0 KiB	N/D	N/D	N/D	Normal
gsd-color	manuel	0	1380	10,1 MiB	520,0 KiB	N/D	N/D	N/D	Normal
gsd-datetime	manuel	0	1381	2,1 MiB	172,0 KiB	N/D	N/D	N/D	Normal
gsd-disk-utility-notify	manuel	0	1433	1008,0 KiB	24,0 KiB	N/D	N/D	N/D	Normal
gsd-housekeeping	manuel	0	1382	988,0 KiB	52,0 KiB	N/D	N/D	N/D	Normal
gsd-keyboard	manuel	0	1383	10,0 MiB	44,0 KiB	N/D	N/D	N/D	Normal
gsd-media-keys	manuel	0	1384	10,5 MiB	228,0 KiB	N/D	N/D	N/D	Normal
gsd-power	manuel	0	1385	10,1 MiB	88,0 KiB	N/D	N/D	N/D	Normal
gsd-printer	manuel	0	1487	1,8 MiB	32,0 KiB	N/D	N/D	N/D	Normal
gsd-print-notifications	manuel	0	1387	1,4 MiB	84,0 KiB	N/D	N/D	N/D	Normal
gsd-rfkill	manuel	0	1388	600,0 KiB	52,0 KiB	N/D	N/D	N/D	Normal
gsd-screensaver-proxy	manuel	0	1390	496,0 KiB	28,0 KiB	N/D	N/D	N/D	Normal
gsd-sharing	manuel	0	1391	1,6 MiB	36,0 KiB	N/D	N/D	N/D	Normal
gsd-smartcard	manuel	0	1394	1,1 MiB	1,7 MiB	N/D	N/D	N/D	Normal
gsd-sound	manuel	0	1396	1,3 MiB	32,0 KiB	N/D	N/D	N/D	Normal
gsd-usb-protection	manuel	0	1398	1,0 MiB	44,0 KiB	N/D	N/D	N/D	Normal
gsd-wacom	manuel	0	1399	10,1 MiB	40,0 KiB	N/D	N/D	N/D	Normal
gsd-wwan	manuel	0	1400	1,2 MiB	40,0 KiB	N/D	N/D	N/D	Normal
gsd-xsettings	manuel	0	1401	10,5 MiB	84,0 KiB	N/D	N/D	N/D	Normal

Monitor del sistema en Linux

La información se divide en cuatro pestañas:

- **Sistema:** muestra información general del sistema operativo.
- **Procesos:** muestra los procesos activos y cómo se relacionan entre ellos. Se visualizan detalles como: nombre del proceso, estado, porcentaje de uso de CPU, prioridad, identificador y uso de memoria. Aparte se pueden seleccionar y manipular los procesos que se desean monitorizar (terminar un proceso, detener y continuar un proceso, dependencias, visualizar mapas de memoria, forzar la terminación de un proceso, etc.).
- **Recursos:** muestra la evolución del consumo, presentando la información referente a CPU, memoria de intercambio y red. También permite configurar el tiempo de actualización de los gráficos y definir los colores de fondo y rejilla.
- **Sistema de archivos:** ofrece información específica de los dispositivos montados, de su directorio de montaje, tipo y memoria total, libre, disponible y usada.

6. Técnicas utilizadas para la gestión del consumo de recursos

Para llevar a cabo una gestión del consumo de recursos eficiente es necesario realizar una serie de tareas previas de prevención. Con estas tareas se consigue tener claramente identificados todos los procesos y las distintas planificaciones llevadas a cabo, información muy útil en el momento que hay algún error o problema en el sistema. Las tareas previas imprescindibles son las siguientes:

- Identificación de los procesos y sus estados.
- Determinación de las características y elementos que forman parte de los procesos.
- Planificación de la ejecución de los procesos.
- Interpretación de las técnicas de gestión de memoria.
- Diferenciación e individualización de las técnicas de gestión de memoria.
- Conocimiento profundo de la gestión de entrada/salida del sistema operativo.

A pesar de tomar todas estas precauciones, existe la posibilidad de que haya un mal funcionamiento del sistema, detectado mediante las herramientas ya descritas o manifestado por algún usuario del sistema.

Si esto ocurre, el administrador del sistema debe gestionar la incidencia para que todo vuelva a funcionar igual que en la situación previa al incidente. Esta gestión de la incidencia contiene tres fases:

1. **Diagnóstico.** Consultando toda la información facilitada por las herramientas de monitorización estudiadas, el administrador podrá identificar aquellos procesos, aplicaciones, usuarios o dispositivos que pueden estar causando este mal funcionamiento del sistema. Puede ser que estén utilizando demasiada memoria, que estén realizando un uso excesivo del disco, del ancho de banda, etc.
2. **Detección.** Una vez realizado el diagnóstico y detectado el elemento que provoca el mal funcionamiento del sistema, el administrador debe identificar qué agente está ocasionando dicho problema y por qué está sobrecargando el sistema.

3. **Resolución.** Cuando ya está detectado el agente que ocasiona el problema, el administrador debe tomar las medidas necesarias para que el sistema se restaure en el punto justo anterior de la incidencia. La resolución puede consistir en la detención de algún dispositivo que esté funcionando incorrectamente, la eliminación o detección de algún proceso bloqueado, el reinicio de algún dispositivo, el cierre de sesión de algún usuario, etc.

Actividades

8. Ponga ejemplos de incidencias que pueden llevar a una sobrecarga de los sistemas operativos y sus posibles soluciones.

7. Resumen

Un proceso es un conjunto de actividades conectadas de modo sistemático con el fin de obtener un producto o servicio que tenga valor para el cliente. Más concretamente, un proceso de negocio consiste en el conjunto de tareas o actividades que se llevan a cabo de un modo lógico para conseguir un negocio definido, añadiendo valor al producto o servicio final. Se distingue entre procesos estratégicos, sustantivos, de apoyo vertical y de apoyo horizontal.

Las organizaciones son tan eficientes como sus procesos, por ello es fundamental planificar y llevar a cabo una gestión eficiente de los procesos, integrando en la organización los sistemas de información. Por ello, los datos de las empresas han pasado a ser una fuente de información básica y es necesario llevar a cabo tareas de recolección, análisis y procesamiento de datos de un modo automatizado a través de procesos electrónicos.

Un proceso electrónico consiste en cualquier programa en ejecución y necesita una serie de recursos (como tiempo de CPU, memoria, archivos, etc.) para realizar su tarea con éxito. Tanto los procesos electrónicos como los recursos que se utilizan deben tener un rendimiento óptimo, y para conseguirlo hay una serie de herramientas en los sistemas operativos cuyas funcionalidades principales son el control y la gestión de los procesos, recursos y rendimientos, para que se reduzca la latencia y aumente el rendimiento, la utilización y la eficiencia de los sistemas operativos. Además de establecer sistemas preventivos de detección de posibles errores, los administradores deben saber qué pasos seguir para responder con eficacia y eficiencia ante los fallos sucedidos y poder volver a la situación de partida previa a la incidencia, siguiendo unos procesos de diagnóstico, detección y resolución de incidencias.

Ejercicios de repaso y autoevaluación

1. **Indique qué parte de un proceso se corresponde con las siguientes definiciones:**

   a. Conjunto de objetivos que se lograrán una vez finalizado el proceso.
   b. Indicadores utilizados para comprobar el seguimiento de las actividades del proceso y ver si realmente se cumplen las directrices definidas.
   c. Recursos materiales e inmateriales necesarios para llevar a cabo el proceso.
   d. Conjunto de características definidas de antemano para llevar a cabo las actividades del proceso.

2. **Complete la siguiente tabla indicando si los recursos siguientes son materiales o inmateriales:**

Recurso	Material/Inmaterial
Instrucciones de trabajo	
Materias primas	
Maquinaria	
Definición de procedimientos	
Personal	
Herramientas	
Formación del personal	

3. **Relacione las siguientes definiciones referentes a los procesos de negocio:**

   a. Procesos de negocio que surgen a partir de las solicitudes del cliente externo; dan valor al cliente.
   b. Procesos de negocio que tienen que ver con la atención y apoyan al proceso sustantivo danto atención a sus clientes.

c. Procesos que dan orientación al negocio y que definen elementos imprescindibles como su visión, misión, competidores, etc.

d. Procesos que surgen por las solicitudes de los equipos de procesos sustantivos. Algunos ejemplos son los apoyos informáticos o los apoyos administrativos.

__ Procesos de apoyo vertical.
__ Procesos de apoyo horizontal.
__ Procesos sustantivos.
__ Procesos estratégicos.

4. **¿Cuál de los siguientes aspectos no se contempla en el enfoque de gestión por procesos?**

a. Identificación de los requisitos a cumplir.
b. Mejora continua del proceso antes de evaluar los indicadores.
c. Control y mejora de procesos clave.
d. Aplicación de la gestión de la calidad al proceso.

5. **Localice en la sopa de letras los estados (en español) en los que puede estar un proceso electrónico.**

A	E	B	L	O	Q	U	E	A	D	O	S	S
B	J	A	I	C	A	R	Ñ	T	A	R	N	E
C	E	B	S	A	R	S	T	E	U	I	O	L
E	C	E	T	E	R	M	I	N	A	D	O	D
R	U	S	O	S	I	B	M	U	R	A	A	X
T	T	T	R	A	S	T	I	E	S	N	D	A
R	A	Z	R	T	E	A	N	V	D	E	A	N
A	N	N	A	D	A	R	T	O	Q	U	E	D
L	D	A	S	A	L	T	E	A	N	S	T	O
U	O	D	C	A	R	T	H	A	H	T	U	S

6. Enumere y explique cuatro formas en las que puede terminarse un proceso electrónico.

_____
_____
_____
_____

7. Complete la siguiente oración:

Una _____ es un mecanismo utilizado para notificar a los procesos los eventos que se producen en el sistema. El _____ o núcleo genera las señales para los procesos respondiendo a los distintos _____ que pueden ser causados por el propio proceso _____, por otro proceso, por _____ o por acciones _____.

8. Un proceso está preparado para ser ejecutado...

    a. ... si está retenido por cualquier causa.
    b. ... si está esperando a ser asignado al procesador para ser ejecutado.
    c. ... si está esperando a que ocurra un suceso determinado.
    d. Todas las opciones son correctas.

9. Por definición, cada señal tiene asignada por defecto una acción que realizará el núcleo si el proceso no ha especificado alguna acción definitiva. ¿Cuál de las siguientes acciones no se asigna a una señal?

    a. Abortar el proceso.
    b. Ignorar la señal.
    c. Reiniciar el proceso.
    d. Parar o suspender el proceso.

10. Cuando hay más de un proceso en estado "Listo", el *kernel* asigna el uso de la CPU al de mayor prioridad en ese momento. En caso de querer cambiar la prioridad de un proceso con *Linux*, ¿cuál de los siguientes comandos se utilizaría?

    a. Kill.
    b. Nice.
    c. Rename.
    d. Rekill.

11. ¿Cuáles son las actividades básicas que realiza un sistema de información? Enumérelas y descríbalas brevemente.

---

12. Sitúe en las casillas de la tabla los siguientes sistemas de información atendiendo al nivel de negocio al que pertenecen:

    a. SI de Apoyo a Ejecutivos.
    b. SI de Información Gerencial.
    c. SI de Oficina.
    d. SI de Apoyo a la toma de decisiones.
    e. SI de Procesamiento de transacciones.
    f. SI de Trabajo de Conocimiento.

Niveles de la organización	Tipos de sistemas de información
Nivel estratégico	
Nivel administrativo	
Nivel de conocimiento	
Nivel operativo	

13. En referencia a la monitorización de los sistemas operativos, relacione las siguientes definiciones con los conceptos que se describen a continuación:

    a. Indicador que mide el porcentaje de un componente o servicio que se utiliza realmente.
    b. Cantidad de trabajo capaz de ser procesada por unidad de tiempo.
    c. Indicador que mide el tiempo transcurrido entre la realización de una petición y la visualización de los resultados.
    d. Indicador resultante del cociente entre rendimiento y utilización.

___ Rendimiento.
___ Utilización.
___ Eficiencia.
___ Latencia.

14. ¿Para qué sirve la herramienta *Process Monitor* de *Windows?* Indique cuáles son sus principales características.

_____
_____
_____
_____

15. Indique a qué fase de gestión de incidencias de un administrador corresponden las siguientes acciones:

a. El administrador debe identificar qué agente está ocasionando el mal funcionamiento del sistema y por qué lo está sobrecargando.

b. El administrador debe tomar las medidas necesarias para que el sistema se restaure en el punto justo anterior de la incidencia.

c. El administrador debe consultar la información facilitada por las herramientas de monitorización para identificar aquellos procesos, aplicaciones, usuarios o dispositivos que pueden estar causando un mal funcionamiento del sistema.

Capítulo 3
Demostración de sistemas de almacenamiento

Contenido

1. Introducción

Una vez conscientes de la gran cantidad de información que manejan las empresas y organizaciones, resulta de vital importancia estudiar cómo se almacena esta información y qué herramientas existen para que su administración sea lo más eficiente y pertinente posible.

En este capítulo se muestran los distintos soportes utilizados para almacenar la información llamados "dispositivos de almacenamiento", junto con sus características principales, para que cada usuario sea capaz de identificar qué dispositivo es el más apropiado para almacenar la información según cada caso particular.

A continuación, se detallan las distintas formas que pueden tomar los datos almacenados, enseñando a elegir la manera adecuada (sistema de archivos) según el sistema operativo que se utilice.

Una vez elegido el dispositivo de almacenamiento y el sistema de archivos que se va a utilizar, resulta imprescindible conocer qué tipos de archivos hay y cuáles son las distintas estructuras que pueden tomar, conociendo sus ventajas y desventajas para ayudar al usuario a elegir la más conveniente.

Para terminar, se concluye con la aplicación práctica de los conceptos aprendidos, mostrando las distintas herramientas (diferenciando entre *Linux* y *Windows)* que se pueden utilizar para la gestión de los dispositivos de almacenamiento, sus distintas funcionalidades y sus instrucciones de utilización. De este modo, se proporciona al usuario una visión global del almacenamiento de la información y unas guías para personalizarlo, para que sea lo más acorde a las necesidades del usuario.

2. Tipos de dispositivos de almacenamiento más frecuentes

Actualmente, se maneja un gran volumen de información, lo que ha provocado que los dispositivos de almacenamiento sean tan importantes o más que los computadores en sí.

Los dispositivos de almacenamiento (también llamados unidades de almacenamiento) son aquellos cuya función principal es almacenar datos y programas de forma temporal y permanente; son un sistema de almacenamiento secundario del ordenador. En estos dispositivos se almacenan temporal o permanentemente los programas y datos que son gestionados por las aplicaciones que se ejecutan en los sistemas operativos, de modo que se facilita el transporte de la información y la distribución de la misma en varios equipos.

Se distinguen tres tipos de almacenamiento de datos:

- Dispositivos de almacenamiento por medio magnético.
- Dispositivos de almacenamiento por medio óptico.
- Dispositivos de almacenamiento por medio electrónico.

2.1. Dispositivos de almacenamiento por medio magnético

Los dispositivos de almacenamiento por medio magnético son aquellos en los que la información se lee y se graba mediante la manipulación de partículas magnéticas presentes en la superficie del medio magnético. Son los dispositivos más antiguos y utilizados a gran escala.

La principal ventaja de estos dispositivos es que en ellos se pueden almacenar grandes cantidades de información en pequeños volúmenes.

Los principales dispositivos de almacenamiento magnético son los que se describen a continuación.

Discos duros

Los discos duros (HDD, *Hard Disk Drive)* son unidades de almacenamiento permanentes de gran capacidad y constituyen el medio de almacenamiento de información más importante de un ordenador (guardan casi toda la información que se maneja al trabajar con un ordenador).

 **Nota**

Los discos duros almacenan desde aplicaciones a sistemas operativos y archivos de todo tipo.

El disco duro utiliza un sistema de grabación magnético para almacenar datos digitales y está compuesto por uno o varios discos rígidos unidos por un eje que gira a gran velocidad dentro de una carcasa. Sobre cada disco hay un cabezal encargado de la lectura y escritura de los impulsos magnéticos.

Disco duro (HDD)

Motor

Platos

Cabeza lectora

Discos duros externos

Estos son discos duros que también pueden almacenar grandes cantidades de información aunque, en este caso, son fáciles de transportar gracias a su reducido tamaño y a que se suelen conectar al ordenador con un conector USB (según el tamaño del disco duro puede ser necesaria su conexión eléctrica).

También se utilizan para ampliar la capacidad de almacenamiento del ordenador, y hay algunos con más funciones como la reproducción de vídeo y audio.

Disco duro externo

Cabinas de discos

Las cabinas de discos son sistemas de almacenamiento de datos formados por varios discos físicos. Requieren ser gestionadas por profesionales técnicos especializados.

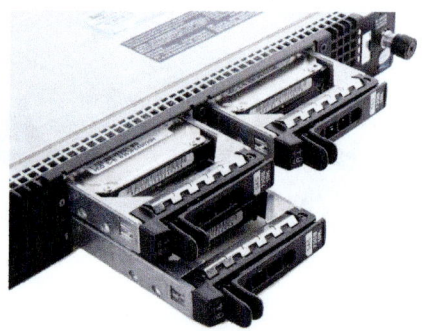

Cabina de discos

Disquetes

Los disquetes están formados por una pieza circular de material magnético, fina y flexible, protegida por una cubierta de plástico cuadrada o rectangular.

Aunque estas unidades de almacenamiento están tendiendo a desaparecer por su limitada capacidad, su uso principal es el arranque del sistema y el almacenamiento temporal de archivos de tamaño reducido.

Cintas magnéticas

Soporte de almacenamiento que graba pistas sobre una banda plástica con un material magnetizado. En la actualidad es un sistema prácticamente obsoleto y se utiliza como respaldo de archivos.

 Aplicación práctica

Usted se encuentra trabajando en una empresa que tiene varias oficinas repartidas en su ciudad. En esta ocasión, necesita trasladar una gran cantidad de información de un ordenador de sobremesa a otro situado en otra oficina. ¿Qué dispositivo de almacenamiento es el más apropiado para ello? Razone su respuesta.

SOLUCIÓN

Cuando se quiere transportar cantidades elevadas de información de un sitio a otro, el dispositivo de almacenamiento magnético más cómodo es el disco duro externo.

Un disco duro externo es mucho más fácil de transportar que un disco duro y que las cabinas de discos por su reducido tamaño y peso.

Aparte, teniendo en cuenta que las cintas magnéticas ya están prácticamente obsoletas y que los disquetes tienen una capacidad muy limitada, el disco duro externo es mucho más adecuado por su capacidad de almacenar grandes cantidades de información.

2.2. Dispositivos de almacenamiento por medio óptico

Anteriormente, las compañías utilizaban los disquetes para suministrar productos de *software* y sistemas operativos. Debido al aumento de tamaño de estos productos, era necesario encontrar otro sistema de almacenamiento de mayor capacidad. De ahí surgieron los dispositivos de almacenamiento por medio óptico.

Estos dispositivos son los más utilizados para el almacenamiento de información multimedia y la leen mediante un rayo láser de alta precisión. Hay varios dispositivos básicos de almacenamiento óptico. Estos se describen a continuación.

CD-ROM *(Compact Disc)*

Estos son soportes digitales de almacenamiento óptico cuya superficie está recubierta de un material que refleja la luz. Su capacidad de almacenamiento en los soportes estándar es de 650-700 Mb de información, aunque también hay soportes de gran capacidad que almacenan 800 y 900 Mb de información.

Existen muchos formatos de disco, que se diferencian en la forma en la que se codifica la información (CD-ROM, CD-R, CD-RW, etc.).

Lector de CD-ROM

 Nota

La denominación CD-ROM corresponde a las siglas en inglés: *Compact Disc - Read Only Memory).*

DVD-ROM

Los DVD-ROM son discos compactos con capacidad de almacenar 4,7 Gb en una cara del disco, aumentando en más de siete veces la capacidad de los CD-ROM. También hay DVD-ROM que guardan información en las dos caras del disco, siendo su capacidad de almacenaje todavía mayor.

Al igual que los CD-ROM, hay varios formatos de DVD-ROM según la forma en la que estos almacenan la información (por ejemplo, mientras el DVD-ROM no permite la sobreescritura de la información una vez grabado al completo, los DVD-RW permiten la reescritura de la información hasta unas mil veces).

Blu Ray

Es un formato de disco óptico cuya función principal es almacenar vídeo de alta definición y datos con grandes volúmenes debido a su alta capacidad de almacenamiento: el modelo básico de una capa tiene una capacidad de 25 Gb y el de doble capa, 50 Gb.

Utilizan tecnología láser ultravioleta (a diferencia de los CD y DVD, que utilizan láser rojo) y tienen una velocidad de transferencia mayor que cualquier otro formato de disco óptico.

Nota

Es importante tener en cuenta que, aunque los discos ópticos siguen siendo relevantes para ciertos usos, las unidades de estado sólido (SSD) y el almacenamiento en la nube han ganado popularidad debido a su mayor velocidad y conveniencia.

Actividades

1. Busque más información sobre los distintos tipos de Blu Ray existentes en el mercado y analice las diferencias que hay entre ellos, mencionando sus ventajas e inconvenientes.

2.3. Dispositivos de almacenamiento de información por medio electrónico

Los dispositivos de almacenamiento electrónico son los más recientes y se definen como aquellos dispositivos que almacenan la información a través de cargas eléctricas que pueden mantener el dato almacenado de manera temporal o a largo plazo, dependiendo de la tecnología utilizada. La grabación de la información en estos dispositivos se da a través de los materiales utilizados en la fabricación de los chips que almacenan la información.

También son conocidos como SSDs *(Solid State Drive)* y su principal ventaja es que no hay elementos móviles, por lo que no se genera calor ni fricción, además de adquirir una alta velocidad de transmisión de datos.

Estos dispositivos son inmunes a los campos magnéticos, pero son susceptibles a los movimientos bruscos, la temperatura y la humedad.

Los dispositivos de almacenamiento electrónico de información fundamentales son los que se describen a continuación.

Discos duros SSD *(Solid State Disc)*

Son discos duros que utilizan memoria de semiconductores de estado sólido para almacenar la información en lugar de elementos móviles (se consideran elementos móviles los platos que forman parte de los discos duros convencionales). Al no tener elementos móviles, son más rápidos y silenciosos, desprenden menos calor, consumen menos energía y tienen una mayor resistencia a los golpes. El inconveniente principal es su elevado precio.

Disco duro SSD

Discos duros SSD M.2

Este tipo de disco duro ofrece dos ventajas principales. La primera es su reducido tamaño, similar al de una tarjeta de memoria RAM. Y la segunda ventaja es su alta velocidad, la cual puede llegar a ser diez veces superior a la ofrecida por un disco duro SSD convencional. Por otra parte, estos discos duros requieren de un puerto PCI específico en la placa base para ser insertados, aunque en la actualidad una amplia gama se ofrecen hasta con dos de estos puertos. Respecto a las capacidades de almacenamiento, encontramos rangos similares a los que ofrecen los discos duros SSD convencionales.

Pc-*Cards*

Tienen el tamaño de una tarjeta de crédito y son utilizadas para el almacenamiento de datos, aplicaciones, tarjetas de memoria, cámaras electrónicas, teléfonos móviles, etc.

Pc-Card

Flash cards (tarjetas de memoria *flash)*

Las *flash cards* son tarjetas de memoria no volátil que almacenan datos que pueden ser leídos, modificados o borrados. Son de pequeño tamaño, con gran capacidad de almacenamiento, bastante resistentes a los golpes y generan un bajo consumo. Se utilizan en cámaras digitales y móviles, entre otros.

Nota

La memoria no volátil es aquella que conserva la información almacenada aunque no haya suministro de energía.

Tarjetas de memoria flash

Ejemplo

Ejemplos de formatos de tarjetas de memoria flash son: *Compactflash, Secure Digital* (SD) o *Multimedia Card* (MMC), entre muchas otras.

También existen muchos formatos, aunque todas tienen una forma similar: un rectángulo de plástico.

Pen drives

Los *pen drives* son dispositivos pequeños de almacenamiento que utilizan memoria *flash* para guardar la información y que se conectan al ordenador mediante un puerto USB.

También son conocidos como "lápiz", "pincho" o "memoria USB" y, en general, el ordenador los detecta directamente (sin necesidad de instalar *drivers)* al ser conectados al puerto USB. Es el medio extraíble más utilizado y en la actualidad se pueden encontrar en el mercado *pen drives* que superan los 256 Gb.

Pen drive

2.4. Almacenamiento en la nube

El almacenamiento en la nube es un modelo de servicio que permite almacenar los datos y archivos en servidores remotos, en lugar de hacerlo en los dispositivos locales, como discos duros o unidades USB. Estos servidores son gestionados por proveedores de servicios en la nube como, por ejemplo, *Google Drive, Dropbox* o *Microsoft OneDrive,* entre otros.

Cabe distinguir entre los siguientes tipos de almacenamiento en la nube:

1. **Nube pública:**

   ▎ Este modelo implica que los servicios de almacenamiento son ofrecidos por terceros a través de internet.

   ▎ Los proveedores de nube pública, como *Amazon Web Services (AWS), Google Cloud* o *Microsoft Azure,* poseen y gestionan la infraestructura.

   ▎ Los usuarios comparten los recursos de almacenamiento con otros usuarios, lo que permite una mayor eficiencia y ahorro de costes.

   ▎ Es ideal para empresas con necesidades de almacenamiento variables, *startups* y usuarios individuales que buscan soluciones escalables y asequibles.

   ▎ Entre los ejemplos de servicios de nube pública, se encuentran: *Google Drive, Dropbox* y *iCloud,* entre otros.

2. **Nube privada:**

▎ En este caso, la infraestructura de almacenamiento es utilizada exclusivamente por una organización.

▎ La organización puede gestionar la infraestructura internamente o contratar a un proveedor externo para que lo haga.

▎ La nube privada ofrece un mayor control y seguridad sobre los datos, ya que la infraestructura no se comparte con otros usuarios.

▎ Es adecuada para empresas con requisitos de seguridad estrictos, como instituciones financieras y gubernamentales.

3. **Nube híbrida:**

▎ Este modelo combina elementos de la nube pública y la nube privada.

▎ Permite a las organizaciones almacenar datos y ejecutar aplicaciones en diferentes entornos, según sus necesidades.

▎ Por ejemplo, los datos sensibles pueden almacenarse en una nube privada, mientras que las aplicaciones menos críticas pueden ejecutarse en una nube pública.

▎ La nube híbrida ofrece flexibilidad y escalabilidad, ya que permite a las organizaciones aprovechar las ventajas de ambos modelos.

Adicionalmente, hay que tener en cuenta los tipos de almacenamiento dentro de la nube:

1. **Almacenamiento de objetos:**

▎ Ideal para almacenar grandes cantidades de datos no estructurados, como fotos, vídeos y archivos de audio.

▎ Los datos se almacenan como objetos individuales, lo que permite un acceso rápido y eficiente.

2. **Almacenamiento de archivos:**

▎ Organiza los datos en una estructura jerárquica de carpetas y archivos.

▎ Es similar al almacenamiento tradicional en discos duros locales.

▌Adecuado para aplicaciones que requieren acceso a archivos compartidos.

3. **Almacenamiento de bloques:**

▌Divide los datos en bloques individuales, que se almacenan en volúmenes.

▌Ofrece un alto rendimiento y es ideal para aplicaciones que requieren acceso rápido a datos aleatorios, como bases de datos.

En definitiva, el almacenamiento en la nube es un modelo de servicio que permite guardar datos en servidores remotos accesibles a través de internet, ofreciendo ventajas como accesibilidad, colaboración, seguridad y escalabilidad.

Su accesibilidad permite a los usuarios acceder a sus datos desde cualquier dispositivo con conexión a internet, lo que facilita la colaboración en tiempo real, mejora la flexibilidad y movilidad, y elimina la dependencia de dispositivos de almacenamiento físico. Es decir, la accesibilidad transforma la gestión de datos, ofreciendo una experiencia más eficiente y colaborativa.

3. Características de los sistemas de archivo disponibles

El sistema de archivos *(filesystem)* es la forma en la que el sistema operativo organiza la información dentro de una memoria externa o secundaria (normalmente discos duros o SSD) para su grabación y posterior recuperación. Cada sistema operativo maneja su propio y único sistema de archivos, lo que hace que no pueda funcionar con otros.

En general, se utilizan dispositivos de almacenamiento que permiten el acceso a los datos como una cadena de bloques de un mismo tamaño, llamados sectores o clústers, normalmente de 512 *bytes* de longitud. El *software* del sistema de archivos es el que se encarga de organizar estos sectores en archivos y directorios y establece un registro en el que se almacena información sobre qué sectores pertenecen a cada archivo y cuáles de ellos no se han utilizado. Cuando se formatea un disco duro, se crea un sistema de archivos en el disco y ello permite que el sistema operativo use el espacio disponible en disco para almacenar y utilizar los archivos.

De un modo práctico, los sistemas de archivos también se utilizan para acceder a datos que se generan de forma dinámica como, por ejemplo, los que se reciben mediante una conexión de red sin necesidad de utilizar un dispositivo de almacenamiento.

Se distinguen entre tres tipos de sistemas de archivo:

- **Sistemas de archivos de disco:** son sistemas de archivos cuya función principal es almacenar los archivos de una unidad de disco y los datos que estos contienen. Tienen asignadas las siguientes funciones:

  - Tener conocimiento de todos los archivos del sistema.
  - Controlar la compartición y forzar la protección de los archivos.
  - Gestionar el espacio de disco, su asignación y su designación.
  - Traducir las direcciones lógicas de los archivos a direcciones físicas de disco.

- **Sistemas de archivos de red:** sistemas de archivos que acceden a sus archivos a través de una red.
- **Sistemas de archivos de propósito especial:** aquellos sistemas de archivos que no son ni de disco ni de red.

Recuerde

El sistema de archivos se basa en la administración de clústers, la unidad de disco más pequeña que un sistema operativo puede administrar. Un clúster consiste en uno o más sectores y, por ello, cuanto mayor sea el tamaño del clúster, menores utilidades tendrá que administrar el sistema operativo.

3.1. Rutas y nombres de archivos

El sistema de archivos es una gran colección de directorios y archivos que guardan todo tipo de información. Se pueden llegar a tener cientos o miles de archivos. Para organizar y proteger estos archivos, se estructuran en directorios que a su vez pueden contener archivos de otros directorios y subdirectorios. La estructura de estos directorios puede ser jerárquica, ramificada o en árbol, aunque en algún caso puede ser también plana, al resultar la forma más conveniente para tener una buena organización de los archivos en según qué casos.

Estructura jerárquica de directorios

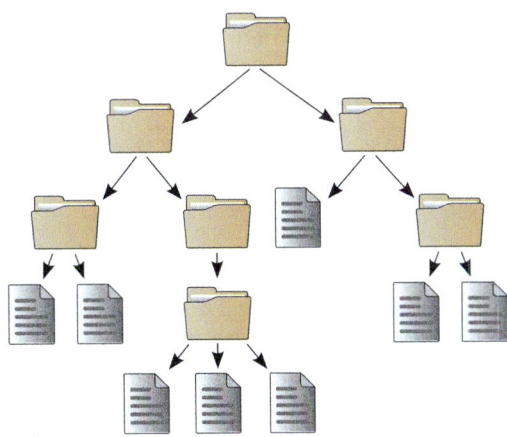

En algunos sistemas de archivos, los nombres de los archivos se estructuran con sintaxis especiales para extensiones de archivos y números de versión. Sin embargo, en otros no hay una estructura marcada de los archivos, estos se limitan a cadenas de texto donde los metadatos de cada archivo son alojados separadamente.

En los sistemas de archivos jerárquicos habitualmente la ubicación de un archivo se indica mediante una cadena de texto llamada "ruta" *(path* en inglés). La nomenclatura para las rutas varía según el sistema operativo, pero se suele mantener una estructura básica: la ruta está formada por una sucesión de nombres de directorios y subdirectorios que se ordenan jerárquicamente de izquierda a derecha, que se separan por algún carácter especial (suele ser una diagonal "/" o una diagonal invertida "\"), y que puede terminar con el nombre de un archivo presente en la última rama de directorios especificada.

Un ejemplo de ruta en un sistema de archivos del sistema operativo *Windows* sería el siguiente:

"C:\Documents and Settings\User\Documents\informe.doc"

La estructura de esta ruta se compone de los siguientes elementos:

- "C:": que es la unidad de almacenamiento en la que se encuentra el archivo.
- "\Documents and Settings\User\Documents\": que es la ruta del archivo.
- "Informe.doc": que es el nombre del archivo. La extensión de este archivo es ".doc" y se corresponde con un archivo de texto.

Utilizando *Linux* como sistema operativo, un ejemplo de ruta podría ser:

"/home/User/Documents/informe.doc"

- Nótese que en *Linux* se utilizan diagonales invertidas.
- "/" representa el directorio raíz donde está montado todo el sistema de archivos.
- "home/User/Documents/" es la ruta del archivo.
- "informe.doc" es el nombre del archivo, donde ".doc" corresponde con su extensión.

Actividades

2. Explore su ordenador seleccionando un archivo y buscando su ruta. Analice cada una de sus partes.

3.2. Principales características de los sistemas de archivos

Los sistemas de archivos se caracterizan fundamentalmente por una serie de atributos:

- **Abstracción:** los sistemas de archivos utilizan los ficheros como abstracción para evitar preocupaciones al usuario de cómo y dónde se almacena físicamente la información en disco.
- **Capacidad de enlaces duros:** un enlace duro o físico *(hard link)* se refiere a una referencia o puntero a un archivo en un sistema de archivos. La ventaja de los enlaces duros es que aunque se llamen de forma distinta a los archivos originales estos ofrecen la misma funcionalidad. Si se modifican los datos de los enlaces duros, también se cambian los datos reales almacenados en disco, quedando todos modificados por igual. En la mayoría de los sistemas de archivos, todos los archivos corresponden a enlaces duros.
- **Capacidad de enlaces simbólicos:** en sistemas operativos *Unix* o *Linux,* un enlace simbólico es el acceso a un directorio o fichero que se encuentra en una ubicación distinta dentro de la estructura de directorios. Cualquier modificación que se realice con este enlace quedará reflejada en el original; sin embargo, si se elimina el enlace el archivo original permanecerá intacto.
- **Seguridad o permisos:** los sistemas de archivos ofrecen la posibilidad de asignar permisos (también llamados derechos de acceso) a los archivos para determinados usuarios y grupos de usuarios, pudiendo restringir o permitir el acceso a ciertos usuarios para visualizar, modificar y/o ejecutar cada archivo. Estos permisos de usuario se pueden gestionar mediante:

  - **Listas de control de acceso (ACLs, *Access Control Lists):*** estas listas permiten controlar el flujo del tráfico en equipos de redes. Su objetivo principal es filtrar el tráfico, permitiendo o denegando el tráfico de red atendiendo a alguna condición.
  - **UGO (Usuario, Grupo, Otros: *User, Group, Others):*** en *GNU/Linux,* los permisos de los usuarios se establecen en tres niveles: los permisos del propietario (Usuario), los permisos del grupo (que engloban a un conjunto de usuarios) y los permisos del resto de usuarios (Otros).

- **Capacidades granuladas:** la granularidad es una propiedad que hace referencia al procesamiento y comunicación que requiere una aplicación. Se pueden asignar los permisos de usuario atendiendo a la granularidad de las aplicaciones.
- **Atributos extendidos:** permiten otorgar permisos a los usuarios para solo algunas funcionalidades (por ejemplo, escribir datos pero no eliminarlos, etc.).

- **Integridad del sistema de archivos *(journaling)*:** el *journaling,* también conocido como "registro por diario", es un mecanismo por el que un sistema informático puede implementar transacciones. Consiste en la capacidad de almacenar la información necesaria para restablecer los datos afectados por la transacción si ocurre cualquier tipo de fallo.
- **Capacidades para la reducción de la fragmentación:** los sistemas de archivos incorporan herramientas de defragmentación del disco duro. Su función principal es acomodar los archivos de un disco de modo que cada uno quede en un área continua y sin espacios sin usar entre ellos (al estar continuamente modificando y eliminando archivos, van quedando unos espacios vacíos, de modo que los archivos van quedando "partidos" en varios pedazos a lo largo del disco y se produce una ralentización del equipo). Con la defragmentación se consigue agilizar el proceso de la navegación por los archivos al eliminar estos espacios vacíos.
- **Soporte para cuotas de discos:** las cuotas de discos se utilizan para limitar el espacio utilizado en los sistemas de archivos.
- **Soporte para archivos dispersos:** los archivos dispersos son una tipología de archivos con la función de utilizar el espacio del sistema de archivos de un modo más eficiente cuando el espacio asignado a los archivos está prácticamente vacío.
- **Soporte de crecimiento del sistema de archivos nativo:** los sistemas de archivos nativos son aquellos que cada sistema operativo prefiere utilizar para trabajar.

Actividades

3. Comente qué diferencias hay entre los enlaces duros y los enlaces simbólicos. Haga una búsqueda de información de estos conceptos para un conocimiento más profundo y mencione las principales ventajas de cada uno de ellos.

Aplicación práctica

Debido al alto volumen de trabajo al que se ha visto sometido en las últimas semanas, ha tenido que modificar, crear y eliminar numerosos archivos y ello le ha provocado la ralentización en la navegación de su ordenador personal. ¿Por qué se ha causado esta ralentización y con qué herramienta la solucionaría?

SOLUCIÓN

Cuando se eliminan, modifican y crean numerosos archivos y muy frecuentemente, se puede producir una ralentización del sistema operativo debido a que estos archivos han ido dejando espacios vacíos entre ellos, quedando los archivos "partidos" en diferentes lugares del disco. Este efecto es llamado "fragmentación del disco" y para solucionarlo hay que utilizar herramientas de defragmentación, que acomoden los archivos de modo que cada uno de ellos esté situado en un área continua y sin espacios sin usar entre ellos. De este modo, al eliminar los espacios vacíos se aumenta la velocidad del sistema y se elimina el problema de ralentización.

3.3. Tipos de sistemas de archivos existentes

La elección de un sistema de archivos depende del sistema operativo que se esté utilizando. En general, cuanto más reciente sea el sistema operativo, mayor será el número de archivos que admita.

Para enseñar los distintos tipos de archivos existentes en la actualidad y las diferencias entre ellos, en la siguiente tabla se muestra una comparativa de los distintos tipos junto con el sistema operativo que soportan, el número de archivos que admite cada uno de ellos, el tamaño máximo de volumen que pueden tener y, como complemento, si estos admiten *journaling* o no:

Sistema de archivo	Sistemas operativos soportados	Número máximo de archivos	Tamaño máximo de volumen	Capacidad de *journaling*
EXT2	Linux, BSD	10^18	16 Tb	No
EXT3	Linux, BSD y Windows	2^32	32 Tb	Sí
EXT4	Linux	2^32	1 EiB (1024 PiB)	Sí
REISERFS	Linux	2^32	16 Tb	Sí
REISER3	Linux	2^32	16 Tb	Sí
REISER4	Linux			Sí
FAT12	MS-DOS, versiones tempranas de Windows	4077	32 Mb	No
FAT16	MS-DOS, Windows 95, Windows 98, versiones tempranas de Windows NT	65617	2 Gb	No
FAT32	Windows 95 OSR2, Windows 98, Windows ME, Windows 2000, Windows XP, versiones posteriores, Linux, macOS	268435437	2 Tb	No
NTFS	Todas las versiones de Windows desde Windows NT 3.1, macOS, Linux	4294967295	2^64	Sí
HPFS	OS/2, Windows NT, Linux y Freebsd	Ilimitado	2 Tb	No
HFS	macOS y macOS X	65535	2 Tb	No
HFS+	macOS 8, 9, X, Darwin y GNU/Linux	2^32	8 Eb	Sí
ZFS	Linux, macOS X, Freebsd y Solaris	2^48	16 Eb	No
XFS	Irix, Linux y Freebsd	64Tb	16 Eb	Sí
APFS	macOS, iOS, iPadOS, tvOS, watchOS	2^63	8 EiB	Sí

Continúa en página siguiente >>

<< Viene de página anterior

Sistema de archivo	Sistemas operativos soportados	Número máximo de archivos	Tamaño máximo de volumen	Capacidad de *journaling*
Btrfs	Linux	2^64	16 EiB	Sí
exFAT	Windows, macOS, Linux	Ilimitado	128 PiB	No
F2FS	Linux	2^32	16 TiB	Sí

La elección del sistema de archivos de un equipo es muy importante y hay que tomarla con sumo cuidado, sobre todo si coexisten varios sistemas operativos en el mismo equipo.

Cuando existen varios sistemas operativos, hay que elegir un sistema de archivos para cada uno, teniendo en cuenta que puede que se tenga que acceder a los datos de un sistema operativo desde otro. La mejor solución para estos casos consiste en utilizar para cada sistema operativo una partición cuyo sistema de archivos sea el que mejor se adapte a esta.

 Definición

Partición
Es una división lógica de un disco duro, de modo que puede utilizarse como si se tratara de otro disco duro distinto.

 Actividades

4. Señale qué sistema operativo utiliza en su ordenador personal y qué tipo de sistema de archivos soportaría su soporte operativo. Averigüe qué sistema de archivos utiliza usted.

4. Organización y estructura general de almacenamiento

La información de una estructura de datos solo permanece en memoria durante el tiempo de ejecución del programa en el que está definida y siempre que el ordenador esté encendido. Dado que la memoria principal conlleva un gasto elevado y tiene un tamaño limitado es necesario buscar alternativas que superen estos inconvenientes.

Para poder acceder a la información en cualquier momento, una solución es guardarla en soportes físicos de almacenamiento secundario que la archiven de forma permanente de modo que la información permanezca intacta aunque el soporte no esté conectado a la corriente eléctrica. Dentro de los discos duros están los más antiguos y los más actuales (como los discos duros SDD).

Estos datos se guardan en los dispositivos auxiliares mediante una serie de estructuras llamadas archivos o ficheros. Las estructuras de datos tienen una serie de objetivos:

- Almacenamiento permanente de la información.
- Capacidad de manipulación de un gran número de datos.
- Independencia de los programas para la utilización de los datos.
- Capacidad de alojarse en soportes externos.

En otras palabras, un archivo es la estructura bajo la cual se guarda la información en disco. Por definición, es un conjunto organizado y con nombre de información estructurada almacenada en un soporte no volátil.

El tamaño de un archivo de datos se expresa en *bytes* (1 *byte* = 8 bits) y cada sistema operativo establece un tamaño máximo para los archivos o ficheros.

 **Nota**

Un bit *(binary digit* o dígito binario) es la unidad mínima de información. Todo lo que se guarda en el ordenador se almacena en código binario y, por ello, el bit utiliza este código teniendo solo dos estados: apagado (0) y encendido (1).

En la siguiente tabla, se muestran las distintas unidades de medida (con sus equivalencias) de los datos almacenados en un ordenador:

Unidad clásica	Equivalencia
1 bit	Unidad más pequeña de información.
1 byte	8 bits
1 kilobyte (Kb)	1024 bytes
1 megabyte (Mb)	1024 KB
1 gigabyte (Gb)	1024 MB
1 terabyte (TB)	1024 GB
1 petabyte (PB)	1024 TB
1 exabyte (Eb)	1024 PB

4.1. Clasificación de los archivos

Se distinguen varias clasificaciones de los archivos:

- Según el formato de los registros:

  - **Homogéneos:** todos los registros son del mismo tipo.
  - **Heterogéneos:** hay varios tipos de registro dentro del mismo fichero.

- Según el tamaño de los registros:

  Longitud fija: ficheros compuestos de registros fijos con formato definido.

  De longitud variable: ficheros compuestos de registros variables y de formato definido.

- Según su unidad básica de información:

  Binarios: utilizan bits como unidad básica de información.

  Textuales: utilizan caracteres como unidad básica de información.

  Tipados: utilizan registros como unidad básica de información.

- Por la función del archivo:

  Permanentes: ficheros ordenados para el almacenamiento de datos.

  Temporales: ficheros con uso temporal, orientados al procesamiento. En cuanto se termina la transacción para la que fueron creados, se eliminan.

- Por su vigencia:

  Borradores: ficheros que no han entrado en uso.

  Vigentes: ficheros que ya se están utilizando.

- Por la función de su contenido:

  Maestros: contienen información de situación diversa que puede ir variando con el tiempo. Suelen reflejar situaciones reales.

  Constantes: ficheros que contienen información prácticamente permanente e inalterable en el tiempo.

  Históricos: ficheros que almacenan datos históricos, principalmente para fines estadísticos o de elaboración de informes.

Actividades

5. Señale por qué cree que los ordenadores almacenan la información en código binario. Busque más información sobre este código y la justificación de su utilización en los ordenadores.
6. Para una mayor asimilación de los conceptos estudiados, realice un esquema de las distintas clasificaciones de los archivos incluyendo los tipos de archivos de cada una de ellas.

Registros

Los archivos están formados por una colección de registros. Se definen dos variedades de registros atendiendo a sus definiciones:

- **Registro físico o bloque:** cantidad de datos que se pueden transferir en una sola operación de lectura/escritura. Se trata del conjunto de bytes que se transfieren en una operación de lectura/escritura desde la memoria principal al dispositivo de almacenamiento o viceversa.
- **Registro lógico:** conjunto de datos que constituyen una unidad de almacenamiento para un proceso ejecutable cualquiera. Viene definido por el programador.

Los registros lógicos están formados por una serie de campos. Sin embargo, estos se almacenan en el dispositivo en registros físicos.

Un registro físico puede contener un número variable de registros lógicos, ya que se pueden transferir los registros lógicos de la memoria al dispositivo de almacenamiento y viceversa. Recibe el nombre de bloqueo esta operación de traspaso de archivos, y el nombre de "factor de bloqueo" el número de registros lógicos que puede contener un registro físico. Los registros físicos que se forman mediante bloqueo son llamados "bloques".

Se distinguen tres tipos de registros lógicos:

- **De longitud física:** registros que ocupan el mismo espacio en disco, independientemente de la cantidad de información que contengan (incluso existe la posibilidad de que no contengan información). Puede haber tres variedades de registros de este tipo:

  - Con el mismo número de campos por registro, pero campos de distinta longitud.
  - Con el mismo número de campos por registro y la misma longitud de los campos que hay dentro de cada registro.
  - Con distinto número de campos por registro.

- **De longitud indefinida:** cada registro puede ser de distinta longitud (la longitud es imposible de determinar). Con estos registros no se desaprovecha espacio pero tienen el inconveniente de la elevada dificultad que hay para localizarlos.
- **De longitud variable:** cada registro puede ser de distinta longitud pero entre un máximo y un mínimo. Todos los registros tienen reservado el mismo espacio en memoria para sus campos. En caso de que no tenga todos los campos hay un desperdicio de espacio.

Campos

Para terminar de describir la estructura de los archivos, el último elemento que queda es la definición de los campos y su composición.

Un campo es un espacio de almacenamiento designado para guardar un dato en particular. Es la unidad mínima de información que contiene un registro. Los campos, a su vez, pueden contener subcampos.

A modo de resumen, y para una mayor comprensión de la definición de archivo y sus componentes, en la siguiente imagen se refleja la composición y jerarquía de los archivos:

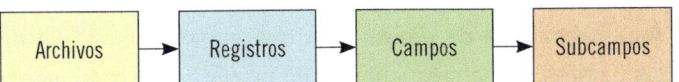

4.2. Organización de almacenamiento de archivos

La organización de un archivo define la forma en la que los registros se disponen sobre el soporte de almacenamiento. También está definida como la forma en la que se estructuran los datos en un archivo.

En general, se consideran cinco tipos de organizaciones de los archivos:

- **Pila:** los datos se recolectan en el orden en el que llegan. El propósito principal es acumular una masa de datos y guardarla. No hay estructura definida y el acceso a los registros se realiza por búsqueda exhaustiva, lo que implica una gran pérdida de tiempo.
- **Organización secuencial:** esta organización almacena los registros uno detrás de otro, conforme llegan se van colocando. No es más que una sucesión de registros almacenados de forma consecutiva sobre un soporte externo. Su inconveniente principal es la elevada cantidad de tiempo que se utiliza para localizar los registros, ya que para buscar uno hay que pasar por todos para localizarlo.
- **Organización directa o aleatoria:** los datos se colocan y se acceden aleatoriamente mediante su posición, indicando el lugar relativo que ocupan dentro del conjunto de posiciones posibles. En este tipo de organización, los registros se pueden leer y escribir en cualquier orden y en cualquier lugar. En esta ocasión, los registros se localizan con más rapidez, pero hay cierta dificultad en establecer la relación entre la posición de un registro y su contenido, y también se suele desaprovechar parte del espacio destinado al archivo.
- **Organización indexada:** los archivos con esta organización constan de tres áreas:

  - **Área de índices.** Los registros están formados por dos campos: en el primero está la clave del último registro de cada segmento y en el segundo, la dirección de memoria del comienzo de cada segmento.

▪ **Área primaria o de datos.** Área que aloja el contenido dividido en segmentos. Cada segmento contiene un número de registros determinado. Los contenidos se ordenan ascendentemente por el valor de su clave.

▪ **Área de excedentes** *(overflow).* Zona en la que se insertan los registros no incluidos en el área primaria. Permite la inserción de nuevos registros sin necesidad de reescribir el archivo o de crear zonas vacías.

Este tipo de organización utiliza el establecimiento de índices para disminuir el tiempo de búsqueda de archivos. Es de rápido acceso: el registro se encarga de relacionar la posición de cada registro con su contenido utilizando los índices. Su principal inconveniente radica en el espacio, ya que se necesita espacio adicional para establecer los índices y también hay un espacio desaprovechado resultante de los huecos intermedios libres que quedan después de actualizaciones sucesivas.

▪ **Organización secuencial indexada:** en este caso, el índice proporciona una capacidad de búsqueda para llegar rápidamente a las proximidades de un registro deseado. Contiene un campo clave y un apuntador al archivo principal, de modo que la búsqueda de registros se hace primero con el índice y, seguidamente, con el archivo principal. A diferencia de la organización indexada, solo se utiliza un índice.

Actividades

7. Señale qué diferencias hay entre una organización secuencial, una organización secuencial indexada y una organización indexada, y profundice sobre estos conceptos poniendo un ejemplo, donde resultaría útil la utilización de cada tipo de organización de almacenamiento de archivos.

5. Herramientas del sistema para la gestión de dispositivos de almacenamiento

Un buen sistema de almacenamiento de la información y un correcto mantenimiento son fundamentales para preservar la integridad, privacidad y disponibilidad de la información. Por ello, en el momento en el que se debe elegir el sistema de almacenamiento y sus características hay que tener en cuenta una serie de factores:

- **Rendimiento:** rapidez con la que se obtiene la información en relación al tamaño de la misma.
- **Disponibilidad de la información:** permanente o solo en ocasiones puntuales.
- **Privacidad de la información:** quién va a acceder a la información y qué acciones se podrán realizar con la misma.
- **Capacidad:** tamaño o cantidad de información que se va a almacenar.
- **Accesibilidad:** cómo se va a acceder a la información.

En esta ocasión, la manera de gestionar los dispositivos de almacenamiento masivo varía según el sistema operativo. Lo que tienen en común es que, una vez insertado un disco duro en una computadora, antes de poder instalarle un sistema operativo es necesario habilitarlo: hay que particionarlo y formatearlo para poder trabajar con él.

Para particionar y formatear un disco duro no hace falta ningún programa que no esté en el sistema operativo con el que se quiera trabajar. Aunque no es obligatorio crear particiones, es recomendable por razones de seguridad, ya que se crean unidades independientes y si hay que formatear alguna de ellas por cualquier motivo los archivos de las demás unidades permanecerán intactos. Lo habitual es crear las particiones en el momento de instalar el sistema operativo, pero también se puede hacer con este instalado, pudiendo variar el volumen de las distintas partes que se quieren formatear.

A continuación, se explican las principales herramientas de gestión de dispositivos de almacenamiento, distinguiendo entre los sistemas operativos *Windows* y *Linux.*

5.1. Herramientas de *Windows* para la gestión de dispositivos de almacenamiento

Aunque en *Microsoft Windows* la gestión de los dispositivos de almacenamiento se pueda llevar a cabo con la utilización de comandos de teclado, la herramienta más utilizada para su gestión es el **Administrador de discos.**

Para acceder a esta herramienta debe ir a **Inicio → Panel de control → Herramientas administrativas → Administración de equipos.**

Una vez dentro de la herramienta, para empezar a trabajar con los dispositivos de almacenamiento, haga clic sobre **Almacenamiento → Administración de discos** y aparecerá una ventana como la que se puede ver en la siguiente imagen.

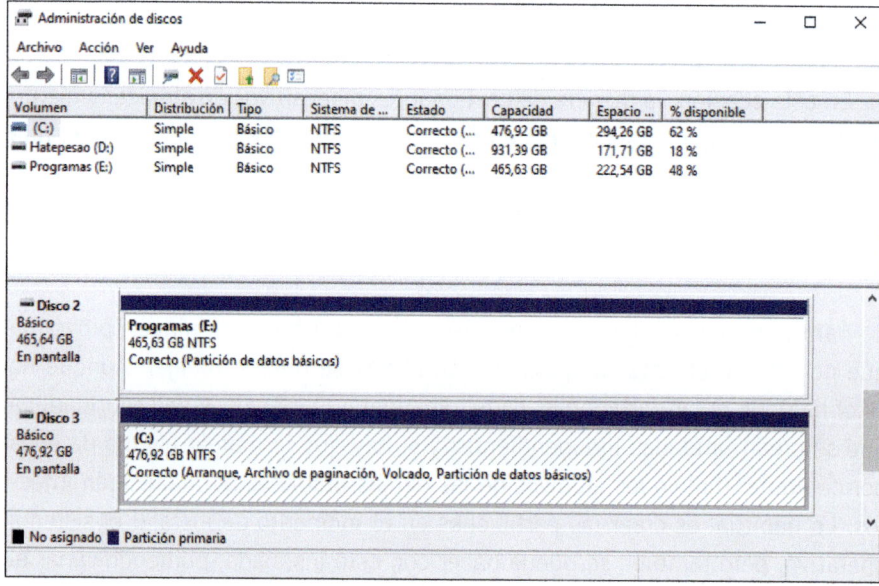

Administrador de discos

En esta ventana se pueden ver los distintos dispositivos de almacenamiento que hay en el ordenador, sus características y la distribución y propiedades de cada una de sus particiones.

A través de esta se puede acceder a numerosas funcionalidades:

■ Haga clic con el botón derecho del ratón sobre el disco con el que quiere trabajar y podrá:

▌**Crear un nuevo volumen distribuido:** a un volumen distribuido se le da formato como una unidad simple y puede tener asignada una letra de unidad, pero se expande a través de múltiples unidades físicas. Es una colección de partes de discos duros combinados en una única unidad direccionable.

▌**Crear un nuevo volumen seccionado:** también combina partes de múltiples discos duros en una única entidad, pero utilizando un formato especial para incrementar el rendimiento.

▌**Crear un nuevo volumen reflejado:** un volumen reflejado o duplicado es una unidad de disco duro en la que se almacena la misma información que la unidad de disco que se quiere reflejar. El objetivo de esta práctica es contar con una copia de seguridad en caso de querer realizar cambios importantes en la unidad de disco origen o en caso de que el *hardware* se deteriore por el paso del tiempo o un defecto de fabricación.

▌**Crear un nuevo volumen RAID-5:** este tipo de modelo requiere entre 3 y 16 unidades de almacenamiento disponibles. En él, los datos se dividen en bloques de información que se van distribuyendo entre las distintas unidades de almacenamiento. Adicionalmente, en cada unidad se almacena un bloque de paridad empleado para replicar la información existente en las unidades. Esto quiere decir, que si una de las unidades encontrase un fallo *hardware* y toda su información quedase inaccesible, los bloques de paridad restantes pueden volver a generarla en una nueva unidad de almacenamiento.

▌**Cambiar el tipo de disco, de disco básico a disco dinámico:** los discos básicos no admiten las funciones más avanzadas del Administrador de discos. Son discos divididos en una o más particiones con una unidad lógica en la partición primaria. Sin embargo, los discos duros dinámicos se pueden utilizar para crear diversos volúmenes.

▌**Convertir el disco a disco GTP:** se da formato al disco siguiendo un estándar para la colocación de la tabla de particiones en un disco duro físico.

■ **Ver las propiedades del disco:** en esta opción se pueden ver las características fundamentales del disco, como el tipo de dispositivo, su fabricante, el controlador instalado, sus volúmenes, etc.

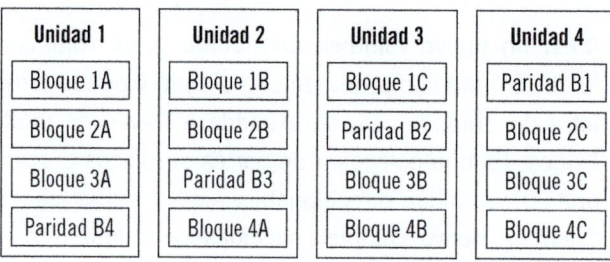

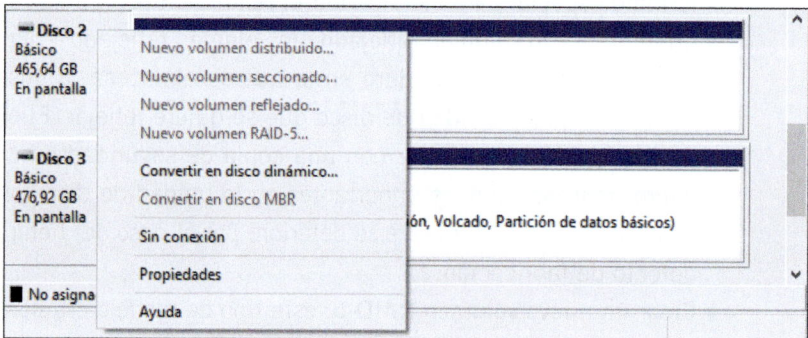

Administrador de discos y pestaña de Configuración del disco

■ Haga clic con el botón derecho del ratón sobre alguna unidad de disco y también accederá a una serie de funcionalidades:

■ **Abrir-Explorar:** se accede a los archivos y directorios que hay almacenados en la unidad marcada.

■ **Marcar la partición como activa:** una partición activa es aquella en la que el ordenador busca el arranque del sistema operativo en el momento de encenderlo. Por ello, también es llamada partición de arranque. Con esta funcionalidad se puede decidir qué unidad se quiere que sea la que arranque el sistema.

■ **Cambiar la letra y rutas de acceso de la unidad:** permite agregar, cambiar o quitar la letra de unidad y la ruta de acceso de la unidad seleccionada.

Formatear: elimina todos los archivos existentes dentro de la unidad y le da formato según las características elegidas por el usuario (nombre, sistema de archivos, tamaño de la unidad, etc.). El nombre debe rellenarse en la casilla **Etiqueta del volumen** y el sistema de archivos y el tamaño de la unidad de asignación se selecciona entre las distintas opciones que ofrece el desplegable en la casilla.

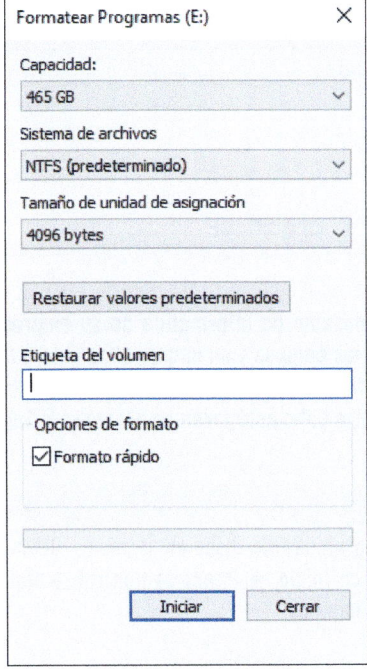

Administrador de discos, función Formatear

Extender/Reducir/Eliminar volumen: aumenta o reduce la capacidad de almacenamiento del volumen seleccionado. También seleccionando **Eliminar volumen** se puede eliminar el volumen, pasando a integrarse en otra unidad.

Propiedades: permite ver las características fundamentales de la unidad seleccionada.

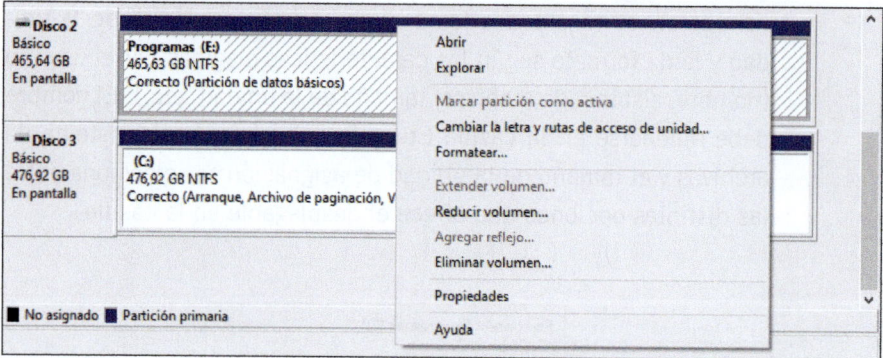

Administrador de discos, pestaña de Opciones de la unidad de disco

Aplicación práctica

Usted, como responsable de informática de su empresa, está realizando tareas de mantenimiento de los equipos y en uno de ellos quiere formatear una unidad de disco para darle el nombre "F:" y establecer un sistema de archivos NFTS. ¿Qué procedimiento seguiría para llevar a cabo esta tarea en *Windows?* ¿Qué herramienta utilizaría?

SOLUCIÓN

Para formatear una unidad de disco en *Windows* utilice la herramienta Administrador de discos, situada en **Inicio → Panel de control → Herramientas administrativas → Administración de equipos.**

Una vez situado en la herramienta, seleccione la unidad que quiere formatear, haga clic sobre ella con el botón derecho del ratón y seleccione **Formatear.**

A continuación, basta con que escriba "F:" en **Etiqueta del volumen,** seleccione "NFTS" en **Sistema de archivos** y haga clic en **Aceptar** para tener la unidad formateada y con las características requeridas.

5.2. Herramientas de *Linux* para la gestión de dispositivos de almacenamiento

Una de las diferencias entre *Windows* y *Linux* es que en este último la estructura de archivos no se basa en los dispositivos. Las unidades (C:, D:, etc.) forman parte de un todo, con el escritorio en primer lugar. El punto de origen de la estructura se representa con una diagonal "/" y se llama "raíz".

Una buena herramienta para gestionar los dispositivos de almacenamiento y las particiones de los discos duros es ***Gparted.*** Es un interfaz gráfico que sirve para crear, eliminar, mover y redimensionar particiones de los discos duros de un equipo.

Para ejecutarlo es necesario hacerlo con privilegios de administración. Vaya a **Aplicaciones → Sistema → Administración → Editor de particiones** o a **Aplicaciones → Herramientas del sistema → GParted.**

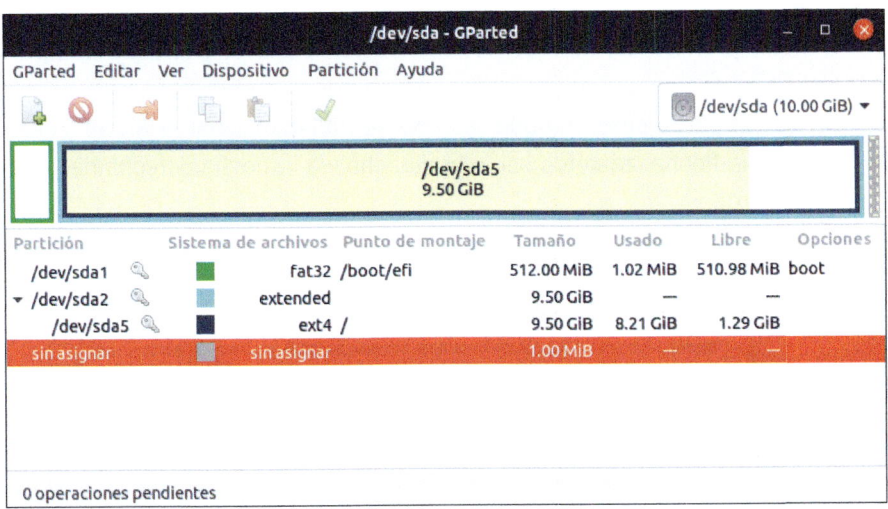

GParted, ventana principal

Antes de describir las operaciones más comunes, es necesario mencionar que *GParted* no trabaja con unidades montadas, de modo que si se pretende modificar una partición que hay accesible en el sistema, hay que desmontarla previamente.

Como se ve en la imagen superior, *GParted* ofrece una visión general de las unidades montadas en el equipo. Se muestra una visión gráfica para visualizar fácilmente la distribución de las unidades y una visión más esquemática con las características de cada una de las unidades.

Las operaciones más comunes que se pueden realizar con esta herramienta son las siguientes:

- **Crear particiones.** Para crear y dar formato a una partición hay que seleccionar la zona sobre la que se quiere trabajar. Una vez seleccionada, haga clic sobre el espacio "sin asignar" y pulse el botón **Nuevo.** A continuación, siguiendo las instrucciones y eligiendo las características que va a tener la nueva partición (tamaño, sistema de archivos, etc.), ya quedará esta creada.
- **Copiar particiones.** Seleccione la partición que quiere copiar y haga clic sobre **Copiar.** Seguidamente seleccione el espacio sin asignar (que debe ser de tamaño igual o mayor que la partición pegada) donde quiere situar la partición copiada y dele a **Pegar.**
- **Mover particiones. Indique Redimensionar → Mover** y arrastre la partición hasta donde prefiera.
- **Reducir particiones.** Indique igualmente **Redimensionar → Mover** y desplace la flecha izquierda hacia la derecha y/o la flecha derecha hacia la izquierda.

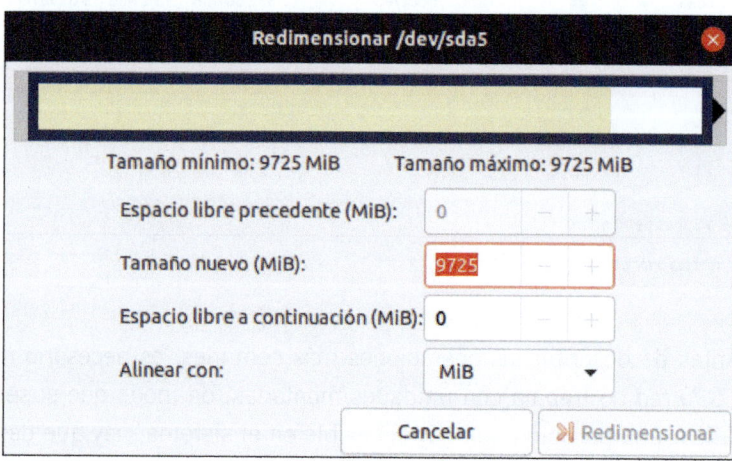

GParted, redimensión de particiones

■ **Extender particiones.** Puede haber dos casuísticas:

> ▍ Habiendo espacio sin asignar alrededor: vaya a **Redimensionar →**
> **Mover** y realice la operación inversa que en la reducción de parti-
> ciones. Desplace la flecha izquierda hacia la izquierda y/o la flecha
> derecha hacia la derecha.
>
> ▍ Si no hay espacio sin asignar alrededor: en el caso de no haber
> espacio suficiente para extender la partición hay que tomar espacio
> de la que está a su lado. Para ello, basta con reducir el tamaño de
> la partición que está a su lado, dejando así espacio sin asignar a la
> otra y, después, extender la partición deseada ocupando el espacio
> sin asignar.

Actividades

8. Entre en la herramienta de gestión de dispositivos de su sistema operativo y averigüe
   cómo están distribuidos los volúmenes de su disco duro y sus características principales.
   ¿Realizaría algún cambio? ¿Por qué?

6. Resumen

Hoy en día, se maneja una gran cantidad de información. Para almacenarla
se utilizan distintos dispositivos, definidos como componentes que leen o es-
criben datos en medios o soportes de almacenamiento. Hay gran variedad de
dispositivos de almacenamiento y la elección del idóneo depende de factores
como la finalidad de la información utilizada, el tamaño de dicha información
y el rendimiento que se pretende obtener del dispositivo.

El sistema de archivos o *filesystem* es la forma en la que el sistema operativo organiza la información dentro de un dispositivo de almacenamiento para
su grabación y posterior recuperación. Los sistemas de archivos se caracterizan

por la capacidad de abstracción y de utilizar enlaces duros y simbólicos y por la posibilidad de asignar permisos de utilización de los archivos, permitiendo o denegando su acceso a los usuarios. La correcta elección del sistema adecuado dependerá sobre todo del sistema operativo que se va a utilizar y de otras características como el número máximo de archivos que se pueden almacenar, el tamaño máximo de volumen y la capacidad de *journaling*.

Los datos se guardan en los dispositivos de almacenamiento mediante una serie de estructuras llamadas archivos o ficheros (constituidos por registros que a su vez están formados por campos). La organización de un archivo define la forma en la que los registros se disponen sobre el soporte de almacenamiento, distinguiéndose así cinco tipos de organizaciones: pila, secuencial, directa, indexada y secuencial indexada.

Para gestionar los dispositivos de almacenamiento, sus sistemas de archivo y los archivos que contienen hay una serie de herramientas disponibles directamente en cada sistema operativo (en *Windows* está el Administrador de discos y en *Linux, GParted)*.

Ejercicios de repaso y autoevaluación

1. **Complete la siguiente tabla, indicando si los siguientes dispositivos de almacenamiento son ópticos, magnéticos o electrónicos:**

Dispositivo de almacenamiento	Dispositivo de almacenamiento óptico/magnético/electrónico
Disco duro	
Pendrive	
Flash cards	
Discos duros SDD	
Discos duros extraíbles	
Blu Ray	

2. **Complete la siguiente oración:**

El sistema de archivos (en inglés, _____) es la forma en la que el sistema operativo organiza la _____ dentro de una memoria externa o _____ para su grabación y posterior recuperación. Cada sistema operativo maneja su propio y único _____.

3. **Indique a qué tipo de sistema de archivos corresponde cada una de las siguientes definiciones:**

   a. Sistemas de archivos que acceden a sus archivos a través de una red.
   b. Sistemas de archivos diseñados para almacenar archivos en una unidad de disco, que puede estar conectada directa o indirectamente en la computadora.
   c. Aquellos sistemas de archivos que no son ni de disco ni de red.

4. Divida la estructura de la ruta que se muestra a continuación e indique a qué corresponde cada una de las partes. Se trata de una ruta en un sistema de archivos en *Windows*.

"F:\Documents and Settings\Mario\Imagenes\manzana.jpg"

_____

_____

5. ¿Cuál de los siguientes atributos no es propio de un sistema de archivos?

   a. Capacidad de enlaces simbólicos.
   b. Abstracción.
   c. Capacidad de enlaces blandos.
   d. Seguridad o permisos.

6. ¿Qué es el *journaling?* ¿Para qué se utiliza?

_____

_____

_____

_____

7. Complete la siguiente tabla de tipos de sistemas de archivos, indicando si son soportados por *Windows, Linux* o ambos y si tienen la capacidad de *journaling:*

Sistema de archivos	Soportado por *Windows/Linux*	Capacidad de *journaling*
FAT 32		
EXT2		
NTFS		
FAT16		
REISER4		
ZFS		
EXT4		

8. ¿Qué es un archivo de datos? ¿En qué se expresa su tamaño?

_____

_____

_____

_____

_____

9. Relacione las siguientes definiciones con los tipos de archivos mencionados a continuación:

    a. Archivos que utilizan caracteres como unidad básica de información.
    b. Archivos compuestos por registros fijos con formato definido.
    c. Archivos en los que todos sus registros son del mismo tipo.
    d. Ficheros que contienen información prácticamente permanente e inalterable en el tiempo.

    __ Archivos homogéneos.
    __ Archivos textuales.
    __ Archivos de longitud fija.
    __ Archivos constantes.

10. Indique a qué tipo de registro lógico corresponde cada una de las siguientes definiciones:

    a. Registros que ocupan el mismo espacio en disco, independientemente de la cantidad de información que contengan.
    b. Cada registro puede ser de longitud distinta (la longitud es imposible de determinar).
    c. Cada registro puede ser de distinta longitud pero habiendo un máximo y un mínimo. Todos los registros tienen reservado el mismo espacio en memoria para sus campos.

11. ¿Qué relación hay entre un archivo, un campo y un registro? Refléjelo en un esquema.

_____

_____

_____

_____

_____

12. ¿Cuál de las siguientes propiedades no corresponde a las características de los campos?

    a. Tipo.
    b. Longitud.
    c. Tamaño.
    d. Nombre.

13. Relacione las siguientes definiciones correspondientes a tipos de organizaciones de estructuras de archivos con los conceptos descritos a continuación:

    a. Organización en la que los datos se colocan y se acceden aleatoriamente mediante su posición, indicando el lugar relativo que ocupan dentro del conjunto de posiciones posibles.
    b. Organización en la que los datos se recolectan en el orden en el que llegan. El propósito principal es acumular una masa de datos y guardarla. No hay estructura definida y el acceso a los registros se realiza por búsqueda exhaustiva, lo que implica una gran pérdida de tiempo.
    c. Organización que utiliza un solo índice, que proporciona una capacidad de búsqueda para llegar rápidamente a las proximidades de un registro deseado.

    __ Organización secuencial indexada.
    __ Organización directa.
    __ Organización de pila.

14. Para elegir el sistema de almacenamiento adecuado hay que tener en cuenta una serie de factores. Indique cuáles de los siguientes conceptos se corresponden con estos factores:

    a. Rendimiento.
    b. Privacidad de la información.
    c. Tratamiento de la información.
    d. Accesibilidad.

15. Complete la siguiente frase:

Para particionar y formatear un disco duro no hace falta ningún programa que no esté en el _____ con el que se quiera trabajar. Aunque no es obligatorio crear particiones, es recomendable por razones de _____ ya que se crean unidades _____ y si hay que formatear alguna de ellas por cualquier motivo, los archivos de las demás unidades permanecerán _____.

Capítulo 4

Utilización de métricas e indicadores de monitorización de rendimiento de sistemas

Contenido

1. Introducción

Para que los responsables de los distintos procesos y sistemas de información tomen decisiones correctamente, que lleven a las organizaciones al éxito, necesitan una serie de información que les facilite la tarea y reduzca el riesgo de caer en decisiones erróneas.

En esta unidad se darán a conocer una serie de conceptos que ayudan a los directivos y responsables a la toma de decisiones: métricas e indicadores.

En un momento inicial, se definen estos conceptos con profundidad para no llegar a confusiones y se muestra el proceso que siguen las organizaciones para establecer un marco general de utilización de estas métricas e indicadores.

Seguidamente, se va explicando punto por punto las distintas fases por las que hay que pasar para definir los objetivos de las organizaciones, establecer los indicadores y métricas adecuados que midan la consecución de estos objetivos, qué valores deben tomar los indicadores y qué significan unos valores dados u otros.

Una vez obtenidos los datos de los indicadores, se enseña cómo hay que analizarlos y cómo se deben tener en cuenta las conclusiones obtenidas para facilitarlas a los responsables de la toma de decisiones.

Para concluir, se explica con detalle qué hacer con todos los resultados analizados para que los responsables puedan ver y comprender con facilidad y de un modo global los resultados obtenidos en cada uno de los indicadores medidos en todas las áreas de un departamento o de la organización al completo. Con un informe de un solo folio, los directivos deben poder conocer la información más relevante de los objetivos marcados en una organización y poder tomar decisiones sobre dónde hay que mejorar, en qué procesos hay que destinar más o menos recursos y qué rendimiento ofrecen cada uno de ellos.

2. Criterios para establecer el marco general de uso de métricas e indicadores para la monitorización de los sistemas de información

Antes de empezar a hablar de métricas e indicadores es necesario conocer una serie de conceptos básicos similares que pueden dar lugar a confusión. Estas definiciones se comentan a continuación:

- **Datos:** representación de la información mediante algún formato que permita su comunicación, interpretación, almacenamiento y procesamiento automático.
- **Medición:** proceso en el que se asignan números a atributos o entidades en el mundo real tal y como son definidos, de acuerdo con las reglas claramente definidas. Se compara la propiedad de un objeto con una propiedad similar de otro objeto que se utiliza de referencia.
- **Medida:** número o símbolo que proporciona una indicación cuantitativa de cantidad, dimensiones, capacidad, tamaño y extensión de algunos de los atributos de una entidad o proceso. Las medidas sirven para caracterizar un atributo de la entidad. Uno de los ejemplos más claros de medida es el Sistema Métrico Decimal, utilizado para medir longitudes.
- **Métrica:** unidad de medida utilizada como herramienta para entender la realidad y tomar decisiones al respecto. El IEEE *(Institute of Electrical and Electronics Engineers)* define el concepto métrica como una medida cuantitativa del grado en que un sistema, componente o proceso posee un atributo dado.

  El IEEE es una asociación técnico-profesional mundial cuyo fin es promover la creatividad, el desarrollo y la integración de los avances en las tecnologías de la información, electrónica y ciencias en general.
- **Indicador:** procedimiento que permite cuantificar alguna dimensión conceptual y que cuando se aplica produce un número. En este caso, es un instrumento utilizado para la monitorización de los sistemas en sentido general.
- **Cuadro de mando:** conjunto de indicadores utilizados para resumir el desempeño de un sistema.
- **Indicador clave de rendimiento (KPI):** medida cuantificable o conjunto de datos utilizados para medir sus resultados con respecto a algún objetivo. Para algunos objetivos puede haber muchos indicadores; los KPI

serán solo los dos o tres puntos de datos más impactantes (con mediciones más precisas), que indicarán si un negocio progresa adecuadamente hacia un objetivo o meta.

En la actualidad, los sistemas de información suministran una gran cantidad de datos y detalles de los mismos, siempre y cuando sean requeridos con anterioridad. Por ello, antes de empezar a hacer funcionar un sistema de información, es vital identificar qué datos son necesarios para almacenarlos y cuáles no para poder desecharlos. Además, para no colapsar el sistema hay que saber durante cuánto tiempo es necesario mantener cada tipo de datos para que no haya problemas de rendimiento por saturación de datos.

Aunque la recolección de datos es mecánica, hay que tomar una serie de decisiones sobre qué se debe medir, qué hay que conservar y durante cuánto tiempo conservarlo, y hay que tomarlas teniendo en cuenta los objetivos marcados por la organización.

2.1. Medidas

Los datos en sí no tienen importancia en la práctica. Para que tomen relevancia es necesario poder cuantificarlos e interpretarlos. Cuando los datos se analizan con algún criterio de evaluación, se obtiene una medida. Como ya se ha mencionado anteriormente, las medidas se definen como una serie de valores de referencia (o unidades) y un algoritmo que servirá para deducir la medida a partir de los datos. A modo de resumen, la finalidad principal de las medidas es estructurar la información y prepararla para su posterior tratamiento. Hay varios tipos de medidas:

- **Cuantitativas:** utilizan un número real para indicar la proporción entre el atributo del objeto medido y el atributo del objeto referencia.
- **Cualitativas:** muestran características o atributos que no se pueden medir con números mediante una serie de clasificaciones. Hay de dos tipos:

  - **Cualitativa ordinal:** el atributo que se mide puede tomar varios valores, ordenados siguiendo una escala establecida. No es necesario que el intervalo sea uniforme. Por ejemplo: alto, medio o bajo.

▪ **Cualitativa nominal:** cuando los valores no pueden someterse a un criterio de orden como, por ejemplo, los colores (no hay colores superiores a otros, solo se puede medir la cantidad de gente, por ejemplo, que lleva jersey amarillo, rojo u otro color).

Las distintas tipologías de medidas se pueden observar esquemáticamente en la siguiente tabla:

Tipos de medidas		
Cuantitativas	Utilizan números reales	
Cualitativas	Ordinales	Utilizan escalas establecidas
	Nominales	No tienen criterio de orden

Aplicación práctica

Usted se encuentra definiendo las medidas, métricas e indicadores de la escuela de la que es director y quiere medir y valorar el número de alumnos que tiene un rendimiento alto, medio y bajo, según la nota media de su expediente (si es entre 1-5, rendimiento bajo; si es entre 5 y 7,5, rendimiento medio; y si la nota media es superior a 7,5 el rendimiento es alto). ¿Qué tipo de medida utilizaría para llevar a cabo esta medición? ¿Por qué?

SOLUCIÓN

Para medir la cantidad de alumnos que tiene rendimiento alto, medio o bajo, atendiendo a su nota media, se puede utilizar una medida cualitativa ordinal. Este tipo de medidas se utiliza en casos en los que el atributo medido, en este caso el rendimiento, toma valores ordenados (las notas se ordenan de menor a mayor) siguiendo una escala establecida (alto, medio y bajo en el caso de esta aplicación).

Aunque los intervalos de rendimiento no son uniformes (el rendimiento bajo incluye más notas que el medio o el alto) no es problema para aplicar las medidas cualitativas ordinales.

2.2. Métricas

Mientras que las medidas sirven de herramienta para comparar atributos, las métricas se utilizan para interpretar lo que ocurre y de referencia para que los responsables tomen decisiones lo más fundamentadas posible.

Para que una métrica sea considerada de calidad debe cumplir una serie de criterios básicos:

- La métrica debe dar los mismos resultados, independientemente de la aplicación que se utilice para medirla; es decir, si se aplica la misma métrica a los mismos datos, debe dar el mismo resultado siempre, se haga con la aplicación que se haga.
- En el momento de realizar las mediciones, es necesario que se haya establecido cuándo hay que hacerlas y con qué frecuencia.
- Para una métrica de calidad, hay que trabajar con equipos y profesionales capaces de establecer objetivos claros y definir las métricas que ayudarán a evaluarlos.
- Cuanto más fáciles sean de obtener, mejor. Debe ser relativamente sencillo aprender a utilizar la métrica y su cálculo no debe suponer esfuerzos o tiempos excesivos.
- Las métricas deben estar bien detalladas para evitar problemas de interpretación.
- Las métricas tienen que ser mecanismos eficaces para la realimentación de calidad y deben suministrar información que permita obtener mejoras en los sistemas de información.

Las métricas suelen representarse mediante gráficos, ya que muestran la evolución de los atributos que se están midiendo y proporcionan una visión más global y práctica en el momento de tomar decisiones. Por ejemplo, se puede observar si un atributo tiene picos en un período determinado de tiempo o, por el contrario, se mantiene estable en un período prolongado.

En definitiva, para que una métrica sea de calidad debe estar bien definida (formalmente hablando) y ser capaz de ofrecer suficiente información fiable para orientar a los responsables en el momento de la toma de decisiones.

Recuerde

Una definición de las métricas deficiente puede llevar a los responsables de una organización a tomar decisiones importantes erróneamente, que pueden tener consecuencias catastróficas. Por ello, es imprescindible la utilización de métricas de calidad que ofrezcan datos comprensibles y fiables.

2.3. Indicadores

Hay muchas métricas que pueden ayudar a evaluar un solo objetivo. Por eso, hay que seguir tratando y analizando los datos de modo que se consiga una síntesis de estas métricas que refleje el estado general de un atributo o las situaciones de alarma. Aquí es donde entran los indicadores clave de rendimiento (KPI), capaces de proporcionar información sintetizada del estado general de un atributo.

Los indicadores son útiles por varios motivos:

- Precisan las variables que serán medidas y que constituirán la base del sistema de información.
- Permiten acceder a la información de la realidad de un modo comprensible y fácil de interpretar.
- Objetivan el grado de cumplimiento y de éxito en la implementación de las decisiones tomadas.
- Proporcionan información que apoya el diseño, monitoreo y evaluación del sistema de información evaluado.

Hay varias clasificaciones de los indicadores. Una de ellas es atendiendo a la utilidad de la información que facilitan, que distingue entre:

- **Indicadores de eficacia:** ofrecen información sobre el desempeño de una actividad o tarea.

- **Indicadores de eficiencia:** permiten conocer el desempeño de una tarea o actividad desde el punto de vista de la cantidad de recursos utilizados para llevarla a cabo.
- **Indicadores de impacto:** aportan información sobre los cambios que produce la actividad o tarea realizada una vez finalizada.
- **Indicadores predictivos:** facilitan información sobre lo que puede ocurrir en un futuro. Son muy útiles en el momento de tomar decisiones preventivas.
- **Indicadores explicativos:** proporcionan información sobre hechos pasados. Sirven para comprender lo sucedido y poder tomar acciones en consecuencia. Es un proceso de realimentación, ya que se toman decisiones futuras en función de los resultados obtenidos en el pasado.

Nota

El estado del indicador será lo que marque si se está por encima o por debajo del objetivo del que facilita información.

Otra clasificación distingue los indicadores según el tipo de información que proporcionan:

- **Económicos:** ofrecen información de tipo económico, como ingresos, gastos, beneficios, etc.
- **Financieros:** proporcionan información financiera, como tiempo en recuperar una inversión, TIR, VAN, etc.
- **De producción:** estos indicadores dan información de coste unitario, tiempo de producción, material utilizado en la producción, etc.
- **De calidad:** ofrecen datos que permiten evaluar la calidad de varios aspectos, como porcentaje de defectos, nivel de calidad, número de fallos de los equipos, etc.

- **De logística:** la información facilitada hace referencia sobre todo a los productos que hay en el almacén como cantidad de stock, rotación, número de pedidos, etc.
- **De servicio:** tratan información, como tiempo en responder llamadas, cantidad de pedidos sin atender, devoluciones, etc.
- **De cliente:** ejemplos de este tipo de indicador son el nivel de satisfacción de los clientes, número de reclamaciones, cuota de mercado, etc.

A modo de resumen, en la siguiente tabla se pueden observar las distintas clasificaciones de los indicadores y los tipos incluidos en cada clasificación:

Clasificación	Tipos de indicadores
Según la utilidad de la información que proporcionan	De eficacia: información sobre el desempeño.
	De eficiencia: utilización de recursos para una tarea.
	De impacto: cambios que produce la tarea una vez finalizada.
	Predictivos: previsiones de consecuencias futuras.
	Explicativos: información sobre hechos pasados.
Según el tipo de información que facilitan	Económicos: datos económicos generales.
	Financieros: información financiera.
	De producción: información sobre procesos productivos.
	De calidad: datos para evaluaciones de calidad.
	De logística: información de los procesos de almacenaje.
	De servicio: información de los servicios prestados en la organización (tanto internos como externos).
	De cliente: datos que afectan directamente a los clientes (como su nivel de satisfacción, entre otros).

Sean de cualquier tipo, los indicadores deben cumplir una serie de criterios para que estos sean de calidad:

- **Deben ser específicos:** tienen que medir variables concretas y proporcionar información concreta y específica.

- Deben poder ser medidos y alcanzados.
- Tienen que ser realistas, es decir, mostrar una imagen fiel de la realidad de lo que se pretende medir.
- Tienen que estar circunscritos a una determinada unidad de tiempo: del mismo modo que con las métricas, un indicador de calidad debe establecer cuándo hay que medirlo y cada cuánto hay que repetir la medición para obtener una información fiable y de utilidad.

 Actividades

1. Señale en qué se diferencian las métricas de las medidas y cuáles son sus finalidades.
2. Ponga ejemplos de los distintos tipos de indicadores clasificados según la utilidad de la información que facilitan.

 Aplicación práctica

Analizando los resultados de los indicadores de su organización, se ha dado cuenta de que no hay ninguno de ellos que refleje el historial de la evolución de los beneficios generales de la misma, para comprender por qué han bajado este último trimestre. ¿Qué tipo de indicador necesitaría para medirlo? ¿Considera que este tipo de indicador es un KPI? ¿Por qué?

SOLUCIÓN

Los indicadores que muestran información sobre el historial del parámetro medido son explicativos, apropiados para ver la evolución pasada de los beneficios de una organización.

En este caso sí es un KPI (indicador clave de rendimiento), ya que la falta de este indicador ha provocado una serie de pérdidas imprevistas y no va a poder identificar los motivos históricos que han podido desencadenar esta situación ni crear alertas ante posibles indicios de pérdidas pasadas.

3. Identificación de los objetos para los cuales es necesario obtener indicadores

Como ya se ha mencionado en epígrafes anteriores, un indicador es un instrumento que proporciona evidencias cualitativas sobre si una determinada condición existe o si ciertos resultados han sido logrados o no. Un indicador de desempeño facilita información cuantitativa sobre el logro de los objetivos de una organización. Puede cubrir aspectos tanto cuantitativos como cualitativos.

La finalidad fundamental de un indicador es que con él se puedan tomar decisiones con la información que proporciona.

Para construir un indicador hay que seguir una serie de pasos básicos:

1. Establecer los objetivos y las metas referentes de la medición.
2. Establecer las áreas de desempeño relevantes que se van a medir.
3. Formular el indicador y establecer su fórmula de cálculo.
4. Validar los indicadores mediante criterios técnicos.
5. Recopilar los datos necesarios para ejecutar el indicador.
6. Establecer las metas o los valores deseados del indicador y la periodicidad de la medición.
7. Realizar observaciones de los resultados obtenidos y establecer supuestos con ellos.
8. Señalar la fuente de los datos obtenidos y los medios de verificación de los indicadores.
9. Evaluar los indicadores mediante el establecimiento de referentes comparativos y formular juicios.
10. Comunicar los resultados del desempeño logrado medido con el indicador.

En este apartado se desarrolla la explicación de la primera fase de construcción de indicadores: el establecimiento de los objetivos y metas como referentes de la medición.

En cuanto a las metas, antes de conocer sus características es necesario conocer su definición. Las metas son logros cuantificables al final de un proceso, usando criterios de cantidad, calidad y tiempo. Están fundamentadas en la necesidad de explicar qué se quiere lograr de un modo más específico.

 **Importante**

La meta se puede entender como la expresión de un objetivo en términos cuantitativos y cualitativos.

Para una correcta definición de las metas, hay que tener en cuenta una serie de aspectos:

- **Cuantificación:** hay que definir en términos absolutos, de porcentaje o de forma nominal qué es lo que se quiere modificar.
- **Calidad:** se debe definir el referente a utilizar para definir lo que se va a mejorar, según los objetivos marcados.
- **Temporalidad:** es imprescindible definir el horizonte temporal en el que deben alcanzarse los resultados (metas).

En referencia a los objetivos, estos son la base para monitorear el progreso en la consecución de las metas y describen los resultados obtenidos de un modo medible. También se utilizan para obtener información sobre los logros parciales de una meta: "Una escalera de objetivos conduce a la meta".

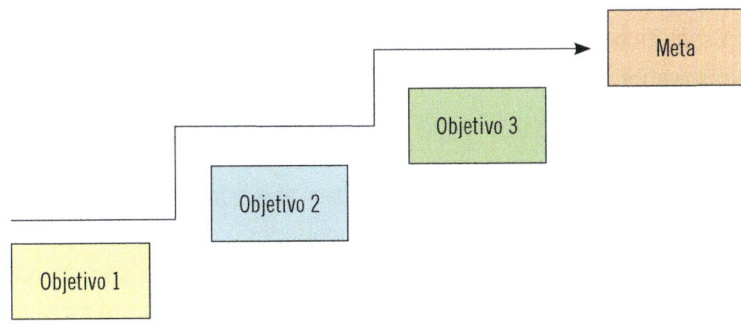

En el momento de definir los objetivos de los que se pretende medir su avance en una organización hay que tener en cuenta una serie de aspectos:

- Para que un indicador tenga sentido es indispensable que esté siempre asociado directamente a un objetivo.
- Si el objetivo no está bien definido, el indicador tampoco lo estará y ofrecerá informaciones erróneas.
- Por todo ello, para que los indicadores sean fiables y de buena calidad, los objetivos deben estar bien definidos.

Por ejemplo:

- Un objetivo de una organización puede ser bajar el número de incidentes de los equipos informáticos de una empresa.
- Un indicador adecuado sería el porcentaje de incidentes ocurridos en los equipos en relación al año anterior.

En este caso, el objetivo y el indicador están bien relacionados: si el indicador muestra que el porcentaje de incidentes se reduce es que el objetivo marcado se está cumpliendo correctamente.

Aparte de estas condiciones básicas sobre la coordinación entre los indicadores y los objetivos, un buen objetivo debe tener una serie de características, llamadas **SMART:**

- **Específico** *(S-Specific):* debe identificar eventos concretos o acciones que van a ocurrir.
- **Medible (M):** debe poder medir cuánto se va a hacer y cuánto cambio se espera de lo que se va a medir.
- **Alcanzable (A):** el objetivo debe ser alcanzable, factible teniendo en cuenta el tiempo y los recursos disponibles.
- **Relevante (R):** el objetivo debe estar directamente relacionado con las metas. Debe medir aspectos importantes que ofrezcan una visión óptima para ver la consecución de las metas y para la toma de decisiones.
- **Temporal (T):** del mismo modo que en las metas, es imprescindible definir un intervalo de tiempo específico para alcanzar el objetivo marcado.

En resumen, las características correspondientes a SMART se pueden ver en la siguiente tabla:

Características de un objetivo SMART:	
S	Específico
M	Medible
A	Alcanzable
R	Relevante
T	Temporal

En definitiva, para un correcto establecimiento de metas, objetivos e indicadores es vital saber diferenciarlos con claridad:

- Los objetivos definen el cambio que se quiere lograr en la organización.
- Las metas son los productos deseados en términos de cantidad (¿cantidad?), calidad (¿qué bueno?) y tiempo (¿cuándo?).
- Los indicadores miden específicamente el progreso alcanzado en el cumplimiento de las metas y en el logro de los objetivos.

Importante

Los objetivos planteados deben estar dentro de las propias posibilidades. Proponerse algo irrealizable es una puerta abierta al fracaso.

Los indicadores deben estar siempre unidos a la definición de los objetivos a alcanzar: son medidas cuantitativas del desempeño que tomarán significado si se relacionan con los objetos previamente marcados. La comparación de los indicadores con los objetivos es lo que facilitará información de si se está actuando de un modo adecuado y de si los procesos son efectivos y eficientes.

Una vez teniendo claros estos conceptos y cómo proceder a su establecimiento, ya se puede continuar con la selección concreta de los indicadores a utilizar y las características específicas deseadas de cada uno de ellos.

 Aplicación práctica

En la cafetería que usted dirige están en pleno proceso de definición de objetivos para poder establecer indicadores e ir facilitando la tarea de toma de decisiones estratégicas de la misma. Están pensando en introducir como objetivo aumentar un 10 % los ingresos obtenidos con la venta de cafés en los siguientes tres meses respecto al trimestre anterior. ¿Es un buen objetivo? ¿Cumple con las características SMART? Justifique su respuesta.

SOLUCIÓN

El objetivo de aumentar un 10 % los ingresos de la venta de cafés en un trimestre se considera bueno porque cumple con las características SMART:

I Específico (S): el objetivo está bien definido y es muy concreto y específico (aumentar los ingresos de la venta de cafés).
I Medible (M): el objetivo se puede medir fácilmente ya que los ingresos se calculan en euros y su aumento en porcentaje se obtiene calculando la proporción de los ingresos de los tres próximos meses en relación al último trimestre.
I Alcanzable (A): un aumento del 10 % se considera un objetivo alcanzable. No sería alcanzable (aunque sí posible en ocasiones excepcionales) duplicar un 100 % los ingresos en solo tres meses.
I Relevante (R): aumentar los ingresos de la venta de cafés es un objetivo relevante ya que constituyen la actividad fundamental de la cafetería.
I Temporal (T): hay una temporalidad establecida de tres meses para el cumplimiento del objetivo.

Actividades

3. Explique si considera las fases de elaboración de un indicador suficientes y apropiadas. Añada alguna fase adicional y justifique su respuesta.
4. Averigüe por qué se dice que una escalera de objetivos lleva a la meta. Observe la imagen situada en este apartado y deduzca la respuesta.

4. Aspectos a definir para la selección y definición de indicadores

La definición de los objetivos que se pretenden conseguir es necesaria para un correcto establecimiento de los indicadores, pero no es suficiente. Para cada indicador también es necesario definir qué se va a medir, cómo se va a medir, quién lo medirá, cada cuánto y cuándo debe revisarse.

Una organización, por lo tanto, debe definir los indicadores dando respuesta a las preguntas siguientes:

- ¿Qué se debe medir?
- ¿Dónde es conveniente medir?
- ¿Cuándo hay que medir? ¿Con qué frecuencia?
- ¿Quién debe realizar la medición?
- ¿Cómo se debe hacer la medición?
- ¿Cómo se difundirán los resultados de la medición?
- ¿Quién debe y con qué frecuencia hay que revisar el sistema de revisión?

Para dar respuesta a estas preguntas, en el momento de definir los indicadores hay que fijar una serie de parámetros para cada uno de ellos. Las partes fundamentales que hay que definir junto al indicador son las siguientes:

- **Definición:** describe concretamente lo que se está midiendo. El nombre del indicador debe ser claro, preciso y auto explicativo, de modo que cualquier persona entienda qué es lo que se mide con él. Si se utilizan siglas o aspectos técnicos, deben definirse mediante una nota explicativa.

- **Modo de calcularlo/ratio:** fórmula o ecuación que se utilizará para obtener los datos.
- **Unidades:** especificación de las unidades en las que se miden los valores de los indicadores.
- **Periodicidad:** fija el período de tiempo que debe pasar entre las mediciones.
- **Proceso:** actividad o proceso que está asociado al indicador.
- **Fuente de los datos:** de dónde se extraerán los datos para ejecutar el indicador.
- **Responsable:** departamento o persona responsable del proceso o actividad que se va a medir.

En la siguiente tabla, se ponen ejemplos de cada una de las partes que deben tener los indicadores:

Componente	Ejemplo
Definición	Incidentes ocurridos y solucionados en las siguientes veinticuatro horas en los equipos del departamento financiero.
Forma de calcularlo/ratio	Si se quiere medir en porcentaje la fórmula en este caso sería: (Incidentes solucionados/Incidentes totales)*100
Unidades	En este caso, las unidades son los porcentajes.
Periodicidad	Mensualmente, anualmente, trimestralmente, diariamente, etc. Si la importancia del indicador es clave, las mediciones y los controles deberán ser con más frecuencia que en indicadores secundarios.
Proceso	Los datos para conocer las incidencias ocurridas y las solucionadas en las veinticuatro horas siguientes a la incidencia se pueden obtener de informes de incidencias elaborados por el departamento de informática.
Fuente de los datos	De dónde se extraerán los datos para ejecutar el indicador.
Responsable	En esta ocasión, el responsable del indicador será el director financiero. De él dependerá el cumplimiento de los objetivos.

En cuanto a los resultados que ofrezca el indicador, para analizar la consecución de los objetivos y realizar su control y seguimiento deben compararse con un valor preestablecido que puede ser un objetivo marcado, una expectativa y/o un límite:

- **Objetivo:** valor que se quiere alcanzar. Como ya se ha mencionado anteriormente, el objetivo debe ser alcanzable, cuantificable y acotado en el tiempo.
- **Expectativa:** valor ideal del indicador, no tiene por qué ser alcanzable.
- **Límites legales:** límite fijado por la ley y que no se puede sobrepasar. Es distinto a los objetivos, porque estos marcan un propósito voluntario fijado por la organización, mientras que el límite legal es un valor máximo impuesto.
- **Límite de aceptabilidad:** aparte de marcar unas expectativas y unos objetivos, también se pueden fijar unos valores "aceptables" en los que se considera que un proceso funciona correctamente. Estos límites se suelen establecer observando el funcionamiento normal de un proceso. Conociendo cómo funciona normalmente, se fija un valor por debajo del cual se asume que este ya no funciona correctamente y por el que es necesario tomar medidas.

Siguiendo el ejemplo de la tabla anterior, en la siguiente tabla se muestran ejemplos de objetivos, expectativas y límites:

Valores preestablecidos	Ejemplo
Objetivo	75 % de incidencias solucionadas.
Expectativa	100 % de incidencias solucionadas (siempre se desea que se solucionen todas las incidencias que pueden surgir en los equipos).
Límites legales	En este caso no hay límites legales de incidencias solucionadas. Estos límites se utilizan sobretodo en cuanto a contaminación acústica, atmosférica, etc. Un ejemplo de límite legal podría ser un máximo de CO_2 emitido a la atmósfera por las máquinas de la organización.
Límite de aceptabilidad	En un análisis del proceso normal del departamento electrónico se comprueba que el 65 % de las incidencias ocurridas se solucionan antes de las veinticuatro horas siguientes. En este caso, el límite de aceptabilidad estaría en ese 65 %.

Aparte de estos conceptos, se recomienda definir otros (aunque no siempre se hace) como los siguientes:

- **Propósito del indicador:** todos los indicadores deben tener una finalidad bien argumentada para que compense el gasto de recursos en él con los resultados obtenidos.
- **Grupos de interés:** no todos los indicadores van destinados al mismo tipo de individuos. Se recomienda definir a qué grupos de personas beneficia y va dirigido el indicador que se va a utilizar; por ejemplo, a clientes, accionistas, empleados, etc.
- **Destinatarios:** en numerosas ocasiones, aunque parezca inverosímil, los indicadores se llevan a cabo y los resultados no son revisados por nadie. Muchas veces las decisiones son tomadas sin haber revisado anteriormente los indicadores porque los destinatarios desconocen su existencia o porque no está claro quién debe tomar las decisiones.

  Por ello, es muy recomendable que en el indicador se especifique con detenimiento quién es el responsable de la toma de decisiones y de la revisión de los indicadores. En general, suelen ser los responsables del proceso o los directivos.
- **Soporte:** el indicador debe almacenarse en un formato de datos. Hay que tener en cuenta que el destinatario de los resultados debe acceder a este formato de datos. Lo habitual es almacenar los resultados en PDF o Excel y enviarlos por correo electrónico, en papel o mediante la utilización de carpetas compartidas.

En la siguiente tabla, se prosigue con los ejemplos anteriores, en este caso ejemplificando los conceptos adicionales recomendados en la definición de los indicadores:

Elementos recomendados	Ejemplo
Propósito	El propósito sería conseguir disminuir las incidencias no solucionadas en veinticuatro horas, acontecidas en los equipos del departamento financiero. El indicador para evaluar este hecho compensa, ya que la resolución de incidencias suele ser costosa y una incidencia mal solucionada puede tener efectos muy perjudiciales.

Continúa en página siguiente >>

<< Viene de página anterior

Elementos recomendados	Ejemplo
Grupos de interés	Los resultados de este indicador pueden ser muy útiles a los encargados del departamento informático de la organización, ya que son los que realmente controlan todos los equipos.
Destinatarios	Los destinatarios en este caso serían los directivos financieros de la organización, ya que son las incidencias de los equipos de su departamento las que se están analizando. Con los datos del indicador estos pueden evaluar si el trabajo de los informáticos en su departamento se está haciendo correctamente.
Soporte	Un formato PDF o *Excel* sería suficiente para poder mostrar los resultados. En el informe del indicador se pueden mostrar los porcentajes y gráficos en formatos completamente compatibles con PDF o *Excel*.

 Actividades

5. Señale por qué es importante establecer la temporalidad de un indicador. Busque algún ejemplo de indicador en el que una mala definición de los momentos de su medición puede llevar a consecuencias fatales en la toma de decisiones de una organización.
6. Busque más soportes estandarizados en los que se pueden mostrar los resultados de un indicador.

5. Establecimiento de los umbrales de rendimiento de los sistemas de información

Una vez definidos los indicadores y sus características fundamentales, hay que fijar los umbrales fijados a los mismos. Los encargados de fijar estos umbrales suelen ser los mismos que definieron el indicador porque el umbral dependerá de las especificaciones que este tenga. Es importante que los profesionales que están directamente relacionados con el cumplimiento de los objetivos definidos participen en el establecimiento de los umbrales, ya que estos son los que mejor conocen el funcionamiento y la posible evolución de los procesos y de los sistemas de información de la organización.

Los umbrales son puntos de referencia respecto a los cuales se puede comparar una medición. Según la RAE, un umbral es: "El valor mínimo de una magnitud a partir del cual se produce un efecto determinado".

Para fijar los umbrales, normalmente hay que tener en cuenta la situación particular de cada proceso o sistema de información y consensuar el nivel deseado de mejora al que se aspira con los responsables de estos sistemas o procesos. Además, también hay que evaluar los plazos para alcanzar estos niveles fijados en el tiempo.

Hay varios tipos de umbrales según una serie de clasificaciones descritas a continuación:

1. Según el tipo de datos y su medida resumen:

   ▪ Porcentajes: son los más comunes, y miden proporciones de cumplimiento de algún proceso. Por ejemplo:

Indicador	Umbral
Porcentaje de incidentes solucionados en menos de 24 h.	>90 %

   ▪ Tasas: muestran la frecuencia de un evento ocurrido en el sistema de información o proceso. Ejemplo:

Indicador	Umbral
Tasa de procesos ejecutados por hora.	>15 %

2. Según la forma de definir el valor umbral:

■ Valores puntuales: cuando se define un punto de corte en términos absolutos. Un ejemplo de definición de puntos de corte según el grado de cumplimiento del objetivo marcado sería:

% de cumplimiento	Calificación
Excelente	≥98 %
Óptimo	≥80 %
Regular	≥65 %
Deficiente	≤50 %

■ Tendencias: cuando no se establecen puntos de corte, sino que se evalúa si el resultado del indicador sigue una determinada trayectoria de aumento o disminución mediante porcentajes que deben cumplirse en un plazo determinado. Por ejemplo:

Indicador	Umbral
Porcentaje de incremento de procesos realizados simultáneamente por equipo (medición de rendimiento).	Incremento de ≥10 % anual

3. Según las categorías de cumplimiento definidas:

■ **Valores óptimos:** aquellos valores del indicador deseados por la organización. Son una meta que se espera lograr cuando los procesos y los sistemas de información evaluados alcanzan su madurez.
■ **Valores aceptables:** valores no ideales pero que reflejan un grado de cumplimiento adecuado según el comportamiento normal del sistema o proceso. Son valores inferiores a los óptimos, lo que deben venir seguidos de acciones de mejora para llegar a los óptimos.

▮ **Valores críticos o insuficientes:** valores insuficientes de cumplimiento de objetivos. Son signos de necesidad de establecimiento urgente de medidas correctoras y oportunas.

Un ejemplo de indicador que incluye las tres categorías de cumplimiento podría ser el siguiente:

Indicador	Valor	Umbral
Porcentaje de procesos colgados por hora en un sistema de información del total de los equipos de la organización.	Óptimo	≤10 %
	Aceptable	<20 % y >15 %
	Crítico	≤50 %

Importante

Los umbrales se pueden clasificar según el tipo de datos y su medida resumen, según la forma de definir el valor umbral y en relación a las categorías de cumplimiento definidas.

La definición de los indicadores (tanto de rendimiento como cualquier otro) no es una ciencia exacta. Es necesario incluir una serie de criterios y tener buen juicio, no olvidando las características particulares de cada proceso y de cada sistema de información. Algunos de los criterios que se recomienda tener en cuenta para establecer un buen umbral son los siguientes:

■ **Basados en las evidencias y en los datos:** siempre que sea posible, los umbrales deben estar apoyados en situaciones y resultados similares ocurridos en ocasiones anteriores.
■ **Orientados a la mejor práctica:** los umbrales deben reflejar el desempeño óptimo hacia el cual la organización debe aspirar.

■ **Flexibles y dinámicos:** los umbrales deben poder revisarse periódicamente y amoldarse a la evolución de los niveles de desempeño de la organización.

■ **Claramente definidos, medibles y alcanzables:** los umbrales no pueden ser ambiguos, sino que deben estar definidos con claridad y con valores medibles y alcanzables de manera objetiva. No merece la pena establecer umbrales imposibles de alcanzar.

Específicamente, en cuanto a los umbrales de rendimiento de los sistemas de información, además de todo lo mencionado en este apartado hay que tener en cuenta los conceptos concretos que se describen a continuación.

Límites de umbral

En el momento de la definición de los indicadores hay que indicar los límites mínimo y máximo permitidos para que cuando se sobrepasen se active un evento de umbral. Cuando los datos de rendimiento se salen de los límites concretados, el sistema envía un mensaje de alerta y activa una serie de medidas (si se han definido anteriormente) para volver a una situación estable.

 Definición

Evento de umbral
Es el momento en el que se dispara una alarma o se activa una acción automática en el sistema cuando se sobrepasan los límites de un umbral.

Línea base de rendimiento del sistema de información

Como ya se ha mencionado con anterioridad, los límites de umbrales no son estáticos, todo lo contrario, varían en el tiempo y según la evolución de los parámetros que se quieren medir. El conjunto de límites de umbral establecidos para un sistema es llamado línea base de rendimiento del sistema.

Para determinarla, hay que realizar una serie de escenarios prueba que permitan identificar las distintas configuraciones de un sistema, que aseguren un nivel de rendimiento adecuado ante las distintas circunstancias que pueden suceder. A partir de estas pruebas se obtienen los distintos límites de umbral y se define la línea base de rendimiento.

Una vez definida la línea base de rendimiento, se utilizará para comparar el rendimiento del sistema en cada momento para determinar su comportamiento y evolución y tomar las medidas necesarias en caso de haber comportamientos deficientes.

 Actividades

7. Busque más información de los límites de umbrales más utilizados y ponga ejemplos.
8. Señale qué utilidad tiene la línea base de rendimiento y por qué se define observando los comportamientos normales de un indicador y no los anormales. Justifique su respuesta.

6. Recolección y análisis de los datos aportados por los indicadores

Cuando ya se han definido todos los parámetros de los indicadores, ya se puede proceder a la recolección y al análisis de los datos aportados por los indicadores. La información que facilitan los indicadores puede ser de lo más diversa:

- Información contable-financiera: costes de producción, ingresos, gastos, activos, etc.
- Información operacional: niveles de producción, estadísticas operativas como contratos firmados, nóminas elaboradas, etc.
- Información sobre resultados o impactos: cuando se requieren estudios especiales como sondeos de opinión, estudios de impacto de medidas, etc.

De todas formas, una vez obtenidos los datos es fundamental comprobar con ellos la validez del indicador. Para que este sea válido, hay una serie de criterios que deben cumplirse:

- **Pertinencia:** debe referirse específicamente a los procesos esenciales.
- **Relevancia:** debe proporcionar datos relevantes para la consecución de los objetivos buscados.
- **Homogeneidad:** el indicador tiene que utilizar un sistema de unidades que use la misma unidad de medida en cada momento de la medición.
- **Independencia:** el indicador no puede estar condicionado por factores externos, tiene que ser completamente independiente.
- **Coste:** el coste del indicador debe compensar el valor de la información que facilita este.
- **Simplicidad y comprensibidad:** debe ser simple y comprensible para que los destinatarios puedan entender e interpretar los resultados fácilmente.
- **No redundancia:** el indicador no debe dar información ya facilitada por otros indicadores. Cada indicador debe proporcionar información única.
- **Focalizado en áreas controlables:** focalizar un indicador en áreas incontrolables no tiene sentido, ya que cuando se obtienen resultados negativos no se pueden establecer medidas de mejora, porque el comportamiento del elemento medido es impredecible. El indicador debe medir comportamientos de elementos controlables para que las acciones que se realicen realmente sean eficaces y supongan mejoras en el rendimiento.
- **Participación:** el indicador debe involucrar a todos los intervinientes relevantes.

 Nota

La validez del indicador es fundamental y hay que tener sumo cuidado con los datos que se facilitan. Un indicador no válido puede ofrecer resultados contradictorios e incorrectos y llevar a una toma de decisiones inadecuada.

Al comprobar la validez de los indicadores ya se puede proceder al análisis de los resultados facilitados para comprobar la consecución y la evolución de las metas y de los objetivos marcados.

Para llevar a cabo el análisis de los resultados se recomienda realizar una serie de acciones:

1. Comparar el valor del indicador al final del periodo y la meta establecida.
2. Establecer las desviaciones acontecidas en los valores del indicador: los no cumplimientos y los sobrecumplimientos.
3. Analizar las causas de los resultados.
4. Proponer recomendaciones para corregir las desviaciones.
5. Establecer compromisos para implementar las recomendaciones formuladas.
6. Definir nuevos plazos de cumplimiento de los compromisos.
7. Definir responsables del cumplimiento de estos compromisos.
8. Establecer un programa de seguimiento de compromisos en el que se compruebe la correcta ejecución de las acciones anteriores.

Asimismo, con un correcto análisis de resultados y de las desviaciones se ofrece una valiosa información para que los responsables tomen decisiones coherentes como:

- Revisar las metas que se definieron anteriormente, comprobando si estas fueron o no realistas.
- Priorizar la asignación de recursos hacia determinados procesos o actividades. Realizar una reorganización de recursos hacia aquellos procesos que ofrezcan un mayor rendimiento.
- Justificar la asignación de más recursos hacia unos u otros procesos.
- Justificar el abandono de unos procesos o bien justificar el fortalecimiento de otros al comprobar que realmente se consigue batir los objetivos y unos notables resultados positivos.

Importante

Los directivos de las organizaciones tienen un gran apoyo y soporte en su proceso de toma de decisiones importantes con los datos obtenidos a través del uso de métricas e indicadores.

6.1. Herramientas de monitorización de rendimiento de sistemas

Cuando ya se ha estudiado el marco general de métricas e indicadores que monitorizan y comprueban el rendimiento de los sistemas de información, resulta muy útil conocer varias herramientas que se pueden utilizar para gestionar el rendimiento de los sistemas.

En cuanto a *Microsoft Windows 11,* una herramienta de gestión de rendimientos muy útil es el **Monitor de rendimiento.** Se trata de una herramienta que facilita información acerca del rendimiento del sistema. Para acceder haga clic en **Inicio → Panel de control → Herramientas administrativas → Monitor de rendimiento.**

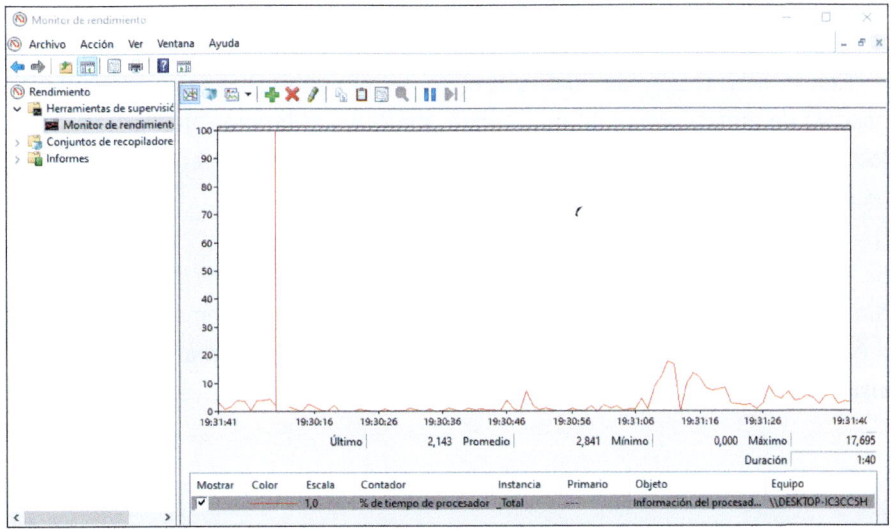

Monitor de rendimiento, de Windows

Otra opción es acceder al **Monitor de recursos** haciendo clic en **Inicio →
Panel de control → Herramientas administrativas → Monitor de recursos.** En
esta herramienta se puede obtener información más detallada sobre los procesos y los rendimientos de los distintos sistemas de almacenamiento de la
información del equipo.

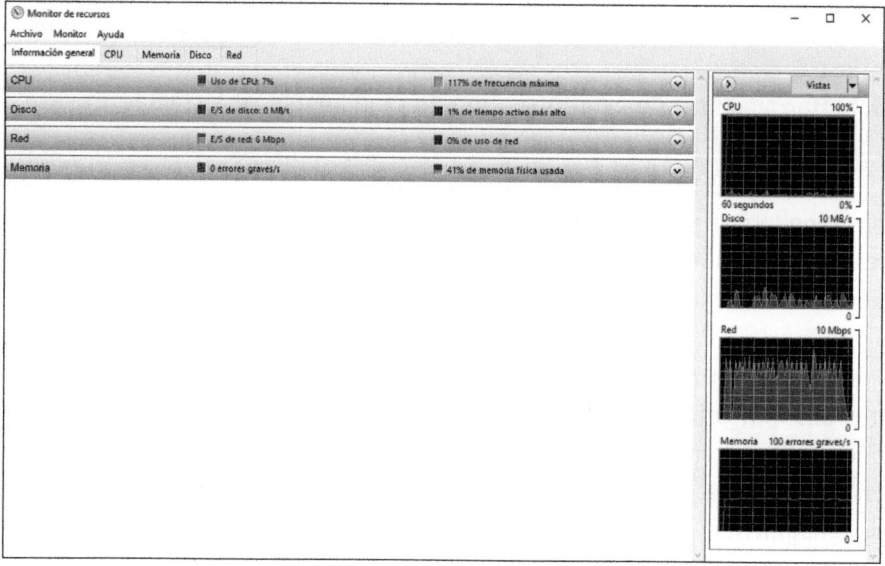

Monitor de recursos, de Windows 11

Con la información facilitada por estas herramientas, haga clic sobre el dispositivo de almacenamiento que quiera analizar y obtendrá información sobre
los distintos procesos que se están ejecutando y sobre su rendimiento y los
recursos que utilizan para llevar a cabo su actividad.

En cuanto a *Linux,* una herramienta análoga para analizar procesos y rendimientos de sistemas de información es el **Monitor del sistema.** Para acceder
a él haga clic sobre **Aplicaciones → Herramientas del sistema → Monitor del
sistema** o utilizando la combinación de teclas [Ctrl] + [Alt] + [Supr].

Monitor del sistema, de Linux

En esta herramienta también se obtiene información sobre el rendimiento del sistema y de los recursos utilizados en los procesos.

Actividades

9. Según el sistema operativo que tenga instalado en su equipo, explore con más profundidad el Monitor de recursos (si tiene *Windows)* o el Monitor del sistema (si tiene *Linux)* para comprobar el rendimiento de los procesos que se estén ejecutando.

7. Consolidación de indicadores bajo un cuadro de mando de rendimiento de sistemas de información unificado

Un cuadro de mando es una de las herramientas de gestión más valiosas e importantes para los directivos en el momento de realizar la evaluación de los sistemas de información y la toma de decisiones.

Esta herramienta refleja de un modo global y unificado la información facilitada por los indicadores de una organización y se utiliza para ver cuáles de ellos no cumplen con los límites fijados y cuáles pueden llegar a superar los límites elegidos. Agrupa gráficamente los indicadores clave de una organización o de algún departamento para que los responsables puedan tomar decisiones más fácil y rápidamente.

Aparte, al ofrecer una visión global también sirve para ayudar en la comunicación entre distintos niveles y departamentos de una organización. Además, incentiva la toma de decisiones para afrontar nuevos riesgos en aquellos puntos en los que los indicadores sobrepasan los límites fijados.

En definitiva, la finalidad y objetivo principal de un cuadro de mando consiste en mejorar los resultados que obtiene una organización.

7.1. Elaboración e implantación de un cuadro de mando

Para elaborar un cuadro de mando se procede de un modo muy similar que con los indicadores, debiendo contener como mínimo los siguientes conceptos:

- **Datos:** se definen los indicadores que se incluyen en el cuadro de mando. Deben ser relevantes, útiles y fáciles de entender y visualizar.
- **Propósito y responsables:** también hay que fijar desde un principio quién va a utilizar el cuadro de mando y para qué lo va a utilizar.
- **Periodicidad:** hay que marcar cada cuánto tiempo se debe actualizar el cuadro de mando. La periodicidad, del mismo modo que los indicadores, puede ser mensual, trimestral, semestral, etc.
- **Formato:** el formato del cuadro de mando es recomendable que sea digital para que su actualización y acceso sea rápido y sencillo. Por ejemplo, se pueden utilizar hojas de cálculo o archivos en formato PDF.

Aunque su elaboración parezca similar a la de los indicadores, elaborar e implantar correctamente un cuadro de mando no es una tarea sencilla, ya que implica bastantes dificultades organizativas y técnicas. Por ello, se recomienda tener en cuenta una serie de aspectos para que esta implantación se realice de un modo correcto y que no cause problemas en la organización:

- Hay que señalar toda la información que sea totalmente necesaria de un modo resumido, entendible, sencillo, eficaz y sin complicaciones para facilitar la toma de decisiones.
- Se puede representar la información de un modo resumido mediante un juego de colores que sirva para indicar los cambios de estado de los indicadores: rojo, amarillo y verde. Por ejemplo:

- Es recomendable situar los indicadores junto con sus objetivos, para que sea fácilmente localizable y comprensible lo que se está midiendo.
- Debe facilitar la comparación de los resultados entre las distintas áreas de la organización.
- Hay que remarcar lo importante para la organización, señalando los indicadores que no obtienen los resultados previstos ni evolucionan según lo planificado.
- Para su diseño, es imprescindible tener el apoyo de la dirección y obtener el mayor consenso posible entre los distintos participantes del diseño.

Importante

Los cuadros de mando han de presentar solo aquella información que sea imprescindible, de una forma sencilla y, por supuesto, sinóptica y resumida.

Aparte de estos aspectos, también hay que tener en cuenta que el cuadro de mando debe adaptarse al tipo de destinatario al que vaya dirigido, agrupando los indicadores de un modo diferente según si va a unos destinatarios u otros.

Por ejemplo, si el cuadro de mando va dirigido a los directivos de la empresa, tendrán que mostrarse indicadores económicos de los distintos departamentos de la organización. Sin embargo, si se dirige a los técnicos de una organización, los indicadores que se reflejen tendrán que contener aspectos más técnicos que económicos.

Un ejemplo de cuadro de mando de una organización podría ser el que se muestra en la siguiente imagen:

Perspectiva	Objetivo	Indicador	Unidad de medida	Objetivo	Frecuencia de medición	Óptimo	Tolerable	Deficiente	Resultado	Responsable
Cliente	Incrementar la satisfacción de los clientes	Satisfacción del cliente	Porcentaje	70 %	Anual	85 %	65 %	50 %		Responsable de *marketing*
Financiera	Garantizar la sostenibilidad del negocio	Incremento de beneficios	Porcentaje	15 %	Anual	20 %	13 %	10 %		Responsable financiero
Procesos	Optimizar los procesos productivos internos	Reducción de gastos de administración	Porcentaje	9 %	Anual	14 %	7 %	5 %		Responsable de operaciones
Procesos	Mejorar la calidad del proceso productivo	Reducción de quejas y reclamaciones	Porcentaje	30 %	Anual	50 %	25 %	15 %		Responsable de calidad
Capacidad de aprendizaje	Facilitar la gestión del capital humano	Satisfacción general de los empleados	Porcentaje	90 %	Anual	95 %	85 %	70 %		Responsable de recursos humanos

En la imagen, se ven los distintos objetivos con sus indicadores relacionados, su unidad de medida, objetivos marcados (además de los óptimos, aceptables y deficientes), la frecuencia de medición de cada indicador, su responsable y la perspectiva de cada uno de ellos.

Como se observa, el contenido de un cuadro de mando debe ser muy visual, que no ocupe más de una página (en términos generales) y que contenga solo los datos más relevantes. Además de resaltar los resultados que se salen de lo habitual, también se pueden hacer comparaciones con los objetivos marcados para que los responsables obtengan conclusiones con más facilidad.

En definitiva, un cuadro de mando sirve, a modo de resumen, para simplificar el seguimiento y la evolución de los indicadores y para facilitar la toma de decisiones. Elaborar un cuadro de mando es una tarea complicada, por lo que, a medida que vaya pasando el tiempo, este puede ir modificándose para que acabe reflejando los elementos más relevantes para la toma de decisiones en su periodo de madurez.

 Aplicación práctica

Como director financiero de la empresa en la que trabaja se encuentra analizando el cuadro de mando de los indicadores de la empresa y se da cuenta de que hay varios indicadores que dan resultados marcados en color rojo. ¿Qué significa este dato? ¿Qué implica y qué habría que hacer?

SOLUCIÓN

El hecho de que estén marcados en rojo resultados de varios indicadores significa que los objetivos no se están cumpliendo y que los resultados son deficientes. Por ello, es necesario tomar medidas para buscar qué ha podido provocar estos resultados y conseguir que estos objetivos en futuras mediciones obtengan mejores valores.

 Actividades

10. Señale en el cuadro de mando de este apartado qué elementos considera imprescindibles y cuáles omitiría. Añada alguno más y justifique su respuesta.

8. Resumen

Hoy en día, los sistemas de información suministran una elevada cantidad de datos muy detallados y puede resultar dificultoso saber cuáles de estos datos son relevantes y cuáles hay que desechar. Por ello, es necesario tomar una serie de decisiones y mediciones de los datos relevantes para saber cuáles son los objetivos que debe cumplir la organización y qué datos son los que van a reflejar la evolución en la consecución de estos objetivos.

Las métricas son las unidades de medida que se utilizan como referencia para entender los datos y tomar relaciones al respecto. Sin embargo, los indicadores son los procedimientos que cuantifican y facilitan información sobre el estado general de un atributo de la organización que se quiera medir. Hay una gran variedad de métricas e indicadores, y la selección de la tipología de cada uno de ellos dependerá de los objetivos de cada organización. Una elección correcta es lo que puede marcar la diferencia entre el éxito y el fracaso de una organización.

Para una correcta elección y definición de las métricas e indicadores hay que seguir metódicamente una serie de fases. Siguiéndolas se consigue identificar y establecer los objetivos y las metas que deben estar relacionados con cada indicador, identificar las distintas características de cada uno de los indicadores y los umbrales y valores ideales, aceptables y críticos que deben tomar y cómo analizar los datos que proporcionan correctamente.

Una vez validados los indicadores y obtenidos los resultados hay que reflejarlos y representarlos en un informe que sirva para que el destinatario pueda obtener una visión global de los indicadores y puntos clave de la organización, y pueda tomar las decisiones con mayor facilidad y probabilidad de éxito.

Ejercicios de repaso y autoevaluación

1. **Indique a qué se refieren los siguientes conceptos básicos de métricas e indicadores:**

   a. Número o símbolo que proporciona una indicación cuantitativa de cantidad, dimensiones, capacidad, tamaño y extensión de algunos de los atributos de una entidad o proceso.

   b. Proceso en el que se asignan números a atributos o entidades en el mundo real tal como son definidos de acuerdo con las reglas claramente definidas.

   c. Conjunto de indicadores utilizados para resumir el desempeño de un sistema.

2. **¿Qué diferencia hay entre las medidas cualitativas ordinales y las cualitativas nominales?**

   _____

   _____

   _____

   _____

3. **Complete la siguiente tabla indicando a qué tipo de indicador (siguiendo la clasificación según el tipo de información que facilita el indicador) se refiere cada ejemplo:**

Ejemplo	Tipo de indicador
Ingresos de una empresa	
Porcentaje de defectos de un proceso de producción	
Número de pedidos no atendidos	
Número de reclamaciones mensuales	
Coste unitario del producto	
Rotación de los productos de un almacén	
Tiempo medio de respuesta en las llamadas recibidas	

4. **¿Cuál de las siguientes operativas no se corresponde con los pasos básicos que hay que seguir para crear un indicador?**

   a. Validar los indicadores mediante criterios técnicos.
   b. Señalar la fuente de los datos obtenidos.
   c. Comunicar los resultados del desempeño logrado medido con el indicador.
   d. Establecer las áreas de desempeño irrelevantes que se van a medir.

5. **Busque en la sopa de letra los aspectos que hay que tener en cuenta para realizar una correcta identificación de las metas de una organización. A continuación explíquelos.**

C	U	A	N	T	I	F	I	C	A	C	I	O	N
A	D	C	T	E	Y	N	W	U	L	A	A	R	T
A	B	T	E	C	A	I	N	L	U	L	I	D	E
S	A	L	I	D	V	E	R	T	Y	I	A	C	E
C	U	A	L	E	S	R	A	T	I	D	O	S	C
T	E	M	P	O	R	A	L	I	D	A	D	S	O
E	N	G	A	E	S	T	U	O	A	D	A	P	L
N	A	N	A	I	N	E	S	A	T	I	N	A	S
C	A	L	I	M	A	S	E	N	T	O	R	E	R
A	S	E	N	T	A	R	S	T	E	C	A	S	A

6. **Complete la siguiente oración:**

La definición de los objetivos que se pretenden conseguir es necesaria para un correcto establecimiento de los _____, pero no es _____. Para cada indicador también es necesario definir qué se va a medir, cómo se va a medir, _____ lo medirá, cada cuánto y _____ debe revisarse.

7. **Relacione las siguientes definiciones con las distintas partes fundamentales de un indicador mencionadas a continuación:**

   a. Fórmula o ecuación que se utilizará para obtener los datos.
   b. Fija el período de tiempo que debe pasar entre las mediciones.
   c. Describe concretamente lo que se está midiendo.
   d. De dónde se extraerán los datos para ejecutar el indicador.

   __ Fuente de los datos.
   __ Periodicidad.
   __ Modo de calcularlo/ratio.
   __ Definición.

8. **Busque en la sopa de letras las características que debe tener un buen objetivo (características SMART):**

R	E	L	E	V	A	N	T	E	S	A
I	D	V	S	A	K	I	E	N	T	E
L	E	S	P	U	L	I	M	A	S	A
P	O	R	E	Y	I	A	P	O	M	A
A	E	S	C	I	D	O	O	R	E	R
A	I	N	I	D	A	D	R	U	D	E
I	M	A	F	A	D	A	A	C	I	L
S	A	F	I	T	I	N	L	E	B	A
T	A	L	C	A	N	Z	A	B	L	E
U	T	I	O	L	A	Z	A	B	E	S

9. **En referencia a los resultados que ofrece un indicador, indique las diferencias entre los límites legales y los límites de aceptabilidad.**

   _____
   _____
   _____
   _____
   _____

10. Complete la siguiente tabla indicando a qué tipo de umbral se corresponde cada indicador:

Indicador	Umbral	Tipo de umbral
Tasa de procesos ejecutados por hora	>30	
Porcentaje de incidentes solucionados en una hora	>75 %	
Porcentaje de incremento de procesos realizados simultáneamente por equipo	Incremento > 5 % anual	

11. ¿Qué tipo de valores (referentes a umbrales) se refieren las siguientes definiciones?

    a. Valores no ideales pero que reflejan un grado de cumplimiento adecuado según el comportamiento normal del sistema o proceso.
    b. Valores insuficientes de cumplimiento de objetivos. Son signo de necesidad de establecimiento urgente de medidas correctoras y oportunas.
    c. Aquellos valores del indicador deseados por la organización. Son una meta que se espera lograr cuando los procesos y los sistemas de información evaluados alcanzan su madurez.

12. Complete la siguiente oración:

    Los límites de umbrales no son _____, varían en el _____ y según la evolución de los parámetros que se quieren medir. El conjunto de límites de umbral establecidos para un sistema es llamado _____.

13. Las siguientes oraciones son acciones recomendadas para realizar un correcto análisis de los resultados obtenidos con los indicadores. ¿Cuál de ellas no se corresponde con estas acciones?

    a. Comparar el valor del indicador al inicio del período y la meta establecida.
    b. Analizar las causas de los resultados.
    c. Proponer recomendaciones para corregir las desviaciones.
    d. Establecer compromisos para implementar las recomendaciones formuladas.

14. ¿Qué es un cuadro de mando? ¿Para qué se utiliza?

_____

_____

_____

_____

15. Indique qué conceptos debe incluir como mínimo un cuadro de mando elaborado
correctamente. Explíquelos.

_____

_____

_____

_____

Capítulo 5

Confección del proceso de monitorización de sistemas y comunicaciones

Contenido

1. Introducción

Anteriormente, ya se ha observado la gran importancia y los beneficios que conlleva una gestión y monitorización correcta de los sistemas de información para lograr una toma de decisiones eficiente en una organización.

No obstante, no hay que olvidar que otro factor especialmente relevante en las organizaciones es el sistema de comunicaciones establecido. Los sistemas de comunicaciones son los responsables de hacer llegar toda la información al destino especificado y de un modo correcto. De este modo, un estudio profundo del sistema de comunicaciones adecuado para la organización junto con su monitorización serán vitales para que la información (tanto internamente como externamente) sea enviada a los usuarios deseados y se pueda recibir correctamente sin incurrir en problemas de seguridad.

A continuación, se va a estudiar todo el proceso de establecimiento de un buen sistema de comunicaciones: desde los diferentes dispositivos que pueden formar parte de él hasta los distintos parámetros que hay que configurar y las diversas herramientas que se pueden utilizar para optimizar el rendimiento del sistema.

Además, no hay que olvidar que uno de los principales problemas de los sistemas de comunicaciones es el tema de la seguridad. Estos sistemas conectan la organización con el exterior y ello implica que haya peligro de intrusiones no deseadas. Es por este motivo que hay que tener en cuenta una serie de medidas adicionales y recomendaciones, que servirán al usuario para incrementar lo máximo posible el nivel de seguridad del sistema de comunicación de la organización y así reducir al mínimo el riesgo de intrusiones externas e internas malintencionadas.

2. Identificación de los dispositivos de comunicaciones

Los dispositivos de comunicación son los distintos periféricos y medios que son necesarios para lograr que los elementos de una red se comuniquen entre ellos y puedan intercambiar información. Se define el término "red" como un conjunto de dispositivos físicos *(hardware)* y de programas *(software)* mediante el cual se comunican varios ordenadores para compartir información. Cada uno de los ordenadores conectados a la red se denomina "nodo".

Los dispositivos de red se clasifican en tres grupos: equipos de red, medios de comunicación y conectores.

Equipos de red

Los equipos de red son aquellos componentes que emitirán y recibirán la información. Hay equipos de red de varios tipos:

- **Servidores:** nodos cuya función principal es facilitar información como respuesta a solicitudes externas de otros nodos, llamados "clientes".

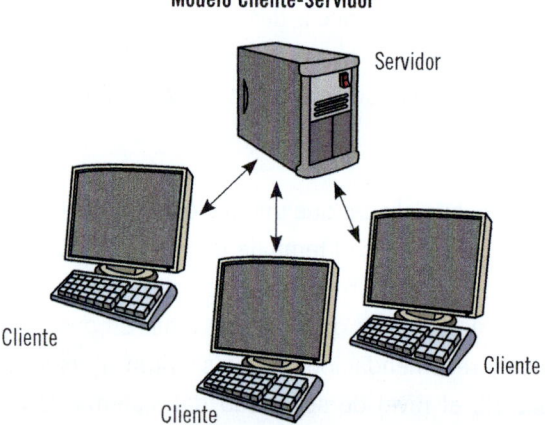

Modelo Cliente-Servidor

- **Ordenadores:** componentes que emiten o reciben los datos transmitidos. Son los elementos de origen o de finalización de la transmisión (dependiendo de si emiten o reciben los datos). En la red, cualquier ordenador puede enviar datos o ser receptor de información.

 **Importante**

Dentro de los equipos de red destacan los servidores, cuya función principal es facilitar información como respuesta a solicitudes externas de otros nodos, y los ordenadores, que emiten o reciben los datos transmitidos.

Medios de comunicación/componentes de red

Los componentes de red son los dispositivos de la red a través de los cuales se produce el proceso de comunicación de datos: según el medio de comunicación elegido, el proceso de transmisión de los datos se producirá de un modo u otro. Se distinguen varios medios de comunicación:

■ **Módems:** dispositivos que permiten a los nodos comunicarse entre sí a través de líneas telefónicas mediante la modulación y demodulación de señales electrónicas que pueden procesar los ordenadores. Pueden ser externos o internos (integrados en el ordenador) y hay de varios tipos: inalámbricos, ADSL, RDSI, USB, etc.

Módem

■ **Tarjetas de interfaz de red (NIC, *Network Interface Card*):** elementos que conectan el ordenador o el servidor al cable de la red. Son tarjetas que mantienen conectada toda la red local y permiten la transmisión de datos a elevadas velocidades. Hay varias tipologías de tarjetas de interfaz de red, debiendo elegir entre una u otra según el tipo de red en la que se quiera implantar.

Tarjeta de interfaz de red

■ **Concentradores o *hubs*:** componentes básicos de la red que permiten la interconexión de varios ordenadores o recursos para formar una red. Permiten centralizar el cableado de una red y poder ampliarla, es decir, con estos dispositivos se recibe la señal y se emite por sus distintos puertos, haciéndola llegar a varios ordenadores.

Concentrador o hub

■ **Repetidores o *repeaters*:** dispositivos electrónicos que conectan dos tramos de red. Se encargan de regenerar señales para el medio al que están conectados, de modo que se amplifica la señal de la red, eliminando, además, los ruidos que genera.

■ **Puentes o *bridges*:** dispositivos que conectan a nivel de enlace redes con topologías y protocolos diferentes. Tienen dos o más puertos que se utilizan como repetidores inteligentes. Los puentes reciben la información y la envían al destinatario asignado, pero en caso de no encontrar destinatario la envían a todos los demás puertos y esperan hasta que reciben una respuesta del destino.

- **Conmutadores o *switches:*** dispositivos que ofrecen las mismas posibilidades de interconexión que los concentradores pero de un modo más eficiente, mejorando el rendimiento global de la red. A diferencia de los *hubs,* que difunden la información a todos los puestos de la red, los *switches* solo la envían al destinatario deseado.

Conmutador o switch

- **Enrutadores o *routers:*** dispositivos de red que conectan unas redes con otras utilizando exclusivamente un protocolo IP, configurado para elegir la ruta óptima entre el emisor y el destinatario. La comunicación de los datos la realizan intentando localizar la ruta más eficiente para entregar la información al equipo destinatario. De todos modos, si en alguna ocasión la ruta no es válida, el *router* calcula rutas alternativas para hacer llegar la información al destinatario.

  El primer *router* fue el *Interface Message Processor.* Los IMP eran los dispositivos que formaban la ARPANET, la primera red de conmutación de paquetes.

Enrutador o router

- **Pasarelas, puertas de enlace o *gateways:*** dispositivos cuya finalidad principal es interconectar redes con protocolos y arquitecturas diferentes a todos los niveles de comunicación. Traducen la información del protocolo de la red que emite los datos al protocolo de la red receptora.

Pasarela o gateway

Conectores

Los conectores son el conjunto de componentes que conectan los equipos de red y los medios de comunicación. Son los componentes a través de los que "viaja" la información. Hay varios tipos de componentes distintos:

- **Sistema de cableado:** estructura de cables que se utilizan para conectar entre sí los distintos recursos, componentes y estaciones de trabajo que forman parte de una red.
- **Cableado de fibra óptica:** tipo de cableado especial por el que los datos se transmiten a través de la luz en lugar de por corriente eléctrica. Este tipo de cableado permite la transmisión de un mayor volumen de datos, a más velocidad y eliminando al completo las interferencias electromagnéticas de los otros tipos de cables. Es el medio de transmisión más utilizado en algunos tipos de redes.

Cable de fibra óptica

- **Enlaces inalámbricos:** enlaces que permiten la transmisión de la información a través de ondas electromagnéticas sin necesidad de tener una conexión física. Con los enlaces inalámbricos se reduce los costes de instalación de la red, al evitar la instalación de gran parte del cableado físico de la misma, y son más flexibles que las redes con cableado, porque permiten agregar nodos a una red existente y desplazar los equipos dentro de una zona delimitada sin que quede afectada la transmisión de los datos.

Nota

Las transmisiones inalámbricas constituyen una eficaz herramienta que permite la transferencia de voz, datos y vídeo sin la necesidad de cableado.

Actividades

1. Busque los distintos dispositivos que forman parte de la red de su domicilio e identifíquelos.
2. Señale qué diferencias hay entre los módems y los *routers*. Busque más información y mencione las ventajas e inconvenientes de cada uno.

Aplicación práctica

Como responsable informático de su empresa está buscando un medio de comunicación para conectar varios ordenadores de una misma red y centralizar el cableado de la misma. ¿Qué medio de comunicación considera más apropiado? Justifique su respuesta.

SOLUCIÓN

El medio de comunicación más adecuado para centralizar el cableado de una red y comunicar los distintos ordenadores que forman parte de la misma es el concentrador o *hub*. Es el medio más apropiado para conectar los ordenadores y centralizar la red porque recibe una señal y la repite emitiéndola por sus diferentes puertos, de modo que amplifica la red.

3. Análisis de los protocolos y servicios de comunicaciones

Un servicio de comunicación es la actividad final a la que se destina la información recibida en un dispositivo de destino. Para que las distintas entidades se comuniquen entre ellas y transmitan la información es necesario seguir un conjunto de normas y reglas establecidas.

Al conjunto de normas y reglas establecidas que permite la comunicación entre varias entidades se le denomina protocolo. El protocolo define la forma en la que la información circula en una red de ordenadores.

Hay varios protocolos de red y sus diferencias son numerosas, sin embargo, la mayoría de ellos tiene alguna de las siguientes propiedades:

- Detección de la conexión física sobre la que se realiza la conexión, que puede ser cableada o inalámbrica.
- Definición de los pasos necesarios para comenzar a comunicarse (también llamado *handshaking*).
- Negociación de las características de la conexión.
- Cómo iniciar y cómo terminar un mensaje.
- Determinación del procedimiento de formateo de los mensajes.
- Definición del sistema de corrección de errores que se va a utilizar: qué se va a hacer con los mensajes erróneos o corruptos.
- Cómo detectar la pérdida inesperada de la conexión y qué hacer en cada caso.
- Determinación de la terminación de la sesión/conexión.
- Definición de las estrategias que garantizarán la seguridad de la comunicación con técnicas como autenticación o cifrado, entre otras.
- Cómo se construye una red física.
- Cómo los distintos ordenadores se conectan a la red.

Los protocolos de comunicación son los que posibilitan que haya flujo de información entre equipos que utilizan lenguajes distintos. Dos ordenadores que estén en la misma red pero que utilicen protocolos distintos no podrán establecer una comunicación entre ellos. Para que eso sea posible, es necesario que ambos equipos utilicen un mismo lenguaje, lo que se consigue con el protocolo.

3.1. El modelo OSI

El primer paso para la estandarización internacional de los protocolos necesarios para establecer una comunicación de red se hizo en 1978, cuando la *International Standards Organization* (ISO) introdujo el modelo OSI *(Open System Interconection* o modelo de interconexión de sistemas abiertos).

Importante

El modelo OSI es un marco de referencia para la definición de arquitecturas en la interconexión de los sistemas de comunicaciones.

Este modelo es en la actualidad un marco de referencia para la definición de arquitecturas en la interconexión de los sistemas de comunicaciones. Está formado por siete niveles (capas), cada uno de ellos constituido por un conjunto específico de funciones de red asignado y con una serie de directrices de implementación de las interfaces entre capas.

Hay una serie de principios que fueron los que formularon la creación del modelo:

- Cada capa se refiere a un nivel de abstracción distinto.
- Cada capa tiene que realizar una función definida con claridad.
- La función de cada capa se debe definir tomando en consideración que se está creando la definición de protocolos estandarizados.
- El número de capas tiene que ser lo suficientemente pequeño para que la arquitectura no sea difícil de gestionar, pero también lo suficientemente grande para que cada función distinta de la arquitectura se realice en una capa.
- Los límites de cada capa deben facilitar el flujo de la información mediante la utilización de las interfaces.

Capas

Las distintas capas del modelo OSI se pueden visualizar en la siguiente imagen:

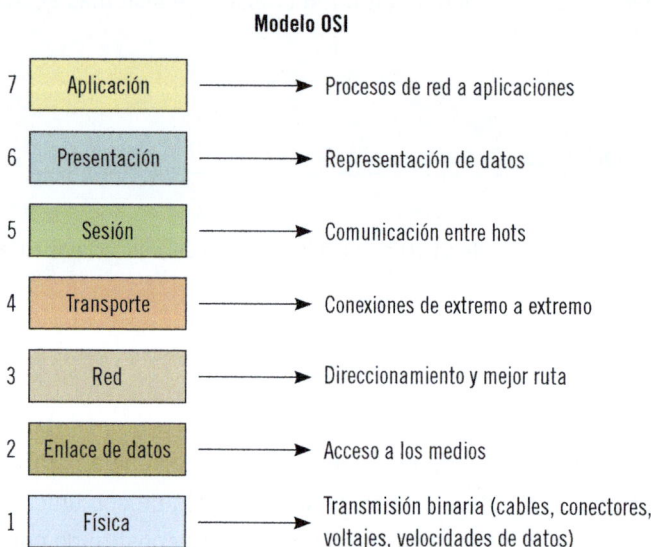

Modelo OSI

7	Aplicación	→ Procesos de red a aplicaciones
6	Presentación	→ Representación de datos
5	Sesión	→ Comunicación entre hots
4	Transporte	→ Conexiones de extremo a extremo
3	Red	→ Direccionamiento y mejor ruta
2	Enlace de datos	→ Acceso a los medios
1	Física	→ Transmisión binaria (cables, conectores, voltajes, velocidades de datos)

Como ya se ha mencionado, cada nivel es completamente independiente de los demás y se comunican con su nivel inmediatamente inferior o superior mediante la utilización de interfaces. A continuación, se describen los distintos niveles o capas, definiendo sus funciones principales.

Capa 1. Física

La capa física es la encargada de la topología de la red y de las conexiones físicas del equipo con la red. En ella se definen las características del medio físico (tipo de conectores, tipo de cable, etc.) y el modo en el que se transmitirá la información.

Capa 2. Enlace de datos

La capa de enlace de datos es una de las más importantes, ya que en ella se regula la forma de la conexión que habrá entre los equipos. Esta capa se encarga de dar a las capas superiores acceso a los medios, de controlar la ubicación y recepción de los datos en los medios y de la detección de errores en la distribución de los datos por tramas.

Capa 3. Red

Esta capa es la responsable de identificar el enrutamiento entre una o varias redes y del envío de paquetes de información entre redes. Se encarga de establecer, mantener y terminar las conexiones (se puede decir que la función principal de la capa de red es encargarse de que los datos lleguen desde su punto de origen al destino marcado).

Capa 4. Transporte

La función principal de la capa de transporte es la de trasladar los datos, asegurando que estos llegan correctamente del origen al destino, independientemente del tipo de red física que se utilice.

Esta capa actúa como puente entre los tres niveles inferiores (orientados a las comunicaciones) y los tres niveles superiores (orientados al procesamiento de la información).

Capa 5. Sesión

La capa de sesión se encarga de establecer, gestionar y terminar las conexiones entre los usuarios finales: mantiene y controla el enlace establecido entre dos equipos que se encuentran transmitiendo datos de cualquier tipo.

Esta capa asegura que se mantenga la comunicación entre dos equipos, permitiendo su reanudación en caso de haber algún tipo de interrupción.

Capa 6. Presentación

Su principal función es dar formato a los datos emitidos para que el equipo receptor los pueda reconocer sin ninguna dificultad. Proporciona el mismo formato a todos los datos aunque provengan de equipos distintos con formato distinto.

Esta capa es la primera que trabaja más con el contenido de la comunicación que con la manera en la que se establece la misma. Al haber varias formas de manejar la información en los equipos, en la capa de presentación se tratan aspectos como la semántica y la sintaxis de los datos transmitidos, actuando como traductora.

Capa 7. Aplicación

La última capa es la encargada de facilitar servicios a los usuarios. Se responsabiliza de gestionar los paquetes de datos de las aplicaciones para que puedan acceder a las aplicaciones de red. También se encarga de definir los protocolos que comunican las aplicaciones con los servicios de red para el intercambio de datos.

El usuario no interactúa directamente con el nivel de aplicación. Lo habitual es que interactúe con aplicaciones que sean las que traten directamente con el nivel de aplicación.

Importante

El usuario normalmente no interactúa directamente con el nivel de aplicación, lo hace con programas que a su vez interactúan con el nivel de aplicación.

A modo de resumen, en la siguiente tabla se pueden ver las distintas capas del modelo OSI y sus funciones principales:

MODELO OSI	
NIVEL - CAPA	**DESCRIPCIÓN**
FÍSICA	Se ocupa de transmitir el flujo de bits a través del medio (cables, tarjetas y repetidores).
ENLACE	Divide el flujo de bits en unidades con formato mediante el uso de protocolos (puentes -*bridges*-).
RED	Establece las comunicaciones y determina la ruta de los datos en la red (enrutador -*router*-).
TRANSPORTE	Asegura la correcta recepción de la información.
SESIÓN	Establece, mantiene y finaliza la comunicación entre las aplicaciones en el momento apropiado.
PRESENTACIÓN	Convierte las distintas representaciones de datos para que puedan ser entendibles por el usuario.
APLICACIÓN	Ofrece a las aplicaciones la posibilidad de acceder a los servicios de red para realizar el trabajo encomendado.

3.2. La arquitectura TCP/IP y su comparación con el modelo OSI

El TCP/IP también es un modelo de descripción de protocolos de red. Se creó en 1970 y se desarrolló por encargo de una agencia del Departamento de Defensa de los Estados Unidos, siendo predecesor de la actual red internet.

Este modelo también describe un conjunto de guías generales de diseño e implementación de protocolos de red, que permite la comunicación entre varios equipos dentro de una misma red. En él se indica cómo los datos deberían ser formateados, direccionados, transmitidos, enrutados y recibidos por el equipo destinatario.

Mientras que el modelo OSI tiene siete capas, el modelo TCP/IP tiene solo cuatro y están jerarquizadas:

- **Capa 1 o capa de acceso al medio:** define las rutinas para acceder al medio físico. Se corresponde con las capas 1 y 2 del modelo OSI.
- **Capa 2 o capa de internet:** define el datagrama y gestiona el enrutamiento de la información. Es similar a la capa 3 del modelo OSI.

■ **Capa 3 o capa de transporte:** se ocupa de los servicios de entrega de los datos entre los nodos que forman parte de la red. Es similar a la capa 4 del modelo OSI.

■ **Capa 4 o capa de aplicación:** capa en la que se definen y gestionan las aplicaciones y los procesos que están utilizando la red. Maneja aspectos de representación, control, codificación y control de diálogo. Es asimilable a las capas 5, 6 y 7 del modelo OSI.

En la siguiente imagen, se puede observar la comparación de las capas de la arquitectura TCP/IP con las del modelo OSI:

Correspondencia de capas entre modelos TCP/IP y OSI

Arquitectura TCP/IP		Modelo OSI
Aplicación	←→	Aplicación
Transporte	←→	Presentación Sesión Transporte
Interred	←→	Red
Red	←→	Enlace Capa física

Como se puede ver en la imagen, ambos modelos se asemejan en el aspecto de que los dos describen una arquitectura jerárquica en niveles cuya funcionalidad guarda "cierta" correspondencia. No obstante, son bastantes las diferencias entre OSI y TCP/IP:

■ El modelo OSI se fundamenta en los conceptos de Servicios, Interfaces y Protocolos, mientras que en el TCP/IP estos se obvian.

■ En OSI se ocultan mejor los protocolos y tienen más independencia.

- El modelo OSI fue desarrollado teóricamente antes de la implementación de los protocolos. Sin embargo, la arquitectura TCP/IP fue posterior y el modelo no es más que la descripción de los protocolos.
- La cantidad de capas es diferente en cada modelo: OSI tiene 7 y TCP/IP tiene 4. Por ello, el modelo TCP/IP parece ser más simple al tener menos capas.

Estas diferencias fundamentan la utilización práctica del modelo TCP/IP, dejando al modelo OSI simplemente como referencia teórica pero necesaria para comprender la teoría de las redes de comunicación.

Recuerde

No hay que confundir la arquitectura de red TCP/IP con el protocolo TCP/IP. La arquitectura TCP/IP está formada por una gran variedad de protocolos, entre ellos el TCP/IP (uno de los más utilizados, pero no el único).

Actividades

3. A pesar de ser los modelos OSI y TCP/IP prácticamente igual de antiguos, señale por qué finalmente se quedó para uso teórico el modelo OSI y para uso práctico el TCP/IP. Busque más información si lo considera necesario.
4. Profundice en el estudio del modelo TCP/IP y mencione algunos protocolos que están incluidos en cada una de sus capas.

4. Principales parámetros de configuración y funcionamiento de los equipos de comunicaciones

Como ya se ha comentado, la arquitectura TCP/IP en la práctica es la más utilizada en la actualidad. Esta consta de cuatro capas y cada una de ellas proporciona una serie de servicios concretos a los protocolos de las capas superiores para que se produzca una correcta transmisión de la información.

Además, cada capa del modelo TCP/IP incorpora servicios de:

- Control de errores.
- Control del flujo de datos.
- Fragmentación (divide los ficheros y posteriormente los une de nuevo).
- Gestión del establecimiento de la conexión.
- Direccionamiento: cada componente de una red se diferencia de los demás por una dirección IP.
- Multiplexación: que permite que varias sesiones de nivel superior puedan compartir una sola conexión de un nivel inferior.
- Nomenclatura.

Ya que esta arquitectura es la más utilizada, y que el protocolo TCP/IP es el más habitual, en este apartado se van a explicar los principales parámetros de configuración y funcionamiento de los equipos de comunicaciones en torno a este protocolo.

En realidad, el protocolo TCP/IP está formado por dos protocolos: el Protocolo de Control de Transmisión (TCP) y el Protocolo de Internet (IP). Además, también puede incluir otros protocolos, aplicaciones e incluso los medios de red. Este es la base de internet y se utiliza para enlazar equipos que utilizan distintos sistemas operativos.

Una red TCP/IP transfiere los datos mediante el ensamblaje de bloques de datos en paquetes. Cuando se envía un archivo, su contenido se fragmenta mediante una serie de paquetes distintos, que contienen información de control (como la dirección de destino) y los datos que se envían.

El TCP es un protocolo de la capa de transporte que se encarga de asegurar que se recibe exactamente lo que se ha enviado y que el envío se ha realizado correctamente, de modo que los paquetes se reciban en el mismo orden en el que fueron enviados.

En cambio, el IP no es más que el protocolo de la capa de red que permite que las aplicaciones se ejecuten sobre redes interconectadas, sin necesidad de conocer qué *hardware* se utiliza. Además, permite la distinción única de todos los ordenadores conectados a internet otorgándoles una dirección IP propia.

 Nota

Los sitios de internet que por su naturaleza necesitan estar permanentemente conectados generalmente tienen una dirección IP fija.

Por ello, cualquier aplicación de internet necesita saber la dirección IP del ordenador con el que se va a comunicar.

La versión actual del protocolo IP es la 4 (IPv4). Esta versión ya se está agotando y como solución se ha creado la versión 6 (IPv6), ya finalizada y en sus primeras fases de implementación.

4.1. Dirección IPv4

El protocolo IPv4 es la cuarta versión de protocolo IP, aunque ha sido el primero en ser implementado a gran escala.

Las direcciones IPv4 se componen de 32 bits, agrupados en 4 grupos de 8. Los grupos de 8 bits generan un número decimal que toma valores entre 0 y 255, como se puede ver en la siguiente imagen:

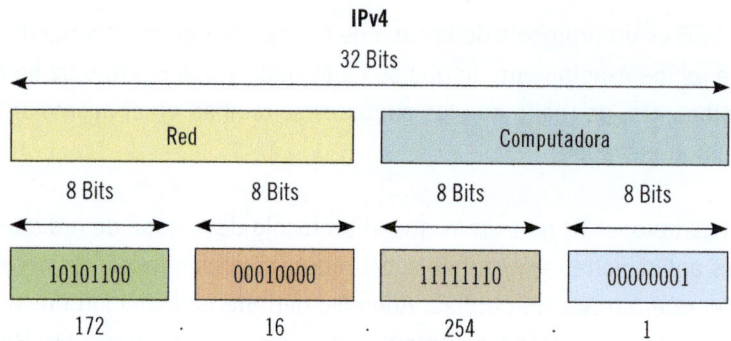

Como también se puede observar, la dirección IPv4 se divide en dos partes:

- Una correspondiente al identificador de la red donde se encuentra el equipo.
- Otra correspondiente al identificador del equipo en la red *(host)*.

El modo en el que los bits se distribuyen entre el identificador de la red y el identificador del equipo hace distinguir las direcciones IPv4 entre varias clases:

- **Clase A:** los 8 primeros bits (que es lo mismo que 1 *byte)* identifican la red y los 24 restantes (3 *bytes)* identifican al equipo de la red.
- **Clase B:** los 16 primeros bits (2 *bytes)* identifican la red y los otros 16 al equipo.
- **Clase C:** los 24 primeros bits corresponden a la identificación de la red y los otros 8 a la identificación del equipo.
- **Clase D:** direcciones IP que envían la información a varias interfaces distintas.
- **Clase E:** direcciones IP reservadas para su uso en investigación.

En la siguiente tabla, se ven más claramente las distintas clases de direcciones IP junto al rango en el que trabajan, el número de redes que tienen y el número de equipos por red, entre otras características:

Clase	Rango	N.º redes	N.º *host* por red	Máscara de subred	Dirección *broadcast*	Uso
A	0.0.0.0- 127.255.255.255	128	16777214	255.0.0.0	x.255.255.255	Redes grandes
B	128.0.0.0- 191.255.255.255	16384	65534	255.255.0.0	x.x.255.255	Redes medianas
C	192.0.0.0- 223.255.255.255	2097152	254	255.255.255.0	x.x.x.255	Redes pequeñas
D	224.0.0.0- 239.255.255.255	Histórico				Multicast
E	240.0.0.0- 255.255.255.255	Histórico				Investigación

En la tabla se pueden ver también dos conceptos que aún no se han mencionado: **la máscara de subred** y la **dirección *broadcast.***

La máscara de subred es aquella que permite distinguir los bits que identifican la red y los que identifican el *host* de una dirección IP. Su función principal es permitir diferenciar los bits de la red y los bits del *host*. Está formada también por 32 bits, de los cuales tendrán valor 1 aquellos que identifiquen la red y valor 0 aquellos que identifiquen al *host*.

La dirección *broadcast* forma parte de los parámetros básicos que se van a utilizar cuando se quiera configurar una red:

- **Dirección *broadcast*:** dirección que sirve para enviar un paquete a todos los *hosts* de una red. Esta dirección tiene los bits correspondientes a *host* iguales a 255.
- **Dirección IP de la puerta de enlace:** es la dirección del *router* de la red. Puede tomar cualquiera de las direcciones de un rango.
- **Dirección de red:** dirección que tiene los bits de *host* iguales a cero. Sirve para definir la red en la que se ubica.
- **Dirección de bucle local o *loopback*:** son direcciones "127.x.x.x" que se reservan para designar la propia máquina. Se suelen utilizar para comprobar las propias interfaces de red.

Recuerde

También se distingue entre direcciones de red públicas y privadas. Una red local se identifica en internet con una sola dirección IP pública (asignada por el proveedor de acceso a internet) y los dispositivos que componen esta red se identifican entre sí mediante direcciones IP privadas (direcciones internas).

4.2. Configuración de una red IPv4

Una vez instalada toda la red física en cuanto a equipos, conectores y medios, ya se puede proceder a su configuración siguiendo una serie de pasos:

1. Instalación de los *drivers* de los distintos componentes de la red para que el equipo los localice.
2. Seleccionar el protocolo a utilizar en función de la red utilizada. Lo más habitual es que sea TCP/IP.
3. Definir los distintos parámetros del protocolo, que serán:

   a. Dirección de red IP.
   b. Máscara de red.
   c. Dirección de la puerta de enlace.
   d. Dirección de *broadcast*.
   e. Rango de direcciones IP que se podrán usar para el *host*.

4. Establecer cuáles serán los recursos compartidos de la red: carpetas, impresoras y equipos.
5. Establecer servicios de red (web, FTP, etc.).
6. Definir los aspectos de seguridad de la red (acceso restringido a recursos, control de accesos, etc.).

En el momento de configurar la dirección de red IP es importante tener en cuenta que hay direcciones IP públicas fijas o dinámicas. Las direcciones IP fijas son asignadas por el proveedor de acceso a internet de manera permanente de modo que el cliente siempre tendrá la misma dirección IP mientras dure su contrato con la compañía.

Sin embargo, las direcciones IP públicas dinámicas se asignan eligiendo una que esté disponible en el repertorio del proveedor en el momento en el que se establece la conexión a internet, de modo que el cliente tiene una dirección IP distinta cada vez que se conecta. La mayoría de conexiones a internet domésticas utilizan direcciones IP dinámicas.

4.3. Dirección IPv6

La función de la dirección IPv6 es la misma que la de su predecesora, la IPv4. La diferencia fundamental es que esta está formada por 128 bits agrupados de 16 en 16, separados por ":".

Del mismo modo que las direcciones IPv4, en las IPv6 también hay bits que identifican la red (en este caso los 64 primeros) y bits que identifican al *host* (los siguientes).

 Aplicación práctica

En el ordenador de su domicilio se encuentra observando los parámetros del protocolo IPv4 y ve que tiene una dirección *broadcast* tal como "193.210.120.255". ¿Qué clase de dirección IP estaría configurada en su red? En la dirección IP de esta clase, ¿qué bits formarían parte del equipo de red y cuáles de la red?

SOLUCIÓN

Las direcciones *broadcast* con la forma "x.x.x.255", como es la de este caso (193.210.120.255), corresponden a direcciones IP de clase C. En las direcciones IP de clase C los primeros 24 bits corresponden a la identificación de la red y los otros 8 a la identificación del equipo.

Actividades

5. Averigüe por qué se está retrasando la implantación completa de la sexta versión del protocolo IP (IPv6). Justifique su respuesta.
6. Investigue sobre los parámetros del protocolo IP definidos en su red doméstica. ¿Falta alguno? En caso positivo, busque cuáles pueden ser las posibles causas de esta falta.

Aplicación práctica

Le acaban de llegar los dispositivos a su domicilio para crear una red y, una vez instalados los distintos dispositivos y sabiendo que va a utilizar el protocolo TCP/IP, se encuentra en el punto de configurar los parámetros de este protocolo. ¿Qué parámetros debe configurar para establecer correctamente este protocolo? ¿Cuáles son los pasos que debe dar después de configurar estos parámetros?

SOLUCIÓN

Para configurar el protocolo TCP/IP en el equipo hay que configurar una serie de parámetros, normalmente facilitados por el proveedor de servicios de internet:

▪ Dirección de red IP.
▪ Máscara de red.
▪ Dirección de la puerta de enlace.
▪ Dirección de *broadcast.*
▪ Rango de direcciones IP que se podrán utilizar en el *host.*

Una vez configurados los parámetros tendrá que definir los recursos compartidos que habrá en la red, establecer los servicios de red y configurar la seguridad de la misma.

5. Procesos de monitorización y respuesta

Ya se ha visto anteriormente la importancia de la monitorización de los procesos para llevar un control correcto de los mismos y conseguir rendimientos adecuados. Lo mismo ocurre con los procesos de comunicación: una detección oportuna de fallas y la monitorización de los distintos elementos que forman una red son especialmente relevantes para ofrecer un buen servicio a los usuarios.

En el caso de las redes, la administración del rendimiento de los procesos tiene como objetivo recolectar y analizar el tráfico de la red para determinar su comportamiento en varios aspectos, tanto a tiempo real (en un momento específico) como en un intervalo de tiempo determinado. Esto, del mismo modo que en la monitorización de procesos de información, permitirá a los responsables tomar decisiones correctas según el comportamiento observado de la red.

5.1. Fases de la administración del rendimiento de la red

La administración del rendimiento de la red se divide en dos fases: monitorización y análisis de resultados.

Monitorización

La monitorización consiste en recolectar toda la información del comportamiento de la red. Algunos de los aspectos a observar son los siguientes:

- **Utilización de enlaces:** se observa la cantidad de ancho de banda utilizada por cada enlace de área local. Se puede observar solo por un elemento o por toda la red en su conjunto.
- **Caracterización de tráfico:** se observan los distintos tipos de tráfico que circulan por la red para recolectar datos sobre los servicios de red más utilizados. Con estos datos se puede establecer un patrón del uso de la red.
- **Porcentaje de transmisión y recepción de información:** consiste en obtener información sobre los elementos de la red que más solicitudes hacen y atienden como servidores, puertos, servicios, estaciones de trabajo, etc.

- **Utilización de procesamiento:** consiste en observar la cantidad de procesador que un servidor consume para atender una aplicación para observar el rendimiento de la CPU.

Análisis

Cuando ya se ha recolectado la información, hay que interpretarla para analizar el comportamiento de la red y poder definir patrones determinados. Con un análisis adecuado, ya se puede hacer una toma de decisiones correcta y pertinente que ayude a mejorar el rendimiento de la red.

Con el proceso de análisis se pueden detectar comportamientos de la red tales como:

- **Tráfico inusual:** tras definir una serie de patrones del comportamiento de la red, su análisis ayuda a detectar tráfico inusual o fuera del patrón, que puede provocar problemas que afecten al rendimiento de la red.
- **Elementos principales de la red:** al observar el comportamiento de los elementos que utilizan la red y su rendimiento se pueden obtener cuáles son los que más datos reciben y transmiten y, por tanto, los que necesitan un control más exhaustivo con monitorización. En general, los elementos con más tráfico de red son los más importantes de la misma.
- **Utilización elevada:** cuando se observa que hay una elevada utilización de un enlace se puede decidir aumentarle el ancho de banda o tomar otras decisiones que permitan un mayor rendimiento de este sin llegar a saturarlo. La detección de un incremento en la utilización de algún enlace puede ser síntoma de algún ataque de seguridad que haya saturado el enlace por tráfico generado maliciosamente.
- **Control de tráfico:** una herramienta de control de tráfico adecuada permite reenviar la información o rutearla por otro lado automáticamente cuando encuentre saturación en algún enlace o cuando alguno esté fuera de servicio.
- **Calidad del servicio:** una correcta monitorización y la utilización de herramientas adecuadas permitirá ofrecer una óptima calidad del servicio, garantizando aspectos básicos como, por ejemplo, la asignación de más ancho de banda a servicios que requieran un trato especial, como el de voz IP, entre otros.

Nota

La telefonía IP es una tecnología que permite realizar comunicaciones de voz utilizando redes de datos (IP), es decir, internet.

Es importante conocer una serie herramientas de monitorización y respuesta que permitirá obtener y tomar decisiones en aspectos como:

- Uso de puertos y servicios.
- Monitorización de sistemas y servicios.
- Sistemas de gestión de información y eventos de seguridad.
- Gestión de elementos de red y filtrado.

Aplicación práctica

Usted, como responsable de redes de su empresa, está estableciendo la monitorización del servicio de comunicaciones de la misma. ¿Qué información indicará a la herramienta de monitorización que quiere obtener para conseguir un análisis correcto de los parámetros de la red?

SOLUCIÓN

La información que se recomienda obtener de la herramienta de monitorización de la red para poder realizar un correcto análisis debe contener datos sobre la cantidad de ancho de banda utilizada por cada enlace de área local (utilización de enlaces), las características del tráfico de datos de la red, el porcentaje de transmisión y recepción de información de los elementos de la red y el rendimiento de la CPU en las aplicaciones que utilizan servicios de red.

Actividades

7. Señale por qué resulta conveniente la monitorización del sistema de comunicaciones de una organización. Justifique la respuesta.
8. Los comportamientos de la red obtenidos mediante el análisis de resultados de la monitorización de esta no son los únicos que se pueden obtener. Mencione otros comportamientos de la red que se pueden descubrir mediante estos análisis.

6. Herramientas de monitorización de uso de puertos y servicios tipo *sniffer*

Un **sniffer** es un programa cuya función es capturar todos los datos que circulan a través del medio físico, los dispositivos y los equipos que forman parte de una red.

Se encarga de enviar la información que circula por la red a todos los equipos que la integran sin distinguir el destinatario real y, posteriormente, son los propios ordenadores los encargados de aceptar o no la información según si son los destinatarios.

Lo que hace el *sniffer* es poner la tarjeta de red en modo promiscuo, un modo en el que no hay filtrado de datos de entrada, ya que hace que la tarjeta capture todos los paquetes aunque no vayan dirigidos a ella.

Nota

El modo promiscuo es aquel en el que una computadora conectada a una red compartida captura todo el tráfico que circula por ella.

Con los *sniffers* se puede realizar una lectura de toda la información que entra al ordenador por la tarjeta de red, de modo que sea posible acceder a toda la información que se intercambie entre dos ordenadores cualesquiera de la red.

Con este tema hay que tener mucho cuidado, ya que del mismo modo que el usuario puede acceder a toda la información transmitida en la red local, también puede hacerse un uso malintencionado de esta información e incurrir en graves problemas de seguridad.

Por ello, es importante tener en cuenta que este tipo de herramienta, además de ayudar a que la red local tenga más seguridad, también puede servir para que otros usuarios accedan a información confidencial y puedan cometer cualquier tipo de delito electrónico.

Los *sniffers* ofrecen una serie de funcionalidades de gran utilidad:

- Análisis de fallos, que sirve para encontrar problemas en la red.
- Medición del tráfico de datos, permitiendo la detección de los cuellos de botella.
- Captura de nombres de usuarios en la red y de contraseñas enviadas sin cifrar.
- En las aplicaciones cliente-servidor, los *sniffers* permiten analizar la información real que se transmite por la red.

Algunas aplicaciones tipo *sniffer* más habituales son las siguientes:

- **Kismet:** *sniffer* que contiene un sistema de detección de intrusiones para redes inalámbricas 802.11. Puede funcionar tanto con *Linux* como con *Windows* y con otros sistemas operativos.

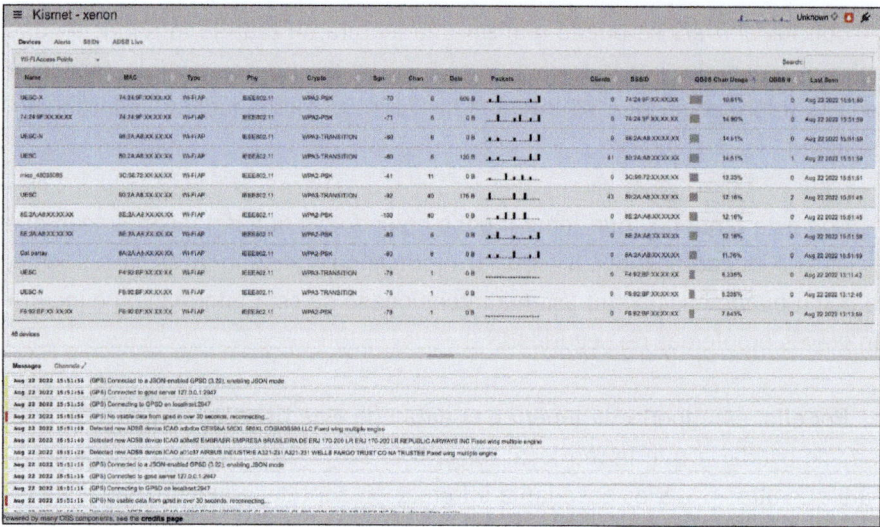

Kismet

■ **Wireshark:** es un analizador de protocolos que se utiliza para realizar análisis y solucionar problemas en redes de comunicaciones para desarrollo de *software* y protocolos. Examina los datos de una red viva o de un archivo de captura guardado en disco y permite analizar la información capturada mediante los detalles y sumarios de cada paquete.

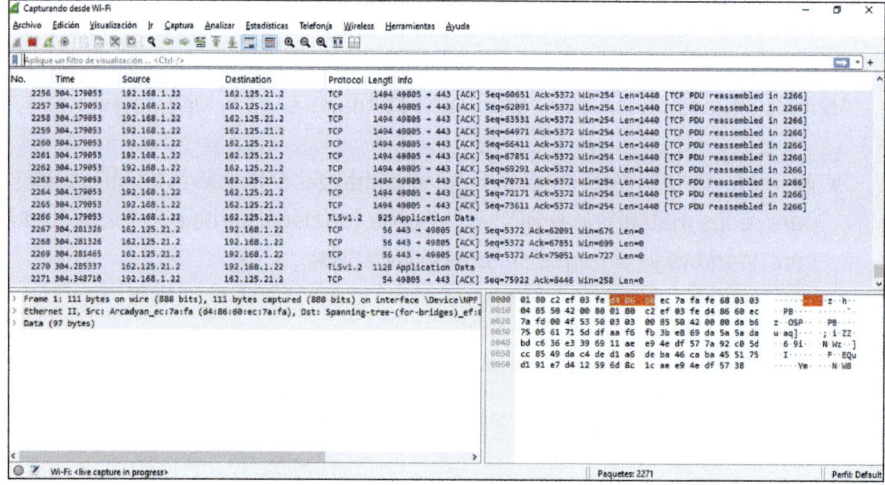

Wireshark

■ **Ettercap:** esta herramienta es un interceptor/*sniffer*/registrador para redes de área local con *switch.* Soporta direcciones activas y pasivas de
varios protocolos y posibilita la inyección de datos en una conexión establecida. También funciona tanto con *Linux* como con *Windows.*

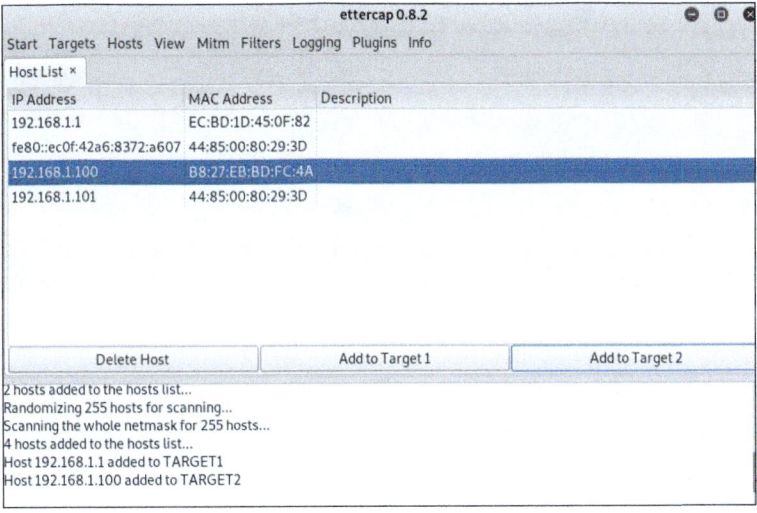

Ettercap

■ **TCPDUMP:** herramienta en línea de comandos que analiza el tráfico
que circula por la red y que ofrece al usuario la posibilidad de capturar
y mostrar a tiempo real los paquetes transmitidos y recibidos en la red a
la que está conectado el ordenador. Funciona en la mayoría de sistemas
operativos, incluido *Linux.* Para *Windows,* existe una adaptación de esta
herramienta: *WinDump.*

```
                                                      bron : bash — Konsole
Archivo   Editar   Ver   Marcadores   Preferencias   Ayuda
bron@bron-debian:~$ sudo su
[sudo] password for bron:
root@bron-debian:/home/bron# sudo apt install tcpdump
Leyendo lista de paquetes... Hecho
Creando árbol de dependencias
Leyendo la información de estado... Hecho
Los paquetes indicados a continuación se instalaron de forma automática y ya no son necesarios.
  linux-image-4.19.0-16-amd64 linux-image-4.19.0-17-amd64
Utilice «sudo apt autoremove» para eliminarlos.
Se instalarán los siguientes paquetes NUEVOS:
  tcpdump
0 actualizados, 1 nuevos se instalarán, 0 para eliminar y 0 no actualizados.
Se necesita descargar 400 kB de archivos.
Se utilizarán 1.136 kB de espacio de disco adicional después de esta operación.
Des:1 http://deb.debian.org/debian buster/main amd64 tcpdump amd64 4.9.3-1~deb10u2 [400 kB]
Descargados 400 kB en 0s (4.278 kB/s)
Seleccionando el paquete tcpdump previamente no seleccionado.
(Leyendo la base de datos ... 190926 ficheros o directorios instalados actualmente.)
Preparando para desempaquetar .../tcpdump_4.9.3-1~deb10u2_amd64.deb ...
Desempaquetando tcpdump (4.9.3-1~deb10u2) ...
Configurando tcpdump (4.9.3-1~deb10u2) ...
Procesando disparadores para man-db (2.8.5-2) ...
root@bron-debian:/home/bron# █
```

TCPDump

Actividades

9. Elija uno de los *sniffers* mencionados en esta unidad y profundice sobre su funcionamiento y funcionalidades.
10. Los *sniffers* utilizados malintencionadamente por otros usuarios pueden ser un gran riesgo para una organización. Por ello, hay varias aplicaciones que intentan disminuir estos riesgos para evitar que otros usuarios vean los datos que circulan por una red local. Busque más información sobre este tipo de aplicaciones y mencione sus funciones principales.

7. Herramientas de monitorización de sistemas y servicios tipo *Hobbit, Nagios* o *Cacti*

En este apartado se van a describir y analizar las principales herramientas de *software* libre para la monitorización de sistemas y servicios: **Hobbit, Nagios** y **Cacti.**

7.1. *Hobbit Monitor*

Hobbit Monitor es un sistema de monitorización bajo licencia libre mediante el cual se puede monitorizar cualquier cosa, desde redes pequeñas hasta sistemas de grandes magnitudes. Actualmente es llamada *Hobbit-Xymon.*

Su uso es bastante sencillo y permite gestionar *hosts,* servicios de red y dispositivos de red mediante extensiones incluidas dentro del mismo *software.*

El funcionamiento de esta herramienta se basa en el envío periódico de peticiones y el correspondiente registro de la respuesta recibida. Si recibe un valor que no está en el rango esperado envía una alerta al administrador mediante un correo electrónico. Además, monitoriza también el uso de discos locales, ficheros de registro y procesos.

La interfaz web de *Hobbit* es bastante simple y sencilla. Al pulsar sobre cualquier máquina se proporcionan los detalles de esta, ofreciendo la posibilidad de dividir las máquinas en grupos para facilitar la navegación.

Los resultados que ofrece esta herramienta se almacenan en su servidor (instalado a su vez en el servidor del equipo) y en ellos se puede observar el historial de los elementos supervisados, incluyendo un registro de los incidentes ocurridos.

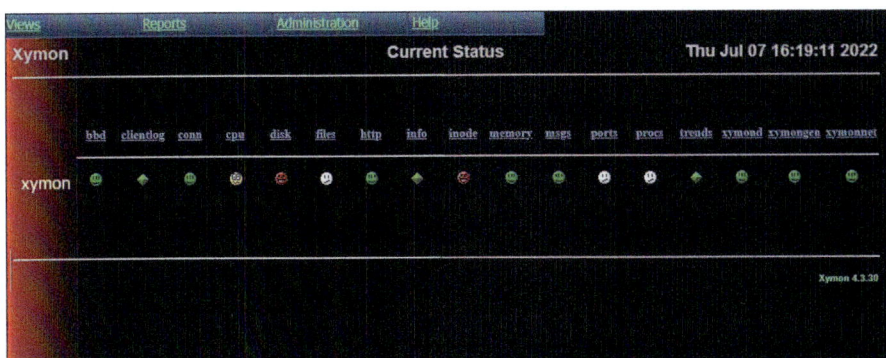

Herramienta Hobbit Monitor

7.2. *Nagios*

Nagios es una herramienta un poco más complicada que *Hobbit*, ya que requiere más tiempo para configurarla correctamente. Como ventaja destaca su mayor potencia respecto a la otra herramienta.

 Nota

Nagios es una aplicación que fue originalmente diseñada para ser ejecutada en *GNU/Linux*, pero también se ejecuta bien en variantes de *Unix*.

Esta aplicación es un sistema de monitorización de redes, de código abierto y, por tanto, gratuita, cuya función principal es vigilar los equipos y servicios especificados, enviando alertas cuando hay un comportamiento fuera de lo esperado.

Como características principales destacan las siguientes:

- Monitorización de servicios de red (SMTP, POP3, HTTP, etc.).
- Monitorización de los recursos de los sistemas *hardware* (uso de los discos, memoria, estados de los puertos, rendimiento del procesador, etc.).
- Independencia de sistemas operativos, pudiendo utilizarse en la gran mayoría de ellos.
- Monitorización remota.
- Posibilidad de programación de *plugins* específicos para nuevos sistemas, que permitan al usuario la adaptación de la aplicación a sus necesidades.
- Revisión de servicios paralizados.
- Posibilidad de definición de la jerarquía de la red.
- Sistema de notificación a los usuarios en el momento en el que ocurre algún tipo de problema, además de notificación cuando este problema

ha sido solucionado (mediante SMS, correo electrónico u otro sistema establecido previamente por el usuario).

■ Posibilidad de definición de gestores de eventos, encargados de ejecutar un evento automáticamente que solucione problemas definidos previamente.

■ Rotación automática del archivo de registro.

■ Soporte para implementar *hosts* de monitores redundantes.

■ Visualización del estado de la red en tiempo real mediante la interfaz web.

■ Generación de informes y gráficas de comportamiento, visualización de historial de problemas y visualización del listado de notificaciones enviadas.

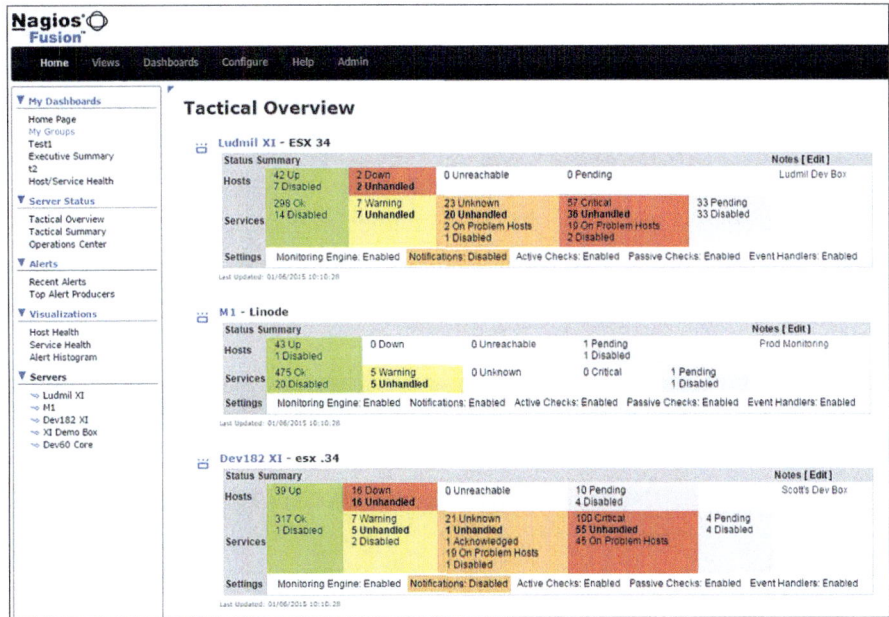

Herramienta Nagios

7.3. *Cacti*

Cacti es una herramienta de código abierto que permite monitorizar y visualizar gráficas y estadísticas de dispositivos conectados a una red que tengan habilitado el protocolo SNMP. Es una herramienta ideal cuando el usuario necesita visualizar gráficos del estado de su red en elementos como: ancho de banda consumido, detección de congestiones o picos de tráficos.

Importante

El SNMP *(Simple Network Management Protocol)* es un protocolo que permite a los administradores gestionar dispositivos de red, diagnosticar problemas y planear su crecimiento.

Su interfaz es intuitiva y comprensible, y su funcionamiento es bastante sencillo: la aplicación sondea cada uno de los *hosts* que tiene instalados, solicitando los valores de los parámetros que tiene definidos y almacenando el valor. El administrador puede configurar el período de sondeo además de determinar otros conceptos como la precisión de la información a visualizar. En el momento de esta configuración hay que tener en cuenta que un período de sondeo bajo aumentará la cantidad de datos capturados y su precisión, obteniendo una representación gráfica con más resolución.

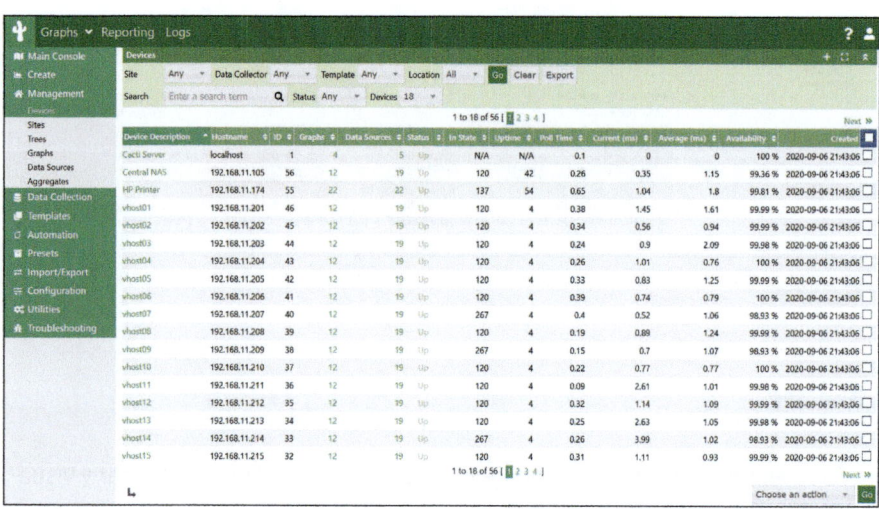

Herramienta Cacti

7.4. Zabbix

Zabbix es una potente herramienta de *software* libre y de código abierto diseñada para monitorizar de manera proactiva el estado de redes, servidores, aplicaciones y servicios. Es altamente configurable y escalable, lo que la hace adecuada tanto para pequeñas empresas como para grandes corporaciones.

Las funcionalidades principales de esta herramienta son las siguientes:

- **Recopila datos:** *Zabbix* recoge una amplia variedad de datos de los dispositivos que monitorea, como el uso del CPU, la memoria, el espacio en disco, el estado de los servicios y la temperatura de los componentes, entre otros.
- **Genera alertas:** cuando se detectan condiciones anómalas o se superan ciertos umbrales, *Zabbix* envía alertas a los administradores a través de diversos canales, como correo electrónico, SMS o sistemas de mensajería instantánea.
- **Visualiza datos:** presenta los datos recopilados en gráficos, tablas y mapas para facilitar la comprensión del estado del sistema.
- **Automatiza tareas:** permite automatizar tareas como el descubrimiento de nuevos dispositivos, la generación de informes y la escalación de incidentes.

 Nota

A diferencia de las herramientas anteriores, *Zabbix* puede utilizarse perfectamente tanto en entorno *Linux* como en entorno *Windows*.

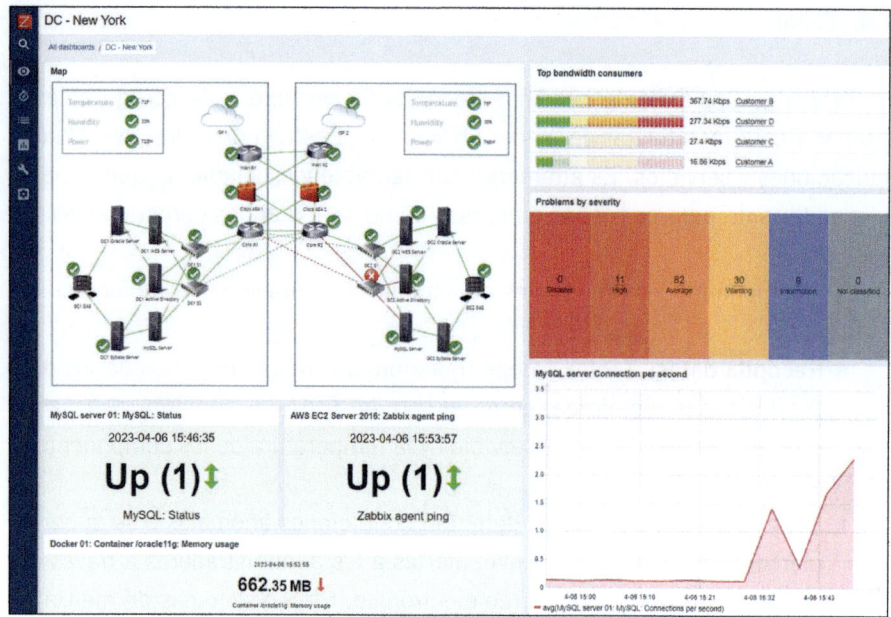

Zabbix

Actividades

11. Busque las principales diferencias entre las herramientas *Cacti, Nagios , Hobbit-Xymon* y *Zabbix.* Señale cuál de ellas considera que es mejor y por qué.

8. Sistemas de gestión de información y eventos de seguridad (SIM/SEM)

Hasta ahora se han estudiado temáticas relacionadas con la monitorización de los distintos procesos de red en términos de rendimiento, dispositivos, representaciones gráficas y elaboración de informes, entre otras funcionalidades.

Sin embargo, no se ha hablado apenas de la seguridad de la red. En este epígrafe se van a concretar una serie de herramientas que detectarán y tratarán de solucionar las posibles incidencias que se pueden encontrar en una red.

Los sistemas de gestión de información y eventos de seguridad son un conjunto de herramientas cuya funcionalidad principal es gestionar y correlacionar la información de los eventos de seguridad durante todas las fases en las que se produce un incidente. Entre sus funciones están las de recoger, cotejar y hacer informes con los datos de los registros de actividad (llamados *logs)* de los dispositivos instalados en la red.

 Nota

Log es un término anglosajón, equivalente a la palabra bitácora en español.

Además, también permiten establecer un flujo para la gestión de los eventos de seguridad, de modo que se puedan tratar los incidentes de una forma organizada e intentando resolver la incidencia producida en el menor tiempo posible y con las menores consecuencias para la organización. Estos sistemas resultan especialmente útiles para prevenir, detectar y mitigar incidencias, además de aplicar medidas correctivas.

8.1. Sistemas de gestión de la seguridad de la información, SIM

Los sistemas de gestión de la seguridad de la información, SIM *(Security Information Management),* son procedimientos de supervisión que se encargan de recolectar, correlacionar y analizar la información de seguridad en diferido, mediante la creación de un repositorio indexado con datos obtenidos de los dispositivos supervisados.

Sus funciones principales son las siguientes:

- Recolección, ordenamiento y correlación de la información sobre el estado de la red.
- Automatización de la colección de eventos de sistemas y dispositivos de seguridad.
- Centralización, correlación y priorización de eventos para conseguir:

  - Estandarización de eventos.
  - Reducción de tiempo en la detección de ataques y vulnerabilidades en la red.
  - Minimización de la cantidad de información a procesar.

Con estas funcionalidades, las herramientas SIM son especialmente útiles para:

- Administración de la infraestructura de red y de los distintos activos de la organización.
- Configuración centralizada y monitorización de los componentes de la infraestructura de seguridad.
- Análisis de la información facilitada por los componentes de seguridad.
- Predicción y pronóstico de amenazas.
- Colección y correlación de eventos.
- Detección, identificación y reporte de eventos de seguridad.
- Realización de un análisis forense de los eventos.
- Establecimiento de políticas de seguridad y mejora en la planificación de la seguridad de la organización.
- Monitorización de ataques y respuestas en tiempo real.

8.2. Sistemas de gestión de eventos, SEM

Los sistemas de gestión de eventos o SEM *(Security Event Management)* facilitan la monitorización y gestión de los eventos casi en tiempo real. Su funcionamiento consiste en recolectar información de los registros de seguridad de los sistemas, equipos y dispositivos que forman parte de la red para recopilarla y realizar análisis a tiempo real.

Los dispositivos, protocolos y aplicaciones que se utilizan en una red generan eventos que se conservan en los registros de eventos. Los registros de eventos o *logs* son listas de las actividades que se han producido en una red, registradas por orden de generación.

Las herramientas SEM se encargan de monitorizar y gestionar estas listas de actividades a tiempo real como apoyo a las organizaciones.

Los beneficios principales de la utilización de un SEM son los siguientes:

- Acceso a todos los registros mediante una interfaz central consistente.
- Almacenamiento seguro de los registros, manteniendo la integridad del archivo de los registros de eventos.
- Representación gráfica de la actividad que permite una elaboración más sencilla de informes.
- Activación de alertas programadas.
- Con un SEM se pueden gestionar los eventos de varios sistemas operativos.
- En caso de bloqueo del sistema o de eliminación accidental o malintencionada de registros, las herramientas SEM permiten su recuperación.

8.3. Sistemas de gestión de información y eventos de seguridad, SIEM

Los sistemas de gestión de información y eventos de seguridad o SIEM *(Security Information and Event Management)* engloban funcionalidades de SIM y SEM: recogen o reciben los registros de actividad *(logs)* de todos los dispositivos monitorizados, los almacenan a largo plazo y, además, agregan y correlacionan en tiempo real la información recibida para una detección y actuación sobre los eventos más eficaz, mediante alertas, respuesta automática, etc.

Representa una gestión de la seguridad más global y tiene funcionalidades como:

- Detección de anomalías de red y amenazas.
- Análisis antes, durante y después del ataque.
- Captura total de los paquetes en la red.

- Comportamiento del usuario y su contexto.
- Cumplimiento de nuevas normativas.
- Mejor administración del riesgo gracias a la información facilitada por la herramienta SIEM siguiente:

  - Topología de red y vulnerabilidades.
  - Parámetros de configuración de dispositivos.
  - Análisis de fallas.
  - Priorización de vulnerabilidades.
  - Correlación avanzada y profunda de eventos.

En la actualidad, en el mercado existen varias soluciones globales SIEM, que ofrecen una gestión tanto del SIM como del SEM, aunque cada una se decanta más por unas funcionalidades que otras.

Por ello, se recomienda analizar las necesidades de la organización para encontrar el *software* cuyas características se correspondan mejor.

Una opción es la herramienta proporcionada por IBM, **Tivoli Security Information and Event Manager,** con funciones como las siguientes:

- Consola de gestión basada en la web.
- Seguimiento y gestión priorizada de los incidentes en curso.
- Agregación automática de *logs* del sistema.
- Cuadro de mando único en el que se refleja el análisis de los *logs.*
- Acceso privilegiado para monitorización y auditoría que permite el rastreo de los incidentes sin que se ponga en conocimiento del autor.
- Elaboración previa de informes.

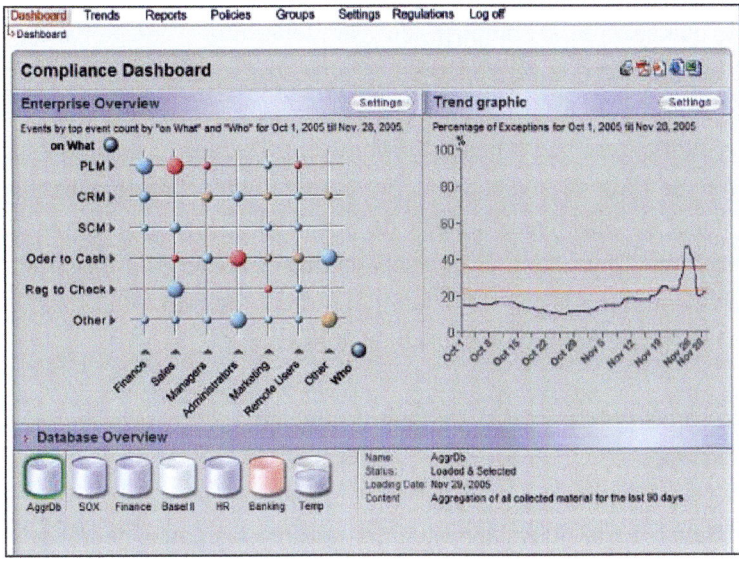

Tivoli Security and Event Manager

Esta herramienta ha sido sustituida por *IBM QRadar* debido a la constante evolución de la ciberseguridad, que sigue siendo una opción perfectamente viable para aquellas empresas que buscan una herramienta SIEM robusta.

 Nota

IBM alberga más patentes que ninguna otra empresa de tecnología de Estados Unidos.

Otra herramienta bastante funcional y gratuita es **OSSIM,** diseñada para ayudar a los administradores de red a gestionar la seguridad de los equipos, la detección de intrusos y la prevención de incidencias de seguridad.

Es una herramienta que ayuda a la administración de eventos de seguridad a través de un motor de correlación y una colección de herramientas *open source,* que servirán al administrador para tener una visión global de todos los aspectos relativos a la seguridad de la infraestructura de red.

Por último, una herramienta SIEM muy utilizada actualmente es *Microsoft Sentinel.* Se trata de una solución de seguridad nativa en la nube que combina lo mejor de SIEM con lo mejor de SOAR (Orquestación, Automatización y Respuesta de Seguridad). Está diseñado para proteger la infraestructura digital, ofreciendo una visión unificada del entorno de seguridad y facilitando la detección, investigación y respuesta a amenazas.

Son varias las características que distinguen a *Microsoft Sentinel* de otras herramientas:

- **Nativo en la nube:** aprovecha al máximo las capacidades de *Azure,* lo que significa escalabilidad, flexibilidad y una integración profunda con otros servicios de *Microsoft.*
- **Inteligencia artificial:** utiliza el aprendizaje automático para detectar anomalías, correlacionar alertas y priorizar incidentes, lo que te permite centrarte en las amenazas más críticas.
- **Automatización:** permite automatizar tareas repetitivas, como la investigación de incidentes y la aplicación de medidas correctivas, lo que reduce el tiempo de respuesta y la carga de trabajo de tu equipo de seguridad.
- **Integración:** se integra fácilmente con una amplia variedad de fuentes de datos, incluidas las soluciones de seguridad de *Microsoft* y de terceros.
- **Personalizable:** se puede personalizar *Sentinel* para adaptarlo a las necesidades específicas de una organización, creando reglas propias de detección y flujos de trabajo.

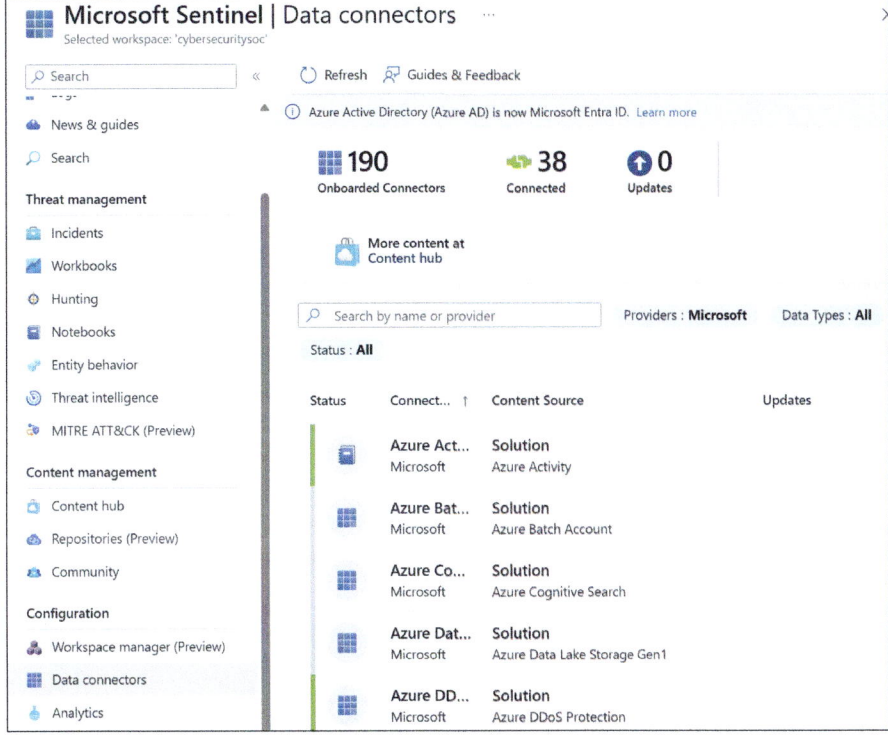

Microsoft Sentinel

Aplicación práctica

Usted está buscando el modo de incrementar la seguridad en la red de su empresa y quiere un sistema que facilite información sobre los registros de actividad a tiempo real y en el que se puedan establecer alertas en el caso de encontrar algún comportamiento anormal. ¿Qué herramienta o herramientas podría utilizar para este fin?

SOLUCIÓN

Cuando se pretende obtener información a tiempo real sobre los registros de actividad, las herramientas adecuadas que ofrecen este tipo de información son los sistemas SEM (sistemas de gestión de eventos) y los sistemas SIEM (sistemas de gestión de información y gestión de eventos). Los sistemas SIM (sistemas de gestión de la información de

Continúa en página siguiente >>

<< Viene de página anterior

seguridad) no servirían en este caso ya que la información que facilitan es diferida, no a tiempo real.

 Actividades

---

12. Comente qué ventajas ofrece el uso de sistemas SIEM frente a la utilización de SIM y SEM.

---

9. Gestión de registros de elementos de red y filtrado *(router, switch, firewall,* IDS/IPS, etc.)

La gestión de redes consiste en una serie de actividades que controlan, planifican, coordinan, asignan y monitorizan los recursos de una red para conseguir los requerimientos a tiempo real, con una calidad de servicio y un coste razonables.

Una parte fundamental de la gestión de redes es la correcta gestión de registros de los distintos elementos de la red. Este tipo de actividad suele utilizar el Protocolo Simple de Gestión de Red o SNMP *(Simple Network Management Protocol)*. Este protocolo utiliza un sistema tipo consulta/respuesta mediante el cual se puede obtener el estado de un dispositivo (tanto en los parámetros estándar como en los específicos del fabricante).

Mediante los SNMP se pueden consultar *routers* y *switches* para obtener información como:

- Los octetos entrantes y salientes mediante el cálculo del tráfico de datos por segundo.
  El octeto es una unidad de información que equivale a ocho bites.
- El nivel de carga de la CPU.

- La memoria utilizada y la memoria disponible.
- El tiempo de cada operación.
- El estado de las sesiones BGP (el BGP es el protocolo de encaminamiento más utilizado en internet).
- Tablas ARP (tablas que establecen enlaces entre las capas de protocolo y las capas de enlace).
- Tablas de reenvío de eventos.

Además, los SNMP también se utilizan para cambiar los valores de ciertos atributos, como el apagado y encendido de puertos en *switches* y el reinicio remoto de dispositivos. Su principal ventaja es que se puede automatizar la gestión de la red tanto para redes pequeñas como para otras con grandes cantidades de equipos.

9.1. Gestión de filtrado de red

En un entorno globalizado, con un gran número de *software* malicioso en las redes, se hace imprescindible que las organizaciones puedan filtrar la información que debe entrar en los equipos y la que no. Para ello, una correcta gestión del filtrado de información de una red se lleva a cabo mediante dos tipos de herramientas: *firewall* (o cortafuegos) e IDS/IPS.

Firewall

El *firewall* o cortafuegos es un mecanismo de control de accesos formado por componentes *hardware* y *software* cuya función principal es separar la red interna de los equipos externos mediante el control del tráfico (denegando intentos de conexión no autorizados), para conseguir una buena prevención de ataques desde el exterior hacia equipos internos.

Con la utilización de los cortafuegos se pueden controlar aspectos como:

- **Control de servicios:** determinación de los tipos de servicios de red accesibles desde el interior y el exterior.

- **Control de direcciones:** determinación de las direcciones que pueden iniciar las solicitudes de servicios y hacia cuáles se permite su paso a través del cortafuegos.
- **Control de usuarios:** control de accesos según el usuario concreto que pretende acceder a la red. Lo más habitual es restringir el acceso a los usuarios locales de la red.
- **Control de comportamiento:** control de cómo se utilizan los servicios como, por ejemplo, restricción de acceso a determinados servicios web, filtrado de *spam,* etc.

Nota

Se denomina *spam* o correo basura a los mensajes no solicitados, no deseados o de remitente no conocido, habitualmente de tipo publicitario, que se reciben, sobre todo, por correo electrónico.

Los cortafuegos, mediante el control de los aspectos mencionados arriba, ofrecen, entre otras, las siguientes funcionalidades:

- Mantener a los usuarios no autorizados fuera de la red.
- Prohíbe la entrada o salida de servicios potencialmente vulnerables.
- Protección frente a ciertos ataques de suplantación de IP.
- Simplifica la administración de la red a través de la utilización de un punto único de entrada.
- Ofrece al usuario la posibilidad de elegir dónde realizar la supervisión de eventos de seguridad: registro de accesos, intentos de intrusión, auditorías, etc.

A pesar de ser una buena herramienta para evitar ataques de intrusos, los cortafuegos también tienen una serie de limitaciones:

- No protegen contra ataques que no pasan por el cortafuegos.
- No protegen contra amenazas internas.

- Pueden dar una falsa sensación de seguridad: aunque sea una buena herramienta no es suficiente, hace falta otras para cubrir todos los elementos de seguridad de la red.

En la siguiente tabla, se resumen las características, funcionalidades y limitaciones de los cortafuegos:

CORTAFUEGOS O *FIREWALL*
Características
Control de servicios
Control de direcciones
Control de usuarios
Control de comportamiento
Funciones
Protección ante usuarios no autorizados
Protección ante servicios potencialmente vulnerables
Protección frente a ataques de suplantación de IP
Funciones
Simplificación de la administración de la red
Elección de la ubicación de la supervisión de eventos de seguridad
Limitaciones
No hay protección frente a lo que no pasa por el cortafuegos
No hay protección frente a amenazas internas
Puede dar falsa sensación de seguridad

Sistemas de protección de ataques IPS/IDS

La tecnología IPS/IDS es un componente clave del sistema de detección de ataques y vulnerabilidades que, junto con otros controles, protegen las redes en términos de seguridad.

Los IDS *(Intrusion-Detection Systems)* o sistemas de detección de intrusiones son programas usados para detectar accesos no autorizados a un computador o a una red y tienen como función principal monitorizar el tráfico de red y enviar alertas sobre las actividades sospechosas. Están diseñados para bloquear los ataques mediante el examen detenido de todos los paquetes entrantes y tomando decisiones al momento sobre permitir o denegar el acceso de dichos paquetes. Cuando se detecta una vulnerabilidad nueva se crea un filtro específico y se añade al IPS, de modo que cualquier intento malicioso se bloquea de modo automático.

Los IDS están relacionados con los cortafuegos (porque ambos mejoran la seguridad de las redes) pero se diferencian fundamentalmente en que los cortafuegos limitan el acceso entre redes para prevenir una intrusión sin que tenga que haber alguna en ese momento, mientras que los IDS evalúan la intrusión en el momento que esta toma lugar y genera una alarma.

En cambio, el IPS *(Intrusion-Prevention Systems)* o sistema de prevención de intrusiones previene e identifica la actividad maliciosa, además de bloquearla y mandar un informe del ataque que se ha producido. Se consideran extensiones de los sistemas de detección de intrusos (IDS), ya que el tráfico de red es el que controla todas las actividades que pasan por ella y el sistema IPS se sitúa dentro del tráfico de red con la finalidad de prevenir este tipo de intrusiones.

Los IPS protegen a la red de los ataques examinando los paquetes y bloqueando el tráfico malicioso, siguiendo el proceso siguiente:

1. Cada paquete se clasifica en función de la cabecera y de la información de flujo asociada.
2. Según la clasificación del paquete, se aplican los filtros de su información de estado de flujo.
3. Todos los filtros importantes se aplican en paralelo y cuando un paquete se identifica como sospechoso se etiqueta como tal.
4. Una vez identificado y etiquetado, el paquete sospechoso se descarta y se actualiza su información de estado del flujo relacionada para descartar el resto del flujo.

Los IPS se clasifican según la forma en la que detectan el tráfico malicioso, distinguiendo entre:

- Detección basada en firmas (como, por ejemplo, los antivirus).
- Detección basada en políticas: IPS que requieren el establecimiento de políticas de seguridad.
- Detección basada en anomalías: que actúan en función del patrón de comportamiento normal de tráfico.
- Detección *honey pot:* que funciona usando un equipo configurado para que llame la atención de los *hackers.*

Herramienta SOAR *(Security Orchestration, Automation and Response)*

SOAR *(Security Orchestration, Automation and Response)* es una herramienta esencial en la ciberseguridad moderna que permite a las organizaciones mejorar significativamente su capacidad de respuesta ante incidentes. Así, SOAR se encarga de coordinar y automatizar las tareas de las múltiples herramientas de seguridad, permitiendo una respuesta más rápida y eficiente a las amenazas.

En resumen, la herramienta recoge datos de diversas fuentes, como *firewalls,* sistemas de detección de intrusiones (IDS), sistemas de prevención de intrusiones (IPS), SIEM *(Security Information and Event Management),* EDR *(Endpoint Detection and Response)* y otras herramientas de seguridad y los analiza para identificar patrones, correlacionar eventos y detectar posibles amenazas.

SOAR, una vez recopilada la información, evalúa la gravedad de cada incidente y lo prioriza en función de factores como, por ejemplo, el impacto potencial, la criticidad del activo afectado y la urgencia de la respuesta. Además, genera una serie de informes detallados sobre los incidentes, las acciones realizadas y los resultados obtenidos, que resultan de gran utilidad para evaluar el rendimiento de la seguridad, identificar áreas de mejora y cumplir con los requisitos de cumplimento normativo.

 **Actividades**

13. Busque información sobre los IPS que hay actualmente en el mercado. Señale si hay algún *software* especializado al respecto.

10. Resumen

Una red es un conjunto de dispositivos físicos y de aplicaciones mediante el cual se comunican los ordenadores para compartir información y establecer un sistema de comunicación en una organización. Son varios los dispositivos que forman parte de una red, distinguiendo entre equipos de red (servidores, ordenadores), medios de comunicación *(routers, switches...)* y conectores (sistema de cableado, enlaces inalámbricos...).

Para que los distintos equipos de red se comuniquen entre ellos y puedan transmitir la información es necesario el establecimiento de una serie de normas y reglas: este conjunto de normas y reglas forman el protocolo. La variedad de protocolos es muy amplia y tienen bastantes diferencias entre ellos, aunque lo habitual es que compartan alguna propiedad fundamental.

El primer paso para la estandarización de los protocolos fue con el modelo OSI *(Open System Interconnection),* un modelo teórico que en la actualidad forma un marco de referencia para la definición de arquitectura en la interconexión de los sistemas de comunicaciones. No obstante, en la práctica se utiliza el modelo TCP/IP para la descripción de protocolos de red.

Para tener un control de los distintos parámetros de un sistema de comunicaciones es necesario su monitorización, para obtener datos de rendimiento de los distintos componentes de la red, realizar un análisis de los mismos y tomar decisiones para seguir con la estrategia de red definida o, por el contrario, realizar modificaciones en caso de ser necesario.

En resumen, es imprescindible remarcar la importancia de la seguridad de los sistemas de comunicación. Por ello, hay sistemas de gestión de la seguridad de la información (SIM), sistemas de gestión de eventos (SEM) y sistemas de gestión de información y eventos de seguridad (SIEM).

Ejercicios de repaso y autoevaluación

1. **Complete la siguiente oración:**

   Se define el término "red" como un conjunto de dispositivos físicos (_____)
   y de programas (_____) mediante el cual se comunican los _____
   autónomos para compartir información. Cada uno de los ordenadores conectados a la
   red se denominan "_____".

2. **Busque en la sopa de letras cinco medios de comunicación de un sistema de comunicación. Tenga en cuenta que los nombres de los medios pueden estar en español
   o en inglés:**

A	B	E	R	Z	M	A	R	S	A
O	L	S	A	R	O	U	T	E	R
B	E	W	A	R	D	E	R	T	I
B	R	I	D	G	E	S	A	E	L
D	A	T	A	R	M	A	N	I	E
O	C	C	A	R	A	E	L	I	S
L	R	H	S	E	R	T	O	U	L
A	S	E	M	A	R	T	I	O	N

3. **Indique a qué tipo de conector de un sistema de comunicación se corresponden las
   siguientes definiciones:**

   a. Tipo de cableado especial por el que los datos se transmiten a través de la
   luz en lugar de por corriente eléctrica.
   b. Estructura de cables que se utiliza para conectar entre sí los distintos
   recursos, componentes y estaciones de trabajo que forman parte de una red.
   c. Enlaces que permiten la transmisión de la información a través de ondas
   electromagnéticas sin necesidad de tener una conexión física.

4. Rellene la siguiente tabla, indicando en la columna de la derecha las capas del modelo OSI a las que corresponden las definiciones de las celdas de la izquierda:

MODELO OSI

NIVEL - CAPA	DESCRIPCIÓN
	Ofrece a las aplicaciones la posibilidad de acceder a los servicios de red para realizar el trabajo encomendado.
	Divide el flujo de bits en unidades con formato mediante el uso de protocolos (puentes -*bridges*-).
	Asegura la correcta recepción de la información.
	Establece las comunicaciones y determina la ruta de los datos en la red (enrutador -*router*-).
	Se ocupa de transmitir el flujo de bits a través del medio (cables, tarjetas y repetidores).
	Establece, mantiene y finaliza la comunicación entre las aplicaciones en el momento apropiado.
	Convierte las distintas representaciones de datos para que puedan ser entendibles por el usuario.

5. Rellene los recuadros de las capas de la arquitectura TCP/IP que se corresponden con las capas del modelo OSI situado a la derecha:

Correspondencia de capas entre modelos TCP/IP y OSI

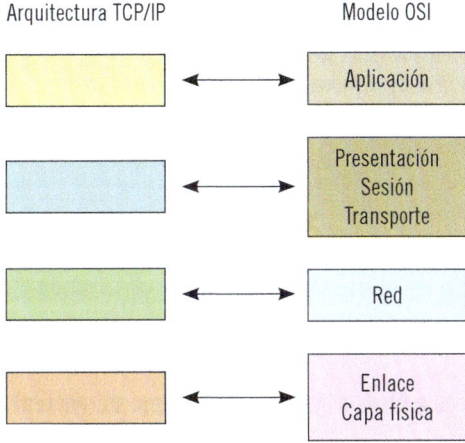

6. ¿Cuál de los siguientes servicios no está incorporado a cada capa del modelo TCP/IP?

    a. Direccionamiento.
    b. Control de la reparación de datos.
    c. Fragmentación.
    d. Nomenclatura.

7. **Relacione las siguientes características de las direcciones IP del protocolo IPv4 con las clases de direcciones mencionadas a continuación:**

   a. Los 24 primeros bits corresponden a la identificación de la red y los otros 8 a la identificación del equipo.
   b. Direcciones IP reservadas para su uso en investigación.
   c. Los 16 primeros bits (2 *bytes)* identifican la red y los otros 16 al equipo.
   d. Los 8 primeros bits (que es lo mismo que 1 *byte)* identifican la red y los 24 restantes (3 *bytes)* identifican al equipo de la red.
   e. Direcciones IP que envían la información a varias interfaces distintas.

   ___ Clase A.
   ___ Clase B.
   ___ Clase C.
   ___ Clase D.
   ___ Clase E.

8. **Dentro del protocolo IPv4, indique a qué concepto se refieren las siguientes definiciones:**

   a. Dirección que tiene los bits de host iguales a cero. Sirve para definir la red en la que se ubica.
   b. Es la dirección del *router* de la red y puede tomar cualquiera de las direcciones de un rango.
   c. Dirección que sirve para enviar un paquete a todos los *hosts* de una red. Esta dirección tiene los bits correspondientes a *host* iguales a 255.
   d. Son direcciones "127.x.x.x" que se reservan para designar la propia máquina. Se suelen utilizar para comprobar las propias interfaces de red.

9. **¿Cuál de los siguientes comportamientos irregulares de una red no se detecta con el análisis de resultados facilitado por el proceso de monitorización de la misma?**

   a. Tráfico inusual de la red.
   b. Elementos principales de la red.
   c. Utilización motivada de la red.
   d. Calidad del servicio.

10. ¿Qué es un *sniffer?* ¿En qué protocolo se utiliza?

_____

_____

_____

_____

11. De entre las siguientes herramientas, hay una que no se corresponde con un *sniffer.*
¿Cuál es?

    a. Ettercap.
    b. Hobbit-Xymon.
    c. Wireshark.
    d. Kismet.

12. Complete la siguiente oración:

El funcionamiento de la herramienta _____ se basa en el envío periódico de peticiones y el correspondiente registro de la respuesta recibida. Si recibe un valor que no está en el rango esperado envía una _____ al administrador mediante un

_____.

13. Mencione tres actividades para las cuales las herramientas SIM son especialmente útiles:

_____

_____

_____

_____

14. ¿Cuál de las siguientes opciones no se corresponde con algún beneficio que aporta la utilización de un SEM?

    a. Activación de alertas programadas.
    b. Acceso a los registros mediante una interfaz central inconsistente.
    c. Gestión de eventos de varios sistemas operativos con un solo SEM.
    d. Representación gráfica de la actividad.

15. Rellene la siguiente tabla, indicando las distintas características, funciones y limitaciones de un cortafuegos o *firewall*.

CORTAFUEGOS O *FIREWALL*
Características
Funciones
Limitaciones

Capítulo 6

Selección del sistema de registro en función de los requerimientos de la organización

Contenido

1. Introducción

Hasta ahora, se ha ido estudiando cómo implantar un sistema de información y cómo evaluar los objetivos y resultados a través de indicadores y métricas. Además, se ha aprendido a utilizar las distintas herramientas de monitorización de los sistemas de comunicaciones, para que los datos obtenidos para la obtención de los indicadores se consigan de la forma más automatizada posible.

Todo ello no serviría para nada sin un sistema de almacenamiento de la información que sea capaz de guardar los registros y datos y protegerlos debidamente.

En este capítulo, primeramente se determinará cómo definir el nivel de registros que una organización va a necesitar en función de sus objetivos y directrices, además de varias características a definir de los registros, como son: el período de retención y la necesidad de almacenamiento.

Además, la obtención, almacenamiento y tratamiento de datos son temas delicados porque pueden estar sometidos a varias normativas, atendiendo a la tipología de datos a tratar. Por tanto, es importante conocer los principales requerimientos legales que hay que tener en cuenta, atendiendo al tipo de registros que manipulan las organizaciones, y también la selección y establecimiento de medidas de salvaguarda que eviten el riesgo de caer en ilegalidades o en problemas de seguridad de la información.

Todas estas medidas deben estar reflejadas en un documento de seguridad, en el que se designarán todas las responsabilidades relacionadas con la gestión de los registros para evitar un descontrol de las mismas que provoque fallos de seguridad.

También existen varias alternativas de almacenamiento de los registros del sistema, atendiendo a sus propiedades, y se proponen una serie de recomendaciones y factores a considerar para elegir un sistema de almacenamiento y custodia de registros adecuado.

2. Determinación del nivel de registros necesario, los periodos de retención y las necesidades de almacenamiento

Anteriormente, se han estudiado los diferentes procesos de información, su monitorización y su evaluación mediante la utilización de indicadores y métricas. En todas estas fases, las organizaciones obtienen una serie de documentos que sirven para apoyar y fundamentar las decisiones tomadas por los responsables.

Estos documentos sirven para que la organización se asegure una eficaz planificación, operación y control de los procesos. Los registros y documentos serán la base en la que se encuentren los datos para analizar el comportamiento y las mejoras de los distintos procesos del sistema de gestión de una organización.

En el tema de los documentos es importante tener claro una serie de conceptos:

- **Registro:** formato o impreso cumplimentado como resultado de la realización de una tarea del sistema.
- **Formato o impreso:** tipo de documento en el que se anotan los datos relacionados con la realización de las tareas de un proceso.

En el momento en el que la organización planifica las diferentes actividades que llevará a cabo, se tomarán decisiones acerca de cómo se realizarán las actividades y dónde se deben anotar los resultados para su posterior análisis.

Una vez tomadas estas decisiones de planificación, cuando se llevan a cabo las tareas, los resultados obtenidos se almacenan en forma de registros en la manera decidida en el proceso anterior. Mediante el análisis de resultados almacenados en estos registros ya se puede realizar una correcta toma de decisiones en la organización y comprobar su correcto funcionamiento o, por el contrario, la puesta en marcha de medidas correctivas para obtener mejoras significativas.

Este proceso de planificación y realización de actividades de una organización se puede observar en la siguiente imagen:

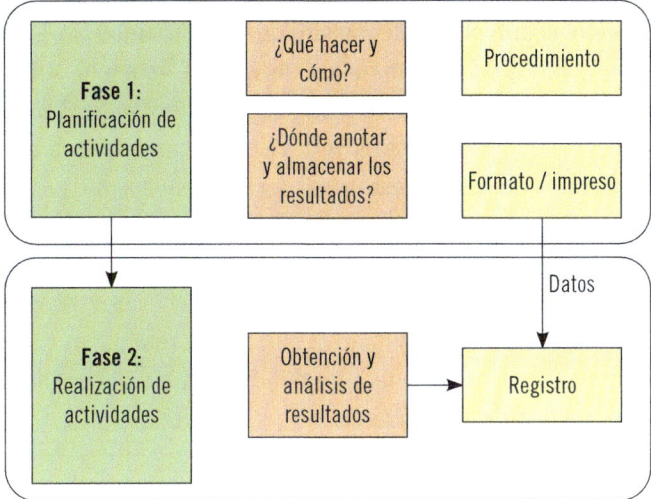

Ya que los registros son la base para una correcta toma de decisiones, es fundamental ejercer un control exhaustivo de los mismos para evitar distorsiones de los resultados. Para un correcto control de los registros hay que tener en cuenta una serie de parámetros:

- **Identificación de los registros:** los registros deben poder identificarse con facilidad. Esta identificación hay que realizarla en dos niveles: en el primero se identifican los registros según el formato utilizado para su cumplimentación y en el segundo ya se diferencian por un campo identificador presente en el propio formato. Ejemplos de campos identificadores podrían ser el número de registro, la fecha de cumplimentación, etc.
- **Almacenamiento:** para un control correcto es fundamental establecer dónde se van almacenar los archivos de los registros para que sean de fácil localización en el momento de necesitarlos.
- **Protección:** hay que determinar una serie de controles y medidas de seguridad para evitar cambios indeseados en la información y el acceso de personas no autorizadas. Ejemplos de medidas podrían ser el establecimiento de contraseñas de acceso o la realización de copias de seguridad.
- **Recuperación:** debido al alto volumen de registros almacenados, hay que establecer una metodología que permita encontrar y acceder a los datos históricos con facilidad.

- **Retención:** según el tipo de registro que se esté tratando, estos requieren ser conservados un determinado intervalo de tiempo u otro. Si se toman en consideración las recomendaciones de la norma ISO 9001:2015, se recomienda que los registros se conserven durante tres años. Aun así, dependiendo de las necesidades de la organización y de los requerimientos legales para algunos tipos de registros, habrá que establecer un período de retención u otro para estos registros especiales.
- **Disposición de los registros:** hay que establecer qué se va a hacer con los registros una vez terminado el período de retención, cómo va a ser el procedimiento para eliminarlos o dónde se van a almacenar o a archivar en caso de decidir conservarlos de modo indefinido.

Importante

Para un correcto control de los registros es importante su identificación, almacenamiento, protección, fácil recuperación y su conservación y disposición.

Con todos estos requerimientos de control las organizaciones suelen hacer una ficha de los registros que se van a almacenar. Un ejemplo de ficha podría ser la siguiente:

LISTADO DE REGISTROS				
Nombre	Identificación	Responsable	Ubicación del archivo	Período de retención
Facturas proveedores	NIF proveedor	Departamento de compras	Carpeta proveedores	3 años
Facturas clientes	NIF cliente	Departamento de ventas	Carpeta clientes	3 años
Nóminas	DNI empleado	Departamento de RR. HH.	Carpeta empleados	3 años
Informes de resultados	Fecha de aprobación	Dirección	Carpeta de información financiera	3 años

Si el establecimiento de estas medidas de control de los registros es correcto y adecuado se pueden obtener beneficios importantes para la organización:

- Mediante el control del almacenamiento de los datos se consigue que el acceso a los mismos sea más sencillo y rápido, lo que propiciará un análisis de los indicadores más ágil y resolutivo.
- Al ser el acceso a los registros más rápido, también se agiliza el proceso de realización de auditorías.
- Hay una mayor protección de los registros tras haber establecido previamente una serie de medidas de seguridad que evitan el uso indebido de los datos y las pérdidas imprevistas de los mismos.
- Hay una mayor organización y orden en el archivo de la organización, lo que puede ahorrar tiempo y gastos en el momento de necesitar algún documento determinado.

Actividades

1. Proponga un listado de registros para organizar los que pueda tener una autoescuela.
2. Ya se han ido mencionando los beneficios que tiene para una organización el establecimiento de medidas de control de los registros. Señale qué consecuencias puede haber si no se aplican estas medidas.

3. Análisis de los requerimientos legales en referencia al registro

Los requerimientos legales son aquellos que indican las condiciones necesarias específicas que debe reunir una actividad, proceso o servicio determinado para cumplir con los postulados que se establecen en los textos legales. En el caso de los registros, los requerimientos legales se referirán a los modos de obtención, tratamiento, sistemas de almacenamiento y medidas de seguridad de los registros.

Para cumplir con los requerimientos legales y no caer en la ilegalidad, la organización debe hacer una búsqueda exhaustiva de los textos legales que regulan los registros y actualizarse continuamente para estar al día de los cambios que hay que realizar en el sistema de registros de la misma.

Una de las legislaciones que hace mayor énfasis en la temática de los registros es la Ley Orgánica 3/2018 de Protección de Datos Personales y garantía de Derechos Digitales (LOPDGDD) cuya finalidad es adaptar la normativa europea para proteger a las personas en lo que respecta al tratamiento de sus datos personales y garantizar los derechos digitales de la cuidadanía.

El artículo 38 de la LOPDGDD habla de que los códigos de conducta regulados por la sección 5ª del Capítulo IV del Reglamento (UE) 2016/679 serán vinculantes, y estos tendrán como objeto especificar la aplicación de la normativa en lo que respecta a:

a. el tratamiento leal y transparente;
b. los intereses legítimos perseguidos por los responsables del tratamiento en contextos específicos;
c. la recogida de datos personales;
d. la seudonimización de datos personales;
e. la información proporcionada al público y a los interesados;
f. el ejercicio de los derechos de los interesados;
g. la información proporcionada a los niños y la protección de estos, así como la manera de obtener el consentimiento de los titulares de la patria potestad o tutela sobre el niño;
h. las medidas y procedimientos a que se refieren los artículos 24 y 25 y las medidas para garantizar la seguridad del tratamiento a que se refiere el artículo 32;
i. la notificación de violaciones de la seguridad de los datos personales a las autoridades de control y la comunicación de dichas violaciones a los interesados;
j. la transferencia de datos personales a terceros países u organizaciones internacionales, o
k. los procedimientos extrajudiciales y otros procedimientos de resolución de conflictos que permitan resolver las controversias entre los responsables

del tratamiento y los interesados relativas al tratamiento, sin perjuicio de los derechos de los interesados en virtud de los artículos 77 y 79.

Según la LOPDGDD se debe preservar la protección de datos a través de:

- Exactitud de los datos.
- Deber de confidencialidad.
- Tratamiento basado en el consentimiento del afectado.
- Consentimiento de los menores de edad.
- Tratamiento de datos por obligación legal, interés público o ejercicio de poderes públicos.
- Categorías especiales de datos.
- Tratamiento de datos de naturaleza penal.

Además trata sobre los derechos de las personas, dando especial importancia a la Transparencia e información al afectado a través de:

- Derecho de acceso
- Derecho de rectificación
- Derecho de supresión
- Derecho a la limitación del tratamiento
- Derecho a la portabilidad
- Derecho de oposición

En cuanto a los titulares de los datos personales, la organización, en términos generales, debe informar al interesado de:

- La finalidad para la que se van a utilizar sus datos.
- La existencia de un fichero con sus datos.
- El responsable del fichero y su dirección o la de su representante.
- La posibilidad de ejercer los derechos ARCO y POL en sus datos.
- En el caso de datos especialmente protegidos, los interesados deben estar informados de su derecho a no prestar su consentimiento en el tratamiento de estos datos.

Nota

Los datos especialmente protegidos son aquellos relativos a ideología, afiliación sindical, religión, origen racial, salud o vida sexual. Con este tipo de datos hay que tener un especial cuidado en su tratamiento.

Teniendo en cuenta toda esta serie de requerimientos, una buena manera de elevar su cumplimento es manteniendo una integridad en los dispositivos que tratan este tipo de datos. No solo hay que vigilar quién accede y hace uso de los datos, también hay que asegurar que los dispositivos y los equipos de información están en condiciones para que almacenen correctamente los datos y así evitar pérdidas de información y acceso de usuarios no autorizados. Por ello, además de controlar los requerimientos legales, se recomienda establecer un control, actualización e inventarización de dispositivos como:

- **Equipos informáticos:** se recomienda tener un inventario actualizado de todos los ordenadores y servidores que hay en la actualización. Además, es recomendable tener registradas las distintas configuraciones que hay en cada uno de ellos por si se produce alguna pérdida de datos y es necesario reestablecerlos.
- **Dispositivos de red** *(módems, routers, switches,* **etc.):** en el inventario también deberían incluirse todos los dispositivos de red que forman parte de la organización y la seguridad que hay establecida en cada uno de ellos.
- **Licencias de** *software:* el uso de licencias de *software* ilegales son uno de los principales factores de riesgo para la pérdida de la información. Por ello, es imprescindible que las licencias de aplicaciones que se utilicen en la organización sean todas legales y estén actualizadas constantemente para evitar este tipo de riesgos.
- **Dispositivos** *hardware* **y** *software* **de seguridad:** para evitar el uso indebido de usuarios no autorizados de los datos personales es imprescindible establecer medidas de seguridad en cuanto a *software* y *hardware,* para minimizar los riesgos todo lo posible. Así, se recomienda configurar

firewalls y tener instalado un buen antivirus que se actualice constantemente y así conseguir una reducción notable de este tipo de riesgos.

- **Medidas de seguridad física:** además de tener inventariados y protegidos
los distintos dispositivos, también es recomendable tomar una serie de
medidas físicas que los protejan en caso de catástrofes naturales, robos,
etc., y los mantengan en condiciones ambientales propicias que minimi-
cen los riesgos de avería y así conseguir evitar pérdidas de información.

A modo de resumen, en la tabla siguiente se recogen unos aspectos básicos
referentes a los requerimientos legales y las recomendaciones de actuación
para las organizaciones:

Obligación legal	Recomendación
Los datos deben recogerse solo con fines determinados explícitos y legítimos	No usar estos datos para otras finalidades
Los datos deben ser adecuados y pertinentes en relación a su finalidad	No recoger datos si no son absolutamente necesarios
Los datos deben ser exactos y veraces respecto a la situación del titular	Mantener actualizados los datos constantemente
Los datos deben ser conservados solamente durante el tiempo necesario para las finalidades para las que han sido recogidos	Cancelar y eliminar los datos cuando ya no son necesarios

Desde la página de la AEPD, en su apartado "Cumplimiento de las obligaciones" se ofrecen Guías y Asistentes para que las empresas y organizaciones cumplan con sus obligaciones en relación a la Protección de Datos de los ciudadanos.

 Actividades

3. Proponga más recomendaciones para una organización que quiera cumplir con los
requerimientos legales sobre Protección de Datos.
4. Busque más información sobre la Agencia Española de Protección de Datos y sus
funciones fundamentales.

Aplicación práctica

Usted, como responsable de tratamiento de datos de su empresa, está diseñando la metodología de recogida de unos datos personales de los responsables de ventas de los concesionarios de la provincia por temas estadísticos. En el momento de recoger los datos personales, ¿de qué tendrá que informar respecto a su derecho de acceso a los responsables de ventas que entreviste?

SOLUCIÓN

En el momento de recabar los datos personales de los responsables de ventas de los concesionarios, la LOPDGDD establece que los interesados tendrán derecho de acceso a los datos personales y a la siguiente información:

▌ los fines del tratamiento;
▌ las categorías de datos personales de que se trate;
▌ los destinatarios a los que se comunicarán;
▌ si es posible, el plazo previsto de conservación de los datos personales;
▌ la existencia del derecho a solicitar al responsable la rectificación o supresión de datos personales o la limitación, u oponerse a dicho tratamiento;
▌ el derecho a presentar una reclamación ante una autoridad de control;
▌ cuando los datos personales no se hayan obtenido del interesado, cualquier información disponible sobre su origen;
▌ la existencia de decisiones automatizadas, incluida la elaboración de informes.

4. Selección de medidas de salvaguarda para cubrir los requerimientos de seguridad del sistema de registros

Como ya se ha mencionado anteriormente, antes de implementar los sistemas de información es fundamental identificar y acordar los requerimientos de seguridad que se van a incorporar a estos sistemas de información y de registros.

Estos requerimientos y controles deben ser acordes con el valor de los datos involucrados y con el daño que podrían causar en la organización una pérdida o modificación indeseada de los mismos. Por este motivo, las medidas de salvaguarda y los controles adicionales se determinarán en función de los requisitos de seguridad, de la evaluación de los riesgos y del valor de la información protegida.

Los controles de salvaguarda de los sistemas de registros se pueden dividir en tres partes diferenciadas:

- Medidas de seguridad administrativa.
- Medidas de seguridad física.
- Medidas de seguridad técnica.

4.1. Medidas de seguridad administrativa

Las medidas de seguridad administrativas son aquellas que se deben implementar para conseguir los objetivos definidos por la organización en los siguientes aspectos:

- **Cumplimiento de los requerimientos legales:** controles establecidos para evitar incumplimientos de la normativa vigente, de las obligaciones establecidas por contrato o de la política de seguridad establecida por la organización. Incluye controles respecto al cumplimiento de la normativa referente a la protección de datos personales, los derechos de propiedad intelectual y la privacidad y confidencialidad de la información, entre otros.
- **Política de seguridad:** la organización debe establecer e implementar una política de seguridad en la que se definan una serie de directrices y orientaciones estratégicas en materia de seguridad.
- **Organización de la seguridad de la información:** incluye el establecimiento de controles internos (compromiso de cumplimiento de los directivos, designación de responsables de seguridad, etc.) y de controles externos (identificación y medidas de control de riesgos relacionados con terceros, entre otros), mediante los cuales se gestione la seguridad de la información y del sistema de registros.
- **Clasificación y control de activos:** tal y como se ha comentado anteriormente, hay que elaborar y mantener actualizado un inventario con todos

los dispositivos y equipos relacionados con los sistemas de información y registro de la organización.

- **Seguridad relacionada con los recursos humanos:** además de los controles internos, también hay que establecer una serie de controles y medidas que permitan que los empleados conozcan el alcance de sus responsabilidades respecto a la seguridad de la información (tanto antes, como durante, como una vez finalizada la relación laboral).
- **Administración de incidentes:** un sistema de registros debe tener implementados una serie de controles referentes a la gestión de los incidentes (tanto presentes como potenciales) que puedan afectar a la integridad, confidencialidad y disponibilidad de la información. Estos controles pueden ser, entre otros, reportes de eventos o reportes de debilidades de seguridad de la información.
- **Continuidad de las operaciones:** aparte de implementar controles que eviten las posibles incidencias, también hay que establecer controles que permitan volver cuanto antes a la normalidad cuando se produce algún tipo de interrupción de operaciones o de falla en los sistemas de registros.

Recuerde

Es imprescindible saber diferenciar los conceptos de confidencialidad, integridad y disponibilidad de la información. La confidencialidad consiste en asegurar que no acceden a la información usuarios no autorizados; la integridad se basa en garantizar la exactitud y confiabilidad de la información; y la disponibilidad es la capacidad de que los usuarios autorizados puedan acceder a la información cuando lo requieran.

4.2. Medidas de seguridad física

Como ya se ha comentado, además de establecer medidas de protección en el sistema de información también es fundamental tener en cuenta que puede haber agentes físicos externos que afecten notablemente a la seguridad de la información.

Por ello, es necesario establecer una serie de controles para mantener un perímetro de seguridad física adecuado y que se ubiquen los dispositivos en un entorno ambiental apropiado (zonas libres de humedad, zonas donde la luz solar no dé directamente a los equipos, etc.).

Además, el establecimiento de un perímetro de seguridad puede ayudar a evitar y prevenir accesos no autorizados y otras amenazas como robos o daños malintencionados.

4.3. Medidas de seguridad técnica

Las medidas de seguridad técnica son aquellas que se aplican a sistemas de datos personales en soportes electrónicos, servicios e infraestructuras de tecnologías de la información. Entre estas medidas se incluyen:

- **Control de accesos:** medidas que controlen el acceso a la información y a las instalaciones por parte de los responsables autorizados y protegiendo los archivos y registros contra su divulgación no autorizada. Ejemplos de medidas pueden ser la gestión de acceso de los usuarios, el control de accesos a la red y el control de accesos a las aplicaciones, entre otras.
- **Gestión de comunicaciones:** las comunicaciones y las operaciones realizadas con los registros deben estar protegidas e incluir medidas que aseguren que estas se realizan de un modo correcto. Algunas de estas medidas pueden ser la realización de copias de seguridad, la protección contra código malicioso *(malware),* la gestión de la seguridad de la red, etc.
- **Diseño, uso y mantenimiento de sistemas de información:** en el momento de diseñar un sistema de información ya deben tenerse en cuenta los controles de seguridad que habrá que incluir para que haya una adecuada integración sin caer en problemas de seguridad innecesarios. Estos controles del sistema de información deben mantenerse y actualizarse hasta que el sistema deje de utilizarse definitivamente.

En resumen, se pueden observar los distintos tipos de medidas respecto a los requisitos de seguridad de sistemas de registros en la siguiente tabla:

TIPOS DE MEDIDAS	MEDIDA
ADMINISTRATIVAS	Definición de políticas de seguridad.
	Establecimiento de controles para cumplir con los requerimientos legales.
	Organización de la seguridad de la información mediante controles internos y externos.
	Clasificación y control de activos: elaboración y actualización de inventario de dispositivos.
	Definición de controles respecto a los recursos humanos.
	Administración de incidentes.
	Continuidad de las operaciones.
FÍSICAS	Establecimiento del perímetro de seguridad.
	Medidas de seguridad ambientales.
TÉCNICAS	Gestión de comunicaciones y operaciones.
	Control de accesos.
	Diseño, uso y mantenimiento de sistemas de información.

 **Actividades**

5. Señale en qué se diferencian las medidas de seguridad administrativas, físicas y técnicas.
6. Busque más información y ponga más ejemplos de agentes físicos externos que pueden afectar a la seguridad de la información.

 **Aplicación práctica**

Usted, como responsable de seguridad de su empresa, está evaluando los riesgos de perder los registros que se van recogiendo, y se ha dado cuenta de que no hay establecido ningún control de acceso a la información y que cualquier usuario podría acceder a ellos. ¿Qué tipo de medida debería establecer para aumentar el nivel de seguridad en este aspecto?

SOLUCIÓN

Teniendo en cuenta que hay medidas de seguridad técnicas, administrativas y físicas, el establecimiento de permisos y de control de accesos a los registros de una empresa se corresponde con una medida de seguridad técnica, una medida que se puede aplicar a los soportes electrónicos para evitar el acceso no autorizado de usuarios.

5. Asignación de responsabilidades para la gestión del registro

La gestión de los registros es un tema muy delicado para las organizaciones. Es de vital importancia tener sumo cuidado en la recogida, tratamiento y análisis de la información, aparte de tomar medidas de seguridad para evitar que los registros se eliminen o modifiquen involuntariamente y que haya manipulaciones no autorizadas de los mismos.

Por estos motivos, las organizaciones deben asignar responsables encargados de que se cumplan todos los requerimientos legales y de seguridad, además de asegurar que se han recogido los datos adecuados para un correcto análisis y obtención de conclusiones útiles para su buen funcionamiento.

La LOPDGDD obliga a las organizaciones a designar en su documento de seguridad a un responsable de tratamiento de datos que se encargue de autorizar, coordinar, controlar y, en ocasiones, ejecutar las medidas definidas en ese mismo documento.

Atendiendo a la LOPDGDD, las principales obligaciones del responsable de tratamiento de datos son las siguientes:

- Someter los sistemas de información, al menos cada dos años, a una auditoría interna o externa que verifique el cumplimiento del reglamento, procedimientos e instrucciones.
- Analizar el informe de auditoría y elevar las conclusiones al responsable del fichero para que adopte las medidas correctoras adecuadas.
- Implantar, revisar y modificar (en caso de ser necesario) controles periódicos para verificar el cumplimiento de lo establecido en el documento de seguridad.
- Controlar que solo el personal autorizado pueda acceder a la información en papel de nivel alto.
- Actualizar el listado de personal autorizado a acceder a datos personales en soporte papel de nivel alto.
- Cuidar que los armarios y archivadores que contengan información con datos personales de nivel alto se encuentren en áreas con acceso protegido y que estas estén cerradas cuando no sea necesario el acceso a las mismas.
- Adoptar las medidas oportunas para que el acceso de los usuarios esté limitado a los recursos que precisen para el desarrollo de sus funciones.
- Confeccionar y mantener actualizada una relación de usuarios y perfiles de usuarios a ficheros no automatizados y los accesos autorizados para cada uno de ellos.
- Establecer mecanismos para evitar que un usuario pueda acceder a ficheros distintos de los autorizados.
- Adoptar las medidas oportunas para que el personal ajeno que tenga acceso a los ficheros no automatizados esté sometido a las mismas condiciones y obligaciones de seguridad que el personal propio.
- Controlar que realicen copias de los documentos que contengan datos de nivel alto solo las personas autorizadas en el documento de seguridad.
- Redactar y revisar la existencia de un procedimiento que indique cómo proceder a la destrucción de las copias o reproducciones desechadas que contengan datos de nivel alto de forma que se evite el acceso a la información.
- Definir y documentar las funciones y obligaciones del personal en relación con los ficheros.

- Establecer un procedimiento de notificación y gestión de las incidencias relativas a los ficheros.
- Establecer un registro en el que se haga constar el tipo de incidencia, el momento en el que se ha producido o detectado, la persona que realiza la notificación, a quién se le comunica, los efectos que se hubieran derivado de la misma y las medidas correctoras aplicadas.
- Disponer lo oportuno para que se archiven los soportes o documentos de acuerdo con los criterios que garanticen la correcta conservación de los documentos, la localización y consulta de la información y posibilitar el ejercicio de los derechos ARCO y POL al tratamiento de los datos.
- Identificar el tipo de información que contienen los soportes y documentos que contengan datos de carácter personal.
- Inventariar los soportes y documentos que contengan datos personales.

Recuerde

Los derechos ARCO reflejados en la Ley Orgánica de Protección de Datos Personales y garantía de los derechos digitales se corresponden con los derechos de acceso, rectificación, cancelación y oposición que tienen los interesados respecto a sus datos. Estos derechos se ven complementados con los derechos POL que ofrece el Reglamento General de Protección de Datos; Portabilidad, olvido o supresión y limitación del tratamiento.

Actividades

7. En este capítulo se ha hablado del responsable de tratamiento de datos. Comente en qué se podría diferenciar de un responsable de seguridad. Justifique su respuesta.

6. Alternativas de almacenamiento para los registros del sistema y sus características de rendimiento, escalabilidad, confidencialidad, integridad y disponibilidad

El registro de un sistema es una base de datos jerárquica que almacena sus ajustes de configuración.

Contiene la configuración de los componentes de bajo nivel del sistema operativo, como las aplicaciones, los controladores de dispositivos, los servicios, la interfaz de usuario y las aplicaciones de terceros.

Además, también facilita información para comprobar el rendimiento, escalabilidad, confidencialidad, integridad y disponibilidad del sistema.

 Nota

La escalabilidad de un sistema describe la facilidad con la que se pueden agregar o quitar componentes del sistema a la vez que se mantiene su confiabilidad.

El registro de *Windows* contiene todo tipo de configuraciones del sistema operativo útiles para, por ejemplo:

- Saber qué aplicaciones están instaladas, los documentos que se pueden crear y con cuál de ellas se puede abrir cada tipo de archivos.
- Definir qué programas deben iniciarse al encender el equipo.
- Limpiar el arranque de *Windows* para que el inicio sea más rápido.
- Gestionar los distintos dispositivos de *hardware* del ordenador y los *drivers* y recursos que utilizan.
- Guardar las configuraciones de las cuentas de usuario que haya en el sistema.
- Determinar las características y el aspecto general de elementos como las carpetas, ventanas o el Escritorio de *Windows.*

Para entrar en el registro de *Windows* vaya a **Inicio → Ejecutar...** e introduzca el comando **regedit.** Pulse en **Aceptar** y aparecerá una consola del sistema, el **Editor del Registro,** con una serie de categorías agrupadas en forma de árbol como la que se puede ver en la siguiente imagen:

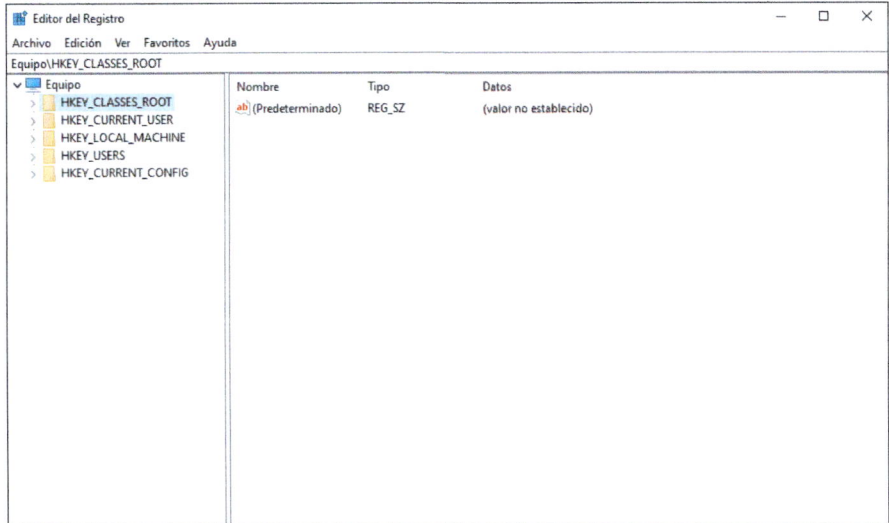

Editor del Registro de Windows

Para entrar en una carpeta o subcarpeta, haga doble clic sobre ellas. Las carpetas (o claves) principales son las siguientes:

- **HKEY_CLASSES_ROOT:** contiene información sobre las aplicaciones registradas y los sistemas de archivos. En esta carpeta se define qué programa debe abrir cada aplicación por defecto.
- **HKEY_CURRENT_USER:** contiene información sobre las configuraciones del usuario que está utilizando *Windows* en ese momento. Cualquier modificación de alguna configuración solo afectará a la sesión que inicie ese usuario. Se pueden encontrar datos como: componentes que se muestran en el Panel de control, las unidades del sistema, el idioma del teclado, la configuración de la red, etc.
- **HKEY_LOCAL_MACHINE:** es uno de los apartados más importantes del equipo porque contiene información sobre las configuraciones de *software,*

hardware y las cuentas de usuario que puede haber en el ordenador. La información de este apartado se aplica a todos los usuarios del equipo.

- **HKEY_USERS:** contiene los datos sobre los distintos perfiles de usuario que haya en *Windows.*

- **HKEY_CURRENT_CONFIG:** contiene información acerca del *hardware* del equipo. Es una carpeta dinámica que se va creando y configurando a tiempo real según las necesidades del sistema operativo.

Aparte del Editor del registro, si hay sospechas de que existe algún usuario no autorizado que esté utilizando el equipo, es muy útil revisar los registros del sistema para ver qué ha ocurrido en él cuando lo ha utilizado otro usuario.

Para ello, se puede utilizar el Visor de eventos de *Windows* haciendo **Inicio → Configuración → Panel de control → Herramientas administrativas → Visor de eventos:**

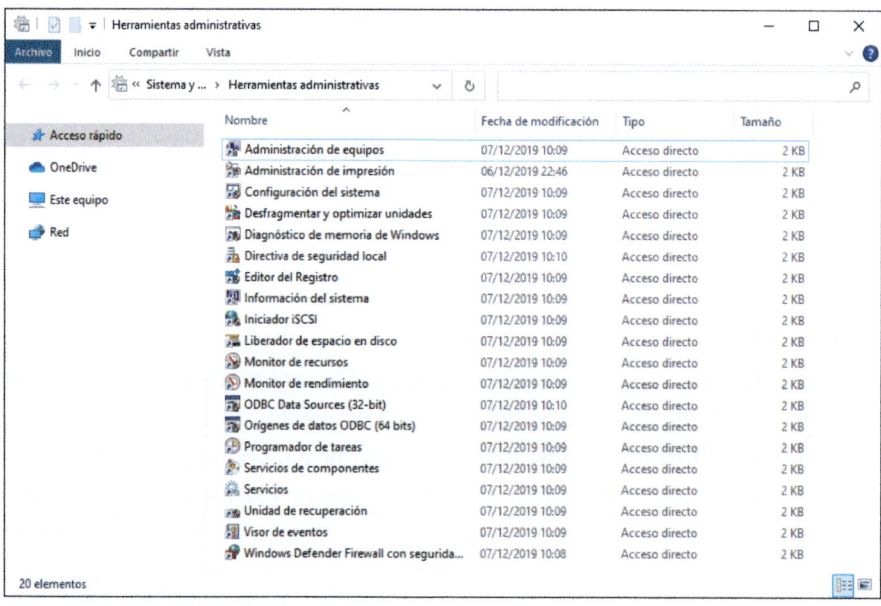

Panel de control, Herramientas administrativas

En el **Visor de eventos** se pueden observar distintos tipos de registros, en la carpeta Registro de *Windows:*

- **Registros de aplicación:** contiene los eventos registrados por aplicaciones o programas.
- **Registros de seguridad:** contiene los eventos ocurridos en los accesos del sistema. Por ejemplo, intentos de inicio de sesión, introducción de contraseñas erróneas, etc. También contiene eventos relativos a la utilización de los recursos.
- **Registros de instalación:** incluye los eventos relacionados con la instalación de aplicaciones en el equipo. Se utiliza frecuentemente para comprobar si hay algún *software* malicioso instalado.
- **Registros de sistema:** contiene los eventos que han sido generados por componentes del sistema operativo como, por ejemplo, errores al cargar alguno de sus componentes.
- **Registros de eventos reenviados:** contiene eventos que han sido reenviados a este registro desde otros equipos.

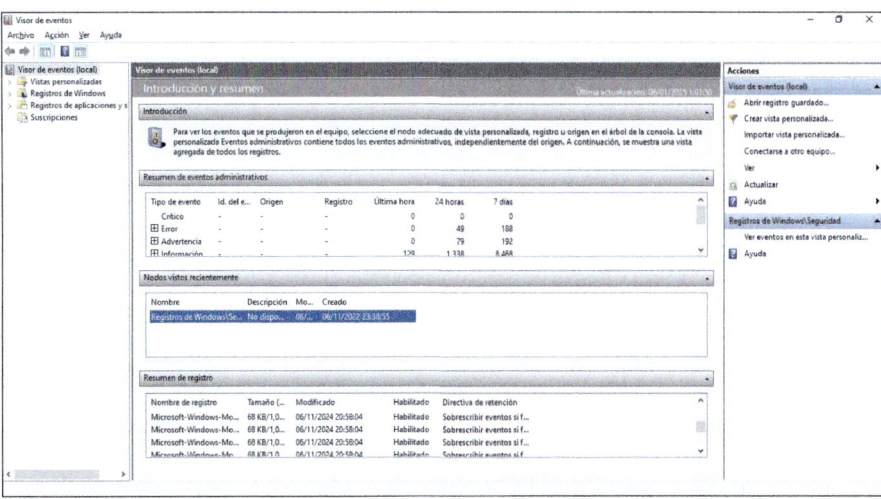

Visor de eventos

Además de los registros de *Windows,* en esta herramienta también se pueden ver los registros de aplicaciones y servicios, una nueva categoría de los registros de eventos.

Este tipo de registros almacenan eventos de una sola aplicación o componente en lugar de almacenar eventos que afectan a todo el sistema.

En el sistema operativo *Linux* se utilizan archivos de registro para registrar los eventos del sistema, entre ellos la conexión de dispositivos, sesiones nuevas y otros mensajes. En cada mensaje consta el programa que lo generó, la prioridad, la fecha y la hora.

Para acceder a los archivos de registro hay que iniciar la sesión como usuario *root,* ya que se trata de archivos protegidos.

Si se quieren ver las últimas líneas de un archivo y sus actualizaciones se utiliza el comando **tail –f.** Por ejemplo, si se quieren ver los eventos de autenticación como sesiones nuevas se utiliza: **tail –f/var/log/auth.log.**

Para finalizar la operación basta con pulsar la combinación de teclas [Ctrl] + [C].

Si en lugar de querer ver las últimas líneas de un archivo de registro se quiere acceder al registro entero, hay que utilizar el comando **less +F.** Con este comando se puede incluso ver cualquier actualización a tiempo real.

Para finalizarlo, se pulsa la combinación de teclas [Ctrl] + [C] y, a continuación, la tecla [Q].

Los archivos de registro varían según la versión de *Linux* que se utiliza. No obstante, la gran mayoría contienen al mínimo los archivos comunes que se reflejan en la tabla siguiente:

Nombre de archivo	Funcionalidad
/var/log/auth.log	Información sobre eventos de autenticación de usuarios y permisos.
/var/log/boot.log	Muestra eventos y servicios empezados cuando se inicia el sistema.
/var/log/crond.log	Tareas de cron.

Continúa en página siguiente >>

<< Viene de página anterior

Nombre de archivo	Funcionalidad
/var/log/daemon.log	Muestra mensajes sobre permisos o servicios corriendo en el sistema.
/log/dmesg.log	Muestra mensajes del núcleo *Linux*.
/var/log/errors.log	Muestra errores del sistema.
/var/log/everything.log	Mensajes misceláneos no cubiertos por los otros archivos.
/var/log/httpd.log	Muestra mensajes y errores de *Apache*.
/var/log/mail.log	Mensajes del servidor de correo electrónico.
/var/log/messages.log	Alertas generales del sistema.
/var/log/mysqld.log	Archivo de MySQL.
/var/log/secure	Registro de seguridad.
/var/log/syslog.log	Registro del sistema de registro.
/var/log/Xorg.0.log	Muestra registros de *Xorg*.
/var/log/user.log	Muestra información acerca de los procesos usados por el usuario.

Actividades

8. Investigue sobre las distintas opciones y herramientas de gestión de registros que hay en su ordenador personal según el sistema operativo que tenga instalado y coméntelas.

Aplicación práctica

Se encuentra revisando las aplicaciones instaladas en uno de los equipos de la empresa en la que trabaja y se ha dado cuenta de que hay una aplicación que usted no ha instalado. Para saber quién la ha instalado y cuándo, quiere comprobar el historial del registro de la aplicación. Utilizando *Windows*, ¿qué herramienta usaría y cómo procedería para acceder al historial?

Continúa en página siguiente >>

<< Viene de página anterior

SOLUCIÓN

En caso de encontrar aplicaciones que no sabe quién las ha instalado y de querer visualizar el historial de la aplicación, utilice la herramienta **Visor de eventos**. Para acceder a ella vaya a **Inicio → Configuración → Panel de control → Herramientas administrativas → Visor de eventos**. El historial de registro de aplicación se encuentra dentro de la carpeta Registro de *Windows,* por lo que al cliquear sobre ella ya se puede visualizar sin problemas.

---

7. Guía para la selección del sistema de almacenamiento y custodia de registros

La tarea de recolección, obtención de resultados y análisis de los mismos con los registros es muy ardua y conlleva un coste bastante elevado. Por ello, es fundamental que la elección del sistema de almacenamiento de estos registros sea la apropiada (para que la custodia de los registros se realice correctamente y evitar pérdidas inesperadas de información), atendiendo a varios factores que se mencionarán en este apartado.

Pero antes de hablar de las distintas alternativas de sistemas de almacenamiento es importante mencionar los diferentes modelos de almacenamiento de datos en los sistemas de información:

- El modelo tradicional de archivos: este modelo está formado por varios elementos:

  - Variables: conjunto de registros que, al ser variables, pueden almacenar datos de tipos diversos.
  - Archivos: "Lugar" donde se almacenan los registros.
  - Aplicaciones: encargadas de gestionar y coordinar las variables y los archivos para que los usuarios puedan acceder a la información de un modo sencillo.

■ Modelo de bases de datos relacionales: modelo utilizado para simplificar los sistemas de información, organizando los datos en tablas de bases de datos de modo que la entrada de datos sea más ágil y automatizada. Del mismo modo que en el modelo anterior, también son necesarias las aplicaciones que servirán como plataforma para introducir y tratar los datos y registros obtenidos.

 Nota

En el mercado hay numerosas aplicaciones que gestionan las bases de datos relacionales. Son los llamados sistemas gestores de bases de datos o SGBD.

Atendiendo al modelo de almacenamiento de datos que se quiera utilizar para guardar y custodiar los registros, hay que elegir el sistema de almacenamiento de los registros. La mayoría de los registros se guardan en sistemas de almacenamiento secundario por la elevada cantidad de información que conllevan. No obstante, la elección correcta del sistema de almacenamiento dependerá de una serie de factores y características:

■ **Sistema operativo que se va a utilizar:** dependiendo del sistema operativo a utilizar, el formato de los archivos y registros será de un tipo u otro.
■ **Requisitos legales/normativas:** según el tipo de registros que se vaya a tratar y almacenar, es posible que estos requieran un tipo de almacenamiento específico para que reciban una especial protección por el hecho de estar sujetos a una normativa estatal o internacional. Como recordatorio, las principales normativas a tener en cuenta en esta temática están relacionadas con:

   ❙ Ley Orgánica de Protección de Datos de Datos Personales y garantía de los derechos digitales (LOPDGDD).
   ❙ Normativas referentes a la propiedad intelectual.

▮ Normativas que regulen temas relativos a la privacidad y confidencialidad de la información.

▮ Normativas referentes al comercio electrónico.

La globalización de los mercados requiere cada vez más tener un conocimiento concreto de las normativas internacionales, además de las nacionales, referentes al tratamiento de los datos y registros.

■ **Capacidad de los recursos que se van a utilizar para almacenar y custodiar los registros:** el volumen de los datos y la capacidad que estos requieran para que se pueda trabajar con ellos con facilidad tendrán un papel importante en el momento de elegir un sistema de almacenamiento adecuado. Si el volumen de datos con el que se va a trabajar es grande o si se va a realizar un trabajo intenso con los mismos, será necesario un sistema de almacenamiento con capacidad suficiente que lo soporte.

■ **Características de la red que se utilizará en la organización:** dependiendo del tipo de red (servidores remotos, redes locales, etc.) el sistema de almacenamiento a elegir tendrá características diferentes y requerirá unas medidas de seguridad distintas.

■ **Complejidad del sistema de información:** el nivel de complejidad del sistema de información debe definir también el sistema de almacenamiento de los registros generados. Así, un sistema que tenga asignados numerosos perfiles de acceso y en el que intervengan varios equipos y dispositivos requerirá más capacidad y protección ante amenazas externas que un sistema de información que utilice un solo usuario en su equipo personal.

■ **Tipo de alojamiento de los registros:** hay varios tipos distintos de alojamiento de los registros que también hay que tener en cuenta y son importantes cuando se quiere seleccionar un sistema de almacenamiento:

▮ **Alojamiento tradicional:** el alojamiento tradicional de datos se utiliza cuando la organización dispone en sus instalaciones de equipos destinados al almacenamiento. La organización autogestiona el almacenamiento de sus registros.

▮ **Alojamiento web o *web hosting:*** el alojamiento web es un tipo de almacenamiento en el que los datos y registros se encuentran almacenados en internet (páginas web, servidores, etc.) y se puede acceder a ellos de modo virtual desde cualquier equipo o dispositivo. Este tipo de alojamiento puede ser gratuito aunque no es lo habitual y los servicios ofrecidos están bastante limitados. Suelen ser alojamientos de pago en los que se alquila espacio de almacenamiento en un disco virtual o en un sitio web.

▎**Alojamiento en la nube o *cloud hosting:*** el servicio de *cloud hosting* ofrece el almacenamiento de datos y registros y la utilización de aplicaciones a través de internet sin necesidad de que estén almacenados en el equipo. Son un tipo de alojamiento web y también hay de varias clases:

▎**Nubes públicas:** los sistemas de almacenamiento y las aplicaciones en las nubes públicas se encuentran en servidores externos al usuario, que pueden ser de acceso gratuito o de pago. Su principal ventaja es la gran capacidad de almacenamiento y procesamiento que ofrecen sin que haya necesidad de equipos adicionales.

▎**Nubes privadas:** en este caso los servicios que ofrecen las nubes privadas están dentro de las instalaciones de la organización y no es frecuente que oferten servicios a terceros. Al tener los datos localizados dentro de la organización, hay un mayor nivel de protección y seguridad.

▎**Nubes híbridas:** son una combinación de las nubes públicas y privadas. La organización gestiona su infraestructura de modo exclusivo pero también tiene acceso a algunos recursos de la nube pública.

 Nota

Al ser una combinación de tecnologías, el sistema de nubes híbridas ofrece las ventajas de las nubes públicas y privadas.

Aunque todos estos factores son decisivos en el momento de hacer la selección del sistema de almacenamiento, los más importantes son los requisitos legales y las necesidades de los recursos que se van a utilizar. No obstante, cada vez cobra más importancia la utilización del *cloud hosting* como sistema de almacenamiento de los registros en una organización.

Este tipo de alojamiento permite a los usuarios acceder a una serie de aplicaciones estandarizadas con un coste relativamente bajo y ofreciendo a las organizaciones una gran flexibilidad y adaptabilidad a sus datos y registros.

En resumen, esta tecnología ofrece a las organizaciones una serie de ventajas:

- **Reducción de costes:** al ser necesarias menos infraestructuras hay una reducción de costes importante. Habitualmente el coste irá relacionado con la cantidad de recursos requeridos por la organización.
- **Accesibilidad:** los archivos y registros almacenados en la nube ofrecen una mayor accesibilidad que los almacenados en discos locales, ya que el usuario podrá acceder a ellos desde cualquier punto con acceso a internet.
- **Escalabilidad:** esta tecnología está implementada de modo que se puede ir adaptando a las necesidades de los recursos de la organización, ofreciéndoles la posibilidad de adquirir más o menos recursos de un modo sencillo.
- **Seguridad:** aunque no lo parezca, el nivel de seguridad de esta tecnología es muy elevado y de ello se encarga el proveedor del servicio que, al estar especializado en almacenamiento de datos, tendrá acceso a mejores medidas de seguridad que cualquier organización.
- **Autoservicio:** las organizaciones pueden acceder a los recursos de la nube sobre la marcha y de modo prácticamente automático, sin necesidad de contactar con el proveedor del servicio para ello.

Para sintetizar los distintos conceptos y factores que formarán parte de la elección de un sistema de almacenamiento, se pueden visualizar en la siguiente tabla:

Factores para la elección del sistema de almacenamiento:	Características
Sistema operativo	*Linux, Windows* y otros.
Requisitos legales	LOPDGDD, derechos de propiedad intelectual, comercio electrónico, confidencialidad y privacidad de la información.
Capacidad de los recursos	Volumen de datos, intensidad de procesamiento...
Características de la red	Red local, utilización de servidores remotos...
Complejidad del sistema	Equipos y dispositivos del sistema, número de perfiles de usuario…
Tipo de alojamiento de datos	Tradicional, alojamiento red y alojamiento en la nube (público, privado o híbrido).

Como conclusión general, una vez vistos todos los factores relevantes para elegir el sistema de almacenamiento que va a utilizar una organización, solo cabe remarcar de nuevo la importancia de realizar un análisis exhaustivo del tipo de datos y registros que se van a almacenar y de que estos estén validados correctamente. La elección de los registros y su validez son la base de todo sistema de información, que puede llevar a decisiones equívocas y a errores de grandes magnitudes si no se recogen, almacenan y analizan con rigor y teniendo en cuenta las directrices establecidas por la organización.

 Actividades

9. Señale qué más factores pueden tenerse en cuenta cuando se quiere establecer un sistema de almacenamiento de registros. Busque más información y ponga varios ejemplos.

Aplicación práctica

Pablo, Marta y usted están valorando las distintas opciones de alojamiento de los registros que se van originando en su empresa. No quieren tener costes demasiado elevados y, por ello, prefieren no tener infraestructura de almacenamiento en la organización. Además, quieren tener la posibilidad de acceder a una serie de aplicaciones desde cualquier ubicación ya que como directivos están viajando continuamente. ¿Qué tipo de alojamiento de datos sería el adecuado en este caso?

SOLUCIÓN

El tipo de alojamiento de datos más adecuado en esta ocasión es el servicio en la nube, ya que es la única tipología que permite la ejecución de aplicaciones, además del almacenamiento de archivos, de modo remoto, sin necesidad de tener una infraestructura instalada dentro de la organización y con un coste relativamente reducido.

8. Resumen

Los procesos de monitorización de sistemas de información ofrecen una serie de documentos que son de utilidad para los directivos en el momento de la toma de decisiones. Los registros son formatos o impresos cumplimentados como resultado de la realización de una tarea de un sistema de la organización. Todas las tareas que realice una organización quedarán documentadas en un registro, que debe cumplir con una serie de propiedades: identificación, almacenamiento, protección, recuperación, retención y disposición.

El almacenamiento de registros especiales puede suponer a la organización la obligación del cumplimiento de unas condiciones legales reflejadas en las distintas normativas vigentes, la más importante la Ley Orgánica de Protección de Datos Personales y garantía de los derechos digitales.

El cumplimiento de estos requerimientos legales será una de las medidas de un plan de seguridad de la organización, pero no la única: en el documento de seguridad también es necesario el establecimiento de una serie de medidas que aumenten la seguridad del sistema de registros, acordes con su valor y con el daño que se puede ocasionar en caso de su pérdida. Estas medidas de seguridad pueden ser administrativas, físicas o técnicas.

Debido al cuidado que hay que tener con el tratamiento y almacenamiento de los registros, las organizaciones deben asignar responsables que se encarguen de garantizar los requerimientos legales y de seguridad establecidos, evitando así problemas de descontrol.

Los registros hay que almacenarlos de modo que se garantice el rendimiento, escalabilidad, confidencialidad, integridad y disponibilidad del sistema y, dependiendo del sistema operativo utilizado, las alternativas de almacenamiento del registro pueden ser distintas: mientras que en *Windows 11* se puede utilizar una aplicación para gestionar los registros, en *Linux* es necesaria la utilización de comandos.

Además, y a modo de conclusión, la elección del sistema de almacenamiento y custodia de estos registros debe realizarse teniendo en cuenta las características de la organización y de los registros.

Ejercicios de repaso y autoevaluación

1. **Complete la siguiente oración referente a la identificación de los registros:**

Los registros deben poder _____ con facilidad. Esta identificación hay que realizarla en dos _____: en el primero se identifican los registros según el formato utilizado para su _____ y en el segundo ya se diferencian por un campo identificador presente en el propio formato.

2. **¿Qué beneficios importantes puede obtener una organización si establece unas medidas de control de registros correcta y adecuada?**

_____
_____
_____
_____

3. **Según la LOPDGDD se debe preservar la protección de datos a través de:**

_____
_____
_____
_____
_____
_____
_____

4. **Rellene la siguiente tabla con las recomendaciones que deben tener en cuenta las organizaciones para cumplir las obligaciones legales respecto a datos personales:**

Obligación legal	Recomendación
Los datos deben recogerse solo con fines determinados explícitos y legítimos	⟶
Los datos deben ser adecuados y pertinentes en relación a su finalidad	⟶
Los datos deben ser exactos y veraces respecto a la situación del titular	⟶
Los datos deben ser conservados solamente durante el tiempo necesario para las finalidades para las que han sido recogidos	⟶

5. **Indique a qué tipo de medida de seguridad (administrativa, técnica o física) se corresponden las siguientes medidas:**

   a. Gestión de comunicaciones.
   b. Definición de controles respecto a los recursos humanos.
   c. Definición de políticas de seguridad.
   d. Establecimiento de perímetro de seguridad.

6. **Complete la siguiente oración:**

La _____ habla de que los códigos de conducta regulados por el Reglamento (UE) 2016/679 serán _____, y estos tendrán como objeto especificar la aplicación de la normativa en lo que respecta a: tratamiento leal y transparente; la recogida de datos personales; el ejercicio de los derechos de los interesados...

7. **¿Cuál de las siguientes obligaciones no es responsabilidad del responsable de seguridad de una organización?**

   a. Actualizar el listado de personal autorizado a acceder a datos personales en soporte papel de nivel alto.
   b. Controlar que solo el personal no autorizado pueda acceder a la información en papel de nivel alto.
   c. Establecer mecanismos para evitar que un usuario pueda acceder a ficheros distintos de los autorizados.
   d. Confeccionar y mantener actualizada una relación de usuarios y perfiles de usuarios a ficheros no automatizados y los accesos autorizados para cada uno de ellos.

8. **Relacione las definiciones siguientes con las carpetas del Editor del Registro de *Windows* mencionadas a continuación:**

   a. Contiene información sobre las configuraciones del usuario que está utilizando *Windows* en ese momento.
   b. Contiene información sobre las aplicaciones registradas y los sistemas de archivos. En esta carpeta se define qué programa debe abrir cada aplicación por defecto.
   c. Contiene los datos sobre los distintos perfiles de usuario que haya en *Windows*.
   d. Contiene información acerca del *hardware* del equipo.

   __ HKEY_CURRENT_USER
   __ HKEY_CURRENT_CONFIG
   __ HKEY_USERS
   __ HKEY_CLASSES_ROOT

9. **Indique a qué tipo de registro de *Windows* se corresponde cada una de las siguientes definiciones:**

   a. Registros que contienen los eventos ocurridos en los accesos del sistema.
   b. Registros que incluyen los eventos registrados por aplicaciones o programas.
   c. Registros que contienen los eventos que han sido generados por componentes del sistema operativo.

10. Complete la siguiente tabla, indicando la funcionalidad de los siguientes archivos de registro de *Linux:*

Nombre de archivo	Funcionalidad
/var/log/boot.log	
/var/log/daemon.log	
/var/log/errors.log	
/var/log/httpd.log	
/var/log/messages.log	
/var/log/user.log	

11. ¿Qué ventajas obtiene una organización al utilizar como sistema de almacenamiento el alojamiento de los registros en la nube?

_____

_____

_____

_____

12. ¿Cuál de los siguientes factores no se corresponde con los principales a tener en cuenta por las organizaciones en el momento de la elección del sistema de almacenamiento de los registros?

    a. Requisitos formales.
    b. Requisitos legales.
    c. Características de la red.
    d. Tipo de alojamiento de datos.

13. Relacione las siguientes definiciones con los distintos tipos de almacenamiento mencionados a continuación:

    a. Servicios que ofrecen el almacenamiento de datos y registros y la utilización de aplicaciones a través de internet sin necesidad de que estén almacenados en el equipo.

    b. Tipo de almacenamiento en el que los datos y registros se encuentran almacenados en internet y se puede acceder a ellos de modo virtual desde cualquier equipo o dispositivo.

    c. Alojamiento de los datos en los equipos y dispositivos situados dentro de la misma organización.

    __ Alojamiento tradicional.
    __ *Cloud hosting.*
    __ *Web hosting.*

14. ¿Cuáles son las principales normativas a tener en cuenta por las organizaciones en relación a la obtención y tratamiento de registros?

_____
_____
_____
_____

15. Complete la siguiente oración:

En el sistema operativo *Linux* se utilizan archivos de registro para registrar los _____ del sistema, entre ellos, la conexión de dispositivos, sesiones nuevas y otros mensajes. En cada mensaje consta el _____ que lo generó, la prioridad, la fecha y la _____.

Capítulo 7

Administración del control de accesos adecuados de los sistemas de información

Contenido

1. Introducción

Cuando se habla de servicios en el sistema informático, no hay que olvidar el tema de la seguridad. Un sistema informático mal protegido puede poner en peligro los datos que contiene y se puede incurrir incluso en problemas legales, produciendo graves daños y costes a las organizaciones.

Por ello, es fundamental que las organizaciones establezcan políticas de seguridad que impidan la utilización malintencionada de los recursos y cualquier tipo de incidencia que pueda ocurrir por la falta de protección del sistema.

Una medida de seguridad imprescindible es la referente al control de accesos: las organizaciones, en el momento de definir su política de seguridad, deben diseñar un sistema de control de accesos que permita que cada usuario solo tenga acceso a los archivos estrictamente necesarios para el desarrollo de sus funciones y que, además, solo pueda hacer una serie de acciones limitadas con ellos.

A continuación, se van a describir los principios referentes al control de accesos, junto con una serie de requerimientos legales que se deben tener en cuenta y, a efectos prácticos, las distintas herramientas y sistemas con las que se puede realizar una gestión de los permisos y controles de acceso de los usuarios.

2. Análisis de los requerimientos de acceso de los distintos sistemas de información y recursos compartidos

Los principales requerimientos de acceso a los sistemas de información y de los recursos compartidos están principalmente recogidos en la norma ISO/IEC 27002:2023 descrita en capítulos anteriores.

Concretamente, la parte que hace referencia al control de acceso se encuentra detallado en el punto 5.15 de dicha norma, y es la que se va a estudiar a continuación.

2.1. Requisitos de negocio para el control de accesos

Según la ya mencionada ISO/IEC 27002:2023, las organizaciones deberían establecer e implementar una serie de reglas que rijan el control de acceso (tanto físico como lógico) a la información y a los activos que estén asociados. Además, estas reglas deberían basarse en los requisitos de negocio y de seguridad de la información que se hayan establecido previamente en la organización.

El propósito de llevar a cabo un control de accesos es garantizar que todo acceso esté autorizado y evitar posibles accesos no autorizados a cualquier tipo de información del negocio.

Para ello, los responsables de la información y de los activos conexos tienen la tarea de evaluar los riesgos y determinar los niveles de seguridad necesarios para el control de acceso. Con base en esta evaluación se debe elaborar una política de control de acceso personalizada que aborde las necesidades del negocio y se comunique a todas las partes pertinentes.

De este modo, en el momento de definir los requisitos y la política específica de control de accesos hay que tener en cuenta los siguientes aspectos:

- La determinación del tipo de acceso a la información que necesita cada entidad.
- La seguridad de las aplicaciones.
- El acceso físico que se va a habilitar. Este debe respaldarse por controles físicos de entrada.
- La difusión y la autorización de la información, además de los niveles de seguridad de la información y su clasificación.
- Las restricciones que se establecerán para el acceso privilegiado a la información.
- La segregación de funciones en la gestión de accesos.
- La normativa, la legislación y las obligaciones contractuales relacionadas con la limitación del acceso a la información o a determinados servicios.
- La gestión de autorizaciones formales de las peticiones de acceso a la información.
- La gestión de los derechos de acceso a la información.
- El registro de los eventos.

Nota

En el momento de definir la política de controles de acceso de una organización no hay que olvidar los requerimientos de protección de datos de carácter personal y de propiedad intelectual.

Además, en el momento de concretar y aplicar las reglas de control de acceso, las organizaciones deberían considerar los siguientes aspectos:

- La uniformidad entre los derechos de acceso y la clasificación de la información.
- La uniformidad entre los derechos de acceso y los requisitos de seguridad y necesidades del perímetro físico.
- Considerar todos los puntos de entrada en entornos distribuidos para garantizar que el acceso a la información esté debidamente controlado.
- Tener en consideración cómo pueden reflejarse los factores importantes para el control de acceso dinámico.

2.2. Otros puntos importantes sobre el control de accesos en ISO/IEC 27002:2023

En el apartado 5.15 de la norma ISO 27002:2023 se especifican concretamente los requerimientos sobre el control de accesos que deben tener en cuenta las organizaciones en el momento de establecer su política de seguridad. No obstante, hay otros puntos importantes a tener en cuenta cuando se pretende definir una política de control de accesos en una organización.

De hecho, en el contexto del control de accesos se suelen utilizar una serie de principios generales, de los cuales los dos más importantes y utilizados son los siguientes:

- "Algo que sabes": solamente se permite acceder a la información que sea necesaria para la entidad para llevar a cabo las tareas.
- "Algo que necesitas": la entidad solo podrá tener asignado el acceso a la infraestructura de tecnología de la información en aquellas ocasiones en las que exista una necesidad clara.

Además, se aconseja tener especial cuidado en la especificación de las reglas de control de acceso, teniendo en cuenta lo siguiente:

- El establecimiento de reglas que se basen en la premisa del menor privilegio, es decir, considerar que es preferible que "todo se prohíba a no ser que se permita expresamente" a que "todo esté permitido a no ser que se prohíba expresamente".
- Los cambios que se hayan realizado en el etiquetado de la información de forma automática por las instalaciones de tratamiento de la información y aquellos cambios que se hayan iniciado discrecionalmente por el usuario.
- Los cambios en los permisos de usuarios que se hayan iniciado automáticamente y aquellos que hayan sido iniciados por un administrador.
- En qué momento hay que definir y revisar la aprobación de forma periódica.

Por último, otros aspectos a remarcar sobre la gestión del control de accesos podrían ser los siguientes:

- Las reglas de control de acceso que se establezcan deberían recogerse en una serie de procedimientos documentados.
- Las responsabilidades de la definición y gestión de las reglas de control de acceso deberían estar claramente definidas.
- Cabe distinguir entre distintas formas de implementar el control de acceso:

  - Sistema MAC: Control de acceso obligatorio.
  - Sistema DAC: Control de acceso discrecional.
  - Sistema RBAC: Control de acceso basado en roles.
  - Sistema ABAC: Control de acceso basado en atributos.

- Las reglas de control de acceso pueden también incluir elementos dinámicos como, por ejemplo, una función que se encargue de evaluar los accesos anteriores o una serie de valores específicos del entorno.
- La granularidad y la flexibilidad de las reglas de acceso son las que determinarán el coste de desarrollarlas. Así, un control de acceso granular con unas reglas de acceso estrictas supondrán un coste mayor que un control de acceso más genérico y flexible.

 Recuerde

Además del establecimiento de políticas de control de accesos de los usuarios, también hay que tener cuidado con los recursos compartidos. Es fundamental que todas las medidas de seguridad implantadas no comprometan a otros sistemas con los cuales se comparten recursos de información y aislar la información que se puede compartir de la confidencial para cada sistema de información.

 Actividades

1. Proponga varias medidas adicionales de control de acceso de usuarios que, en su opinión, podrían incluirse en la política de control de accesos de una organización.
2. Lea detenidamente la norma ISO/IEC 27002:2023, apartado 5.15, para conocer en profundidad los requerimientos que debería cumplir una organización en el momento de definir su política de control de accesos y señale sus características principales.

Aplicación práctica

Usted se encuentra en pleno proceso de definición de la política de control de acceso de su organización. Como no tiene muy claro cuáles son los sistemas de control de acceso que podría implantar, consulta la norma ISO 27002:2023. Atendiendo a lo que le indica la norma, ¿en qué apartado buscaría dichos sistemas y cuáles son las distintas opciones que podría implantar?

SOLUCIÓN

Atendiendo a la norma ISO 27002:2023, los distintos sistemas de control de acceso de una organización se encuentran recogidos en el apartado 5.15:

▌ Sistema MAC: Control de acceso obligatorio.
▌ Sistema DAC: Control de acceso discrecional.
▌ Sistema RBAC: Control de acceso basado en roles.
▌ Sistema ABAC: Control de acceso basado en atributos.

3. Principios comúnmente aceptados para el control de accesos y de los distintos tipos de acceso locales y remotos

Siguiendo con el estudio de la norma ISO/IEC 27002:2023, en esta también hay una serie de principios y prácticas comúnmente aceptadas para llevar a cabo el control de accesos y tener bajo control también los distintos tipos de accesos locales y remotos.

De hecho, a lo largo de dicha norma se enumeran estos principios y buenas prácticas básicas, diferenciando entre:

■ Gestión de identidad.
■ Gestión de privilegios de acceso.
■ Información de autenticación.
■ Derechos de acceso.

El objetivo común de estos principios consiste en asegurar el acceso del usuario autorizado, mientras se evita el acceso de los no autorizados a los sistemas de información de la organización (tanto locales como remotos).

En concreto, se recomienda establecer una serie de procedimientos formales que sirvan para controlar la asignación de los derechos de acceso a los distintos sistemas de información.

3.1. Gestión de identidad

En relación a la gestión de identidades, la organización debería poder gestionar el ciclo de vida completo de las mismas con la finalidad de poder obtener una identificación única tanto de los individuos como de los sistemas que acceden a la información de la organización y, así, permitir una asignación adecuada de los derechos de acceso.

Por ello, todos los procesos relacionados con la gestión de identidades deberían garantizar lo siguiente:

- **Identidad única:** cada identidad debe estar asociada a una sola persona física para garantizar la responsabilidad individual.
- **Restricción de identidades compartidas:** el uso de identidades compartidas debe estar debidamente justificado y autorizado.
- **Gestión de identidades no humanas:** las identidades de entidades no humanas requerirán controles de acceso y supervisión específicos.
- **Desactivación y eliminación oportunas:** las identidades se desactivarán o eliminarán tan pronto como dejen de ser necesarias.
- **Unicidad de identidad por entidad:** se evitará la duplicación de identidades dentro de un mismo ámbito.
- **Auditoría de identidades:** se establecerá un sistema de registro y auditoría para rastrear todas las actividades relacionadas con las identidades.

Recuerde

Se recomienda también incluir en los contratos de personal y en los contratos de servicio unas cláusulas en las que se indiquen las sanciones y faltas en las que se puede incurrir en caso de realizar accesos no autorizados.

3.2. Gestión de privilegios de acceso

Respecto a la gestión de los privilegios de acceso, la organización debería asegurar que la asignación y la utilización de derechos de acceso con privilegios debería restringirse y controlarse con la finalidad de garantizar que solo aquellos usuarios y servicios autorizados sean los que tengan derechos de acceso privilegiados.

Por ello, la asignación de los derechos de privilegios de acceso se debería controlar a través de un proceso de autorización que sea conforme con la política específica sobre control de accesos que establezca previamente la organización.

De este modo, deberían tenerse en cuenta lo siguiente:

- **Identificar los usuarios que tendrán privilegios:** habrá que determinar qué usuarios requieren permisos elevados para operar cada sistema o aplicación (por ejemplo: sistemas operativos, bases de datos).
- **Asignación de privilegios:** se deberían asignar los permisos de acceso privilegiado estrictamente necesarios a cada usuario, basándose en su función y en las políticas de seguridad establecidas.
- **Autorización y registro de privilegios:** se recomienda establecer un proceso formal para autorizar la concesión de privilegios, documentando todas las decisiones y manteniendo un registro detallado de los permisos asignados a cada usuario.

- **Caducidad de privilegios:** se deberían establecer y aplicar fechas de vencimiento automáticas para los derechos de acceso privilegiados, revisando periódicamente su vigencia.
- **Concienciación y diferenciación de privilegios:** hay que asegurar que los usuarios sean conscientes de cuándo están operando con privilegios elevados mediante el uso de identificadores, interfaces o equipos específicos.
- **Autenticación reforzada:** se recomienda implementar mecanismos de autenticación adicionales y más robustos para el acceso a privilegios, como la autenticación multifactor.
- **Evaluación periódica de los usuarios con privilegios:** habría que prohibir el uso de cuentas genéricas como "root" y proteger de manera estricta las credenciales de las cuentas privilegiadas.
- **Acceso privilegiado temporal *(break glass):*** deberían implementarse procedimientos de acceso privilegiado temporal para situaciones excepcionales, utilizando tecnologías de gestión de acceso privilegiado (PAM).
- **Auditoría de accesos privilegiados:** hay que registrar todas las acciones realizadas con privilegios elevados para fines de auditoría y detección de anomalías.
- **Unicidad de identidades privilegiadas:** se debería asignar una identidad única a cada usuario con privilegios, evitando compartir cuentas y agrupando identidades según roles para facilitar la gestión.
- **Separación de tareas:** deberían utilizarse exclusivamente cuentas privilegiadas para tareas administrativas, manteniendo cuentas separadas para actividades cotidianas.

Por ejemplo, en *Windows* se utiliza la herramienta **Cuentas de usuario** para crear, eliminar y gestionar cuentas de usuario para utilizar el sistema operativo, además de otorgar privilegios a cada cuenta.

Para acceder a ella vaya a **Inicio → Panel de control → Cuentas de usuario.**

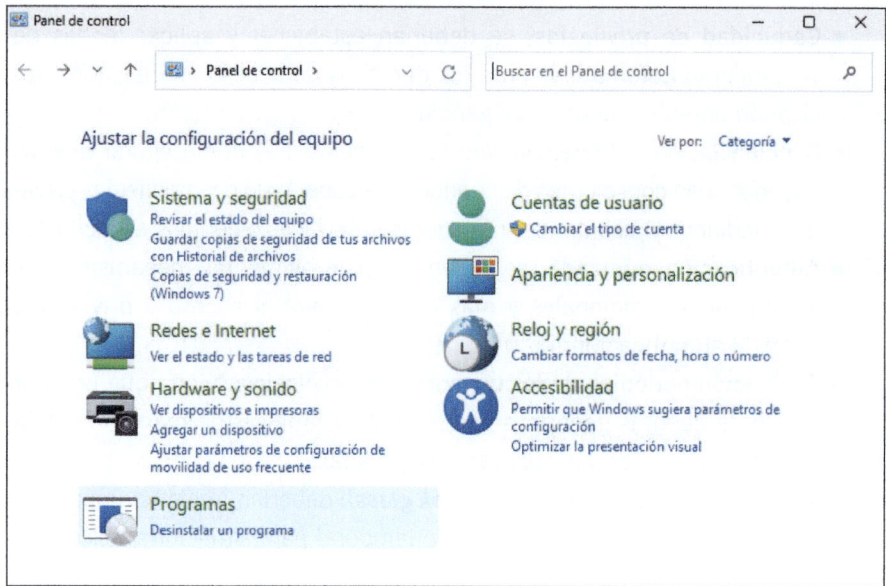

Además, también puede asignar y modificar los privilegios de la cuenta como **Usuario estándar** (los usuarios con estos privilegios solo podrán acceder y modificar aquellos elementos que no afecten a otros usuarios ni a la seguridad del equipo) o Administrador (con privilegios de acceso completo al equipo). Para ello, haga clic sobre **Cambiar el tipo de cuenta** o asígnelo directamente en el momento de la creación de la cuenta.

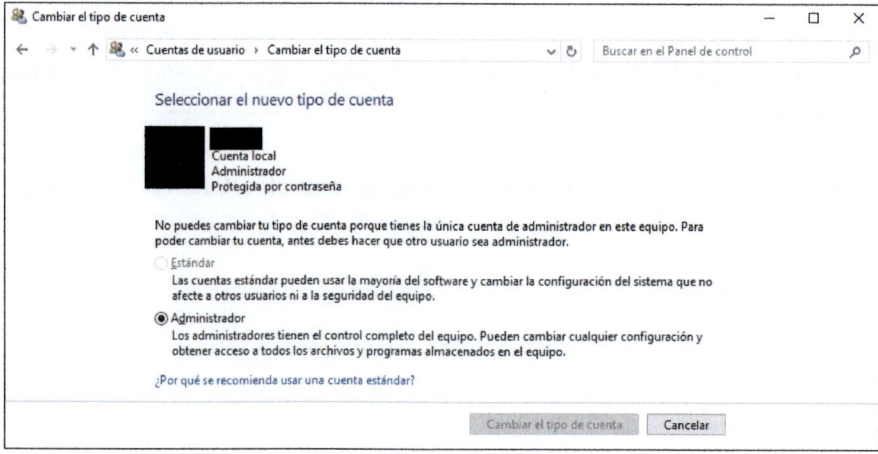

Herramienta para cambiar los privilegios de la cuenta de usuario en Windows

En *Linux,* también hay una herramienta gráfica que permite la configuración de cuentas de usuario e incluso de grupos de cuentas y sus correspondientes privilegios. Para acceder a la herramienta inicie la sesión como "root", pulse la combinación de teclas [Alt] + [F2] y ejecute el comando users-admin.

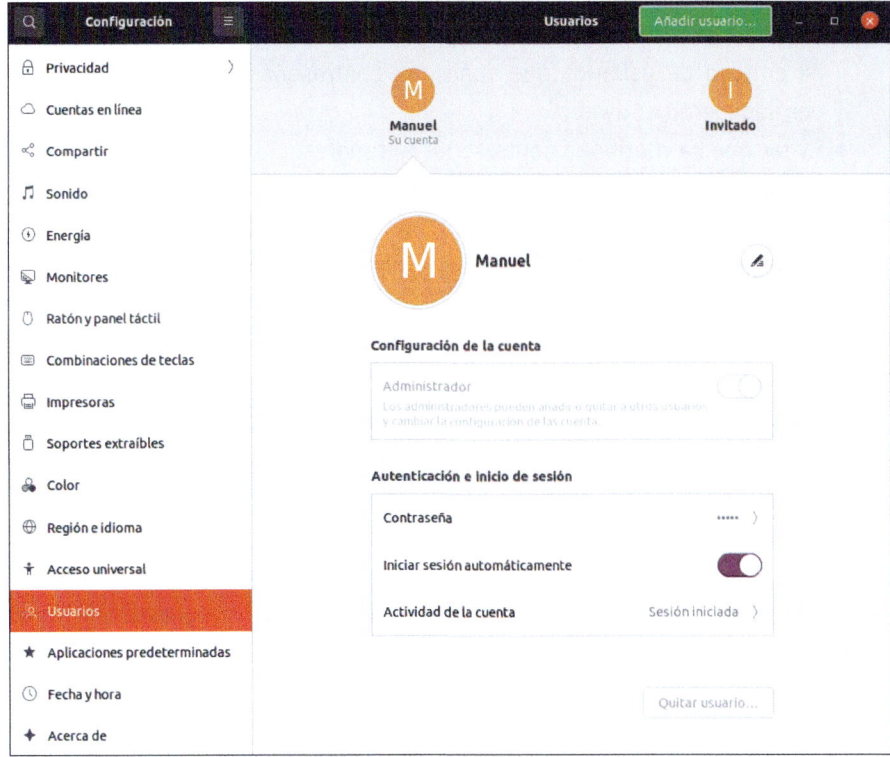

Herramienta de gestión de usuarios en Linux

3.3. Información de autenticación

Para las organizaciones también es fundamental establecer un procedimiento formal de gestión para la asignación de contraseñas a las cuentas de usuario. Así, cuando se emplean contraseñas como sistema de autenticación, el sistema que gestione las contraseñas debería realizar las siguientes acciones:

- Permitir que los usuarios escojan y modifiquen sus contraseñas e incluir un procedimiento de confirmación para solventar los errores de entrada.

- Exigir contraseñas seguras atendiendo a las recomendaciones de buenas prácticas.
- Forzar a los usuarios a que modifiquen sus contraseñas la primera vez que inicien sesión.
- Forzar a los usuarios a modificar las contraseñas siempre que sea necesario. Por ejemplo, se puede exigir un cambio de contraseña cuando ha sucedido un incidente de seguridad o en el caso de cese o cambio de empleo de usuarios que conozcan contraseñas de identidades que permanecerán activas.
- Evitar que se reutilicen contraseñas anteriores.
- Evitar que se utilicen contraseñas de uso común y de nombres de usuarios comprometidos.
- Evitar que se utilicen contraseñas y nombres de usuario que procedan de sistemas pirateados.
- No enseñar las contraseñas en la pantalla en el momento que se están introduciendo.
- Transmitir y guardar las contraseñas en forma protegida.

Las contraseñas sirven como medio común para identificar y dar permiso a los usuarios antes de acceder a un sistema de información. No obstante, como precaución, también se recomienda la utilización de otras alternativas tecnológicas para identificar a los usuarios, como utilización de firmas electrónicas o sistemas de verificación de huellas digitales, entre otras.

3.4. Derechos de acceso

Los derechos de acceso a la información y otros activos deben ser otorgados, revisados, actualizados y revocados siguiendo un proceso formal que cumpla con las políticas de seguridad y control de acceso de la organización. Todo ello con la finalidad de garantizar que el acceso a la información sea definido y autorizado, atendiendo a los requisitos del negocio.

Los directivos y gerentes de la organización deben encargarse de la revisión periódica de los distintos derechos de acceso de los usuarios mediante, también, un procedimiento formal que debe incluir por lo menos:

- Un proceso para asignar o revocar los derechos de acceso físicos y lógicos concedidos a la entidad autenticada de una entidad.
- Un proceso para llevar a cabo las revisiones periódicas de los derechos de acceso físicos y lógicos, en los que se describa el procedimiento a seguir en el caso de cualquier cambio dentro de la organización o en el caso de finalización de empleo de algún trabajador.
- Un proceso en el que se especifiquen que los derechos de acceso de los usuarios a la información se deberían revisar, ajustar o borrar antes de que se cambie o se finalice una relación laboral.
- La consideración de establecimiento de roles de acceso de usuarios que se basen en los requisitos del negocio, de modo que se engloben varios derechos de acceso en ciertos perfiles de acceso de usuarios típicos.

 Nota

Una opción muy útil para asignar acceso a los usuarios es la clonación. No obstante, esta opción se debe utilizar con cautela, teniendo en cuenta los distintos roles identificados por la entidad en lugar de simplemente clonar las identidades con todos los derechos de acceso que estén asociados a ellas.

 Actividades

3. Señale qué son los privilegios de usuario y por qué habría que asignar distintos privilegios a cada usuario. Razone su respuesta.
4. En este capítulo se habla de la importancia de establecer procedimientos formales para desarrollar una correcta política de control de accesos. Señale por qué son tan importantes los procedimientos formales y si realmente es necesario que estos procedimientos estén documentados. Justifíquelo.

Aplicación práctica

Usted, como responsable de seguridad, se encuentra revisando los privilegios de las distintas cuentas de usuario que tienen acceso al sistema operativo de la organización (en este caso *Microsoft Windows)* y se ha dado cuenta de que un usuario estándar tiene permisos de administrador. Vistos los riesgos que esto entraña, decide cambiar los permisos de dicho usuario a permisos de un usuario estándar normal. ¿Qué herramienta debería utilizar y cómo accedería a ella?

SOLUCIÓN

Para gestionar las cuentas de usuario que tienen acceso a *Microsoft Windows* y cambiar los privilegios de usuario administrador a usuario estándar, necesita la herramienta Cuentas de usuarios. Para acceder a ella, vaya a **Inicio → Panel de control → Cuentas de usuario.**

4. Requerimientos legales en referencia al control de accesos y asignación de privilegios

Los requerimientos legales en referencia al control de accesos y a la asignación de privilegios que hay que tener en cuenta se refieren sobre todo a la Ley de Protección de Datos de Carácter Personal (LOPDGDD 3/2018) y al Reglamento (UE) 2016/679 relativo a la protección de las personas físicas en lo que respecta al tratamiento de datos personales y a la libre circulación de estos datos.

Ambas normativas establecen como principio fundamental la garantía de las tres propiedades de la información, ya mencionadas anteriormente:

- Integridad de la información: la información no debe sufrir cambios no deseados.
- Confidencialidad de la información: solo los usuarios autorizados deben poder tener acceso a la información.
- Disponibilidad de la información: la información debe estar disponible siempre que las personas autorizadas lo requieran.

Como la LOPDGDD ya se ha estudiado ampliamente, simplemente comentar que los responsables o encargados del tratamiento deben encargarse de adoptar e implantar una serie de medidas, que pueden ser:

- **Medidas organizativas:** medidas cuyos objetivos están encaminados al establecimiento de procedimientos, normas, reglas y estándares de seguridad para proteger los datos personales en el momento de su tratamiento.
- **Medidas técnicas:** medidas cuyos objetivos están encaminados a mantener la integridad, confidencialidad y disponibilidad de la información cuando esta contiene datos de carácter personal. Estas medidas están clasificadas en función del nivel de seguridad de sus datos: básico, medio y alto.

En cuanto al R. D. 1720/2007, por el que se aprueba el Reglamento de medidas de seguridad de los ficheros automatizados que contengan datos de carácter personal, también se mencionan en este los niveles de seguridad y, del mismo modo que en la LOPDGDD, se describen los datos respecto a los cuales deben tomarse cada tipo de medida.

La LOPDGDD impulsa una serie de medidas de seguridad que hay que tomar en referencia al control de accesos y a la asignación de privilegios. Estas medidas pueden pueden resumirse en:

- Los usuarios deben tener acceso autorizado únicamente a aquellos datos que precisen para el desarrollo de sus funciones.
- El responsable de tratamiento establecerá mecanismos para evitar que un usuario pueda acceder a datos o recursos con derechos distintos de los autorizados.
- La relación de usuarios con acceso autorizado al sistema de información contendrá específicamente el acceso autorizado para cada uno de ellos.
- Exclusivamente el personal autorizado para ello en el documento de seguridad podrá conceder, alterar o anular el acceso autorizado sobre los datos y recursos, conforme a los criterios establecidos por el responsable de tratamiento de datos.
- El responsable de tratamiento establecerá un mecanismo que permita la identificación de forma inequívoca y personalizada de todo aquel usuario que intente acceder al sistema de información y la verificación de que está autorizado.

- Se limitará la posibilidad de intentar reiteradamente el acceso no autorizado al sistema de información.
- En cuanto a control de acceso físico, exclusivamente el personal autorizado en el documento de seguridad podrá tener acceso a los locales donde se encuentren ubicados los sistemas de información con datos de carácter personal.
- De cada acceso, se guardarán, como mínimo, la identificación del usuario, la fecha y hora en que se realizó, el fichero accedido, el tipo de acceso y si ha sido autorizado o denegado.
- En el caso de que el acceso haya sido autorizado, será preciso guardar la información que permita identificar el registro accedido.
- Los mecanismos que permiten el registro de los datos estarán bajo control directo del responsable de seguridad sin que se deba permitir, en ningún caso, la desactivación de los mismos.
- El período mínimo de conservación de los datos registrados será de dos años.
- El responsable de seguridad competente deberá revisar periódicamente la información de control registrada y elaborará un informe de las revisiones realizadas y problemas detectados, al menos, una vez al mes.

A modo de resumen, la siguiente tabla comprime las distintas medidas de seguridad que establecen los requisitos legales en cuanto a control de accesos y privilegios:

MEDIDAS DE SEGURIDAD
Acceso autorizado solo a los datos necesarios.
Establecimiento de mecanismos para evitar el acceso de usuarios con derechos distintos a los autorizados (responsable de tratamiento de datos).
Relación de usuarios que contenga el acceso autorizado de cada uno de ellos.
La concesión, alteración y/o anulación del acceso autorizado solo puede realizarla el personal autorizado en el documento de seguridad.
El responsable de tratamiento de datos debe establecer un mecanismo para identificar a los usuarios que intentan acceder al sistema.
Limitación de los intentos reiterados de accesos no autorizados.
Control de acceso físico limitado al personal autorizado en el documento de seguridad.

MEDIDAS DE SEGURIDAD
Almacenamiento de la identificación, fecha y hora del acceso, fichero accedido, tipo de acceso y acceso autorizado/denegado en cada acceso.
En accesos autorizados, almacenamiento de la información que identifique al registro accedido.
El responsable de seguridad debe controlar directamente los mecanismos de registro de los datos.
Conservación de los datos: mínimo dos años.
Revisión de la información de control y elaboración de informes: una vez al mes por el responsable de seguridad.

Actividades

5. Son muchos más los mecanismos de protección que promulga la Directiva Europea a través del Reglamento (UE) 2016/679. Considere algún otro mecanismo de protección para asegurar la seguridad de la información. Razone su respuesta.

Aplicación práctica

En su empresa le han encomendado la tarea de analizar los tipos de datos que hay y de proponer las medidas de seguridad referentes al control de acceso, necesarias atendiendo al nivel de seguridad requerido por los datos. Teniendo en cuenta que hay una carpeta con datos referentes a la solvencia patrimonial y económica de sus clientes, ¿a qué nivel corresponden estos datos y qué medidas debería adoptar sobre esa carpeta?

SOLUCIÓN

Los datos referentes a la solvencia patrimonial y económica de personas necesitan medidas de nivel medio, además de las de nivel básico. Estas medidas son las siguientes:

I Los usuarios deben tener acceso autorizado únicamente a aquellos datos que precisen para el desarrollo de sus funciones.

Continúa en página siguiente >>

<< Viene de página anterior

I Se establecerán mecanismos para evitar el acceso de los usuarios con derechos distintos a los autorizados.

I Se elaborará una relación de usuarios que contenga el acceso autorizado de cada uno de ellos.

I La concesión, alteración y/o anulación del acceso autorizado solo podrá realizarla el personal autorizado en el documento de seguridad.

I El responsable del fichero establecerá un mecanismo que permita la identificación de forma inequívoca y personalizada de todo aquel usuario que intente acceder al sistema de información y la verificación de que está autorizado.

I Se limitará la posibilidad de intentar reiteradamente el acceso no autorizado al sistema de información.

I En cuanto a control de acceso físico, exclusivamente el personal autorizado en el documento de seguridad podrá tener acceso a los locales donde se encuentren ubicados los sistemas de información con datos de carácter personal.

5. Perfiles de acceso en relación con los roles funcionales del personal de la organización

En el momento de decidir los distintos perfiles de acceso que va a definir la organización hay que tener en cuenta los distintos roles funcionales de su personal. Cuando se quieren definir los roles, antes de nada hay que visualizar y tener claro el organigrama de la organización.

Un organigrama no es más que la representación gráfica de la estructura de una empresa u organización. En él se representan los distintos departamentos que forman parte de la organización, sus competencias y las relaciones jerárquicas que hay establecidas entre los distintos puestos y departamentos.

El organigrama debe ser sencillo, conciso y sistemático. No es necesario que aporte información detallada de las funciones de cada puesto de trabajo, con incluir el nombre del puesto, del empleado que ocupa cada puesto y sus relaciones jerárquicas es más que suficiente para obtener una visión global de la estructura funcional de la empresa.

Un ejemplo de organigrama podría ser el siguiente:

Para definir los roles de acceso, una vez clara la estructura funcional de la organización, habría que adentrarse en las descripciones, funcionalidades y responsabilidades de cada puesto de trabajo para poder conocer las características de cada uno de ellos y ser capaz de decidir hasta qué nivel de seguridad deben poder acceder los empleados pertenecientes a cada puesto.

Asimismo, cuando ya se han concretado los permisos y privilegios de acceso de cada puesto de trabajo habrá que concretar todos y cada uno de los empleados que pertenecen a cada puesto y otorgar permisos, identificadores y contraseñas personalizados en función de su nivel de responsabilidad y del nivel de seguridad al que pueden acceder para el desempeño correcto de sus tareas de trabajo.

Decididos ya los accesos que se quieren otorgar a cada empleado de la organización, estos podrán distinguirse entre:

- **Solo lectura:** el usuario con estos permisos solo podrá leer y visualizar los ficheros. No podrá ejecutar ninguna aplicación.
- **Lista de contenidos:** el usuario podrá abrir las carpetas para visualizar los archivos que hay en ella, pero no podrá acceder a ellos.
- **Leer y ejecutar:** el usuario podrá ejecutar aquellas aplicaciones que no influyan en los datos de la organización y también podrá visualizar los archivos, aunque no podrá realizar ninguna modificación en ellos.
- **Leer y modificar:** con estos privilegios, el usuario, además de poder visualizar los archivos, podrá realizar modificaciones en los archivos vistos. También podrá ejecutar aplicaciones y modificar archivos a través de ellas. No obstante, no tiene permiso para crear archivos nuevos ni eliminar los existentes.
- **Control total:** el usuario ya está autorizado para hacer cualquier tipo de operación en los archivos sobre los que se les ha asignado este permiso, desde su creación, modificación hasta su eliminación.

 Nota

El otorgamiento de accesos de control total debe limitarse lo máximo posible para evitar exponer los archivos ante cualquier utilización malintencionada.

Es de sentido común que la asignación de permisos tenga que ser coherente con la jerarquía establecida en el organigrama de la organización: los usuarios con menores responsabilidades deberán tener menos privilegios o solo sobre archivos menos relevantes; sin embargo, los altos directivos deberán tener privilegios para ejercer el control total de los archivos de su competencia. De este modo, la estructura de los permisos que se van a otorgar a los usuarios debe responder con la estructura real de la organización.

Además, los permisos asignados a cada puesto de trabajo deberán versar sobre los archivos estrictamente necesarios para el desempeño efectivo de su trabajo, nunca dando permisos para visualizar o modificar archivos que no son de su competencia.

Con una correcta asignación de permisos acorde a los roles definidos dentro de una organización ya se podrá llevar a cabo un control de seguridad óptimo sobre los accesos a los archivos de la organización.

En concordancia con lo mencionado en apartados anteriores respecto a los requerimientos legales y a modo de conclusión, no hay que olvidar que es recomendable, y en ocasiones obligatorio, que la asignación de permisos de acceso y privilegios debe documentarse formalmente, informando a cada empleado de los permisos que tiene, de sus derechos y obligaciones, además de las sanciones en las que puede incurrir en caso de violar dichos permisos.

 Actividades

6. Idee una empresa a su elección y confeccione su propio organigrama.
7. Señale por qué hay que asignar privilegios distintos a los diferentes puestos de trabajo y en qué riesgos se podría incurrir en caso de tener todo el personal el mismo tipo de acceso y privilegios.

6. Herramientas de directorio activo y servidores LDAP en general

El **directorio activo** es un servicio de directorio que gestiona todos los elementos que forman parte de una red, desde equipos hasta grupos, usuarios, dominios, políticas de seguridad y cualquier otro objeto que esté definido por el usuario.

Importante

Un servicio de directorio hace referencia al directorio donde está almacenada la información sobre los usuarios y los recursos y también el conjunto de servicios que permite gestionar todos estos recursos.

6.1. Funciones del directorio activo

Las funciones del directorio activo se definen en torno a tres áreas:

- **Gestión de identidad.** En cuanto a gestión de identidad, el directorio activo se encarga de identificar inequívocamente a cualquier persona de una organización mediante:

   - La elaboración y revisión de un repositorio central de usuarios, servidores y puestos.
   - La reducción a lo esencial del número de repositorios y contraseñas.
   - El establecimiento de políticas de seguridad, validación y autorización.

- **Seguridad.** El directorio activo tiene como función la organización y simplificación de la localización y el acceso a los distintos recursos de la red de la organización. Además, también aplica las políticas de seguridad establecidas en la organización mediante una herramienta de gestión unificada. Todo ello, a través de:

   - La automatización del bloqueo de sistemas operativos.
   - El refuerzo de la utilización de contraseñas y credenciales.
   - La posibilidad de delegar tareas administrativas para conseguir una administración homogénea.

- **Gestión de la configuración.** El directorio activo realiza una gestión de la configuración de los elementos de la red para conseguir aumentar la productividad del usuario y reducir los costes de administración, soporte y aprendizaje. Para conseguir estos objetivos, se basa en funciones como:

- La gestión uno a muchos de los usuarios y equipos.
- La automatización del forzado de las políticas de seguridad.
- Una implementación eficiente de las configuraciones estándar para usuarios, grupos de usuarios y equipos.

El directorio activo está construido alrededor de una serie de protocolos de plataforma independiente que permiten trabajar tanto con sistemas operativos *Windows, Linux* o *Macintosh.* Los principales protocolos son los siguientes:

- **LDAP:** se trata de un protocolo que permite el acceso a un servicio de directorio ordenado y distribuido cuya función principal es permitir la búsqueda de información en un entorno de red. En numerosas ocasiones, es considerado como una base de datos sobre la que se pueden realizar una serie de consultas para localizar los datos deseados.
- **DNS:** es una base de datos jerárquica en la que se almacena información sobre los nombres de dominio en las redes. Su utilización más frecuente está relacionada con la asignación de nombres de dominio a las direcciones IP.
- **DHCP:** es un protocolo que asigna de modo automático las direcciones IP.
- **Kerberos:** es un protocolo de autenticación de usuarios que permite que dos equipos situados en una red de baja seguridad se puedan identificar mutuamente de un modo seguro.

Actividades

8. Busque más información sobre la utilidad y funcionalidades de los protocolos mencionados en este apartado: LDAP, DNS, DHCP y Kerberos.

6.2. LDAP o Protocolo Ligero para Acceder al Servicio de Directorio y herramientas de directorio activo

El Protocolo Ligero para Acceder al Servicio de Directorio o LDAP *(Lightweight Directory Access Protocol)* es aquel que almacena la información de los usuarios que forman parte de una red y permite el acceso a los datos de un directorio ordenado y distribuido cuando se pretende localizar algún tipo de información.

En el LDAP la información se almacena en entradas. Una entrada es una colección de atributos con un único Nombre Global Distinguido o DN. Cada uno de los atributos de una entrada contiene un tipo y uno o varios valores: los tipos suelen ser palabras nemotécnicas, por ejemplo, "mail" para referirse a correos electrónicos. Un atributo llamado "mail" podría contener valores como, por ejemplo: lgarcia@gmail.com.

Las entradas siguen una estructura jerárquica con forma de árbol invertido, con una serie de bifurcaciones, como en la imagen siguiente:

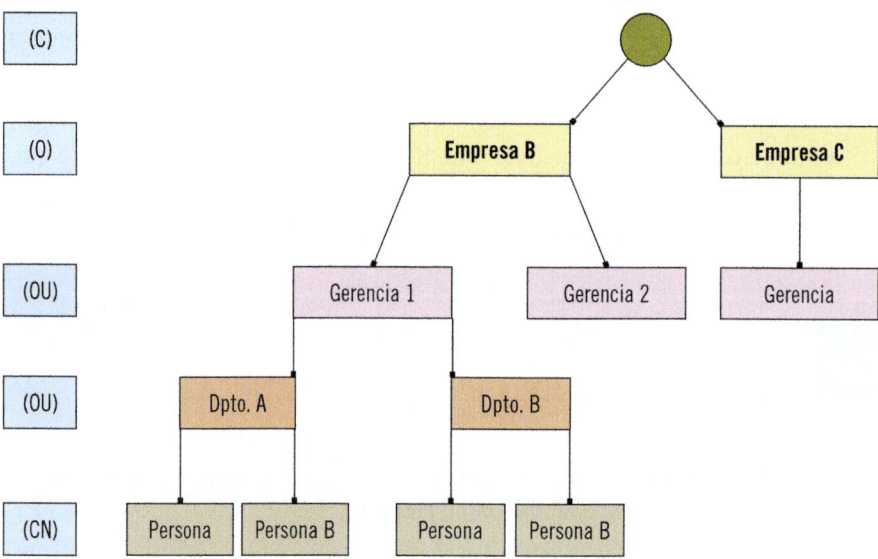

Como se ve en la imagen, cada entrada está formada por un conjunto de pares (atributos) con un nombre asociado a cada uno de ellos (descripción del atributo) y, al final del árbol, uno o varios valores.

El mecanismo de DLAP busca e identifica las entradas requeridas mediante la utilización de pares clave/valor. Las claves más utilizadas por LDAP para localizar información son las siguientes:

- **uid:** identificación única obligatoria.
- **cn** *(common name):* nombre de la persona.
- **givenname:** nombre de pila de la persona.
- **sn** *(surname):* apellido de la persona.
- **o** *(organization):* organización donde trabaja la persona.
- **u:** unidad o departamento en el que trabaja la persona.
- **mail:** correo electrónico de la persona.

Herramientas de directorio activo y servidores LDAP

Actualmente, en el mercado hay numerosas herramientas de directorio activo y servidores LDAP. A continuación, se enumeran las herramientas más utilizadas.

Active Directory (AD)

Active Directory es la herramienta de directorio activo utilizada por *Windows Server 2022.* Almacena la información sobre los recursos de la red y permite el acceso de los usuarios y las aplicaciones a dichos recursos. Es una herramienta muy útil si se pretende realizar una administración centralizada del acceso a los recursos de la red.

Es un servicio de directorio que almacena un repositorio estructurado sobre todo tipo de objetos: equipos, impresoras, usuarios, servidores, etc.

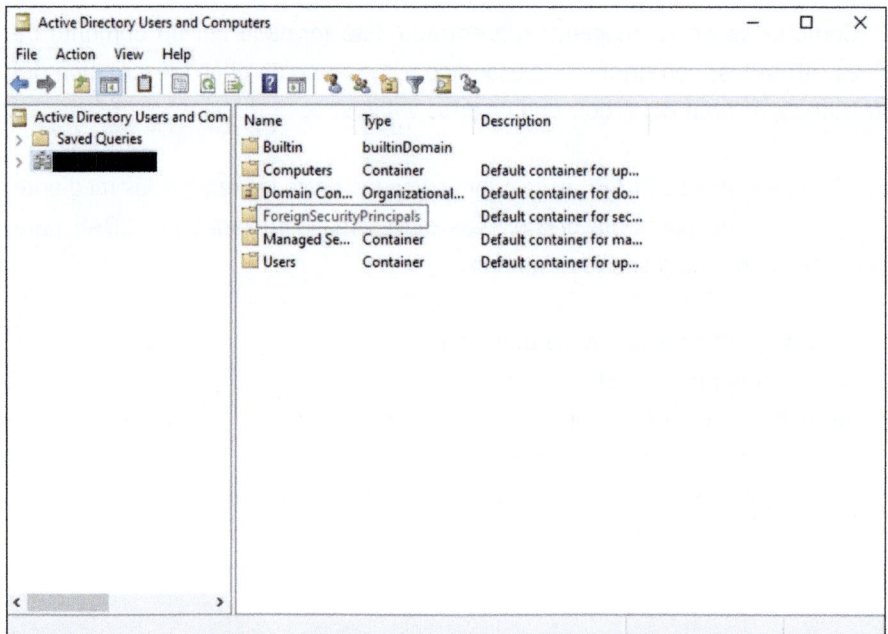

Herramienta Active Directory

OpenLDAP

OpenLDAP es una implementación libre del protocolo LDAP con licencia propia. Es un protocolo independiente de la plataforma y se puede utilizar tanto en *Linux* como *Macintosh* y *Microsoft Windows,* entre otros sistemas operativos.

Esta distribución contiene, a su vez, varios programas:

▌ **Slapd:** servidor LDAP que permite utilizar múltiples bases de datos.

▌ **Slurpd:** programa que se encarga de distribuir los cambios producidos en el servidor maestro a los demás servidores.

▌ **Librerías:** librerías LDAP que se pueden generar de forma estática y/o dinámica.

Apache Directory Server/Apache Directory Studio

Apache Directory Server o *Apache DS* es un servidor de directorio LADP desarrollado en lenguaje Java bajo la licencia de Apache *Software.* El navegador LDAP de este servidor es el llamado *Apache Directory Studio.* Además del protocolo LDAP, *Apache DS* también soporta más protocolos como Kerberos, DNS y NTP, entre otros. Facilita un directorio de usuarios y sus respectivos grupos a los que pertenecen y tiene funciones propias de las bases de datos relacionales, lo que lo diferencia de otras herramientas. Es una de las herramientas más útiles para administrar servidores LDAP.

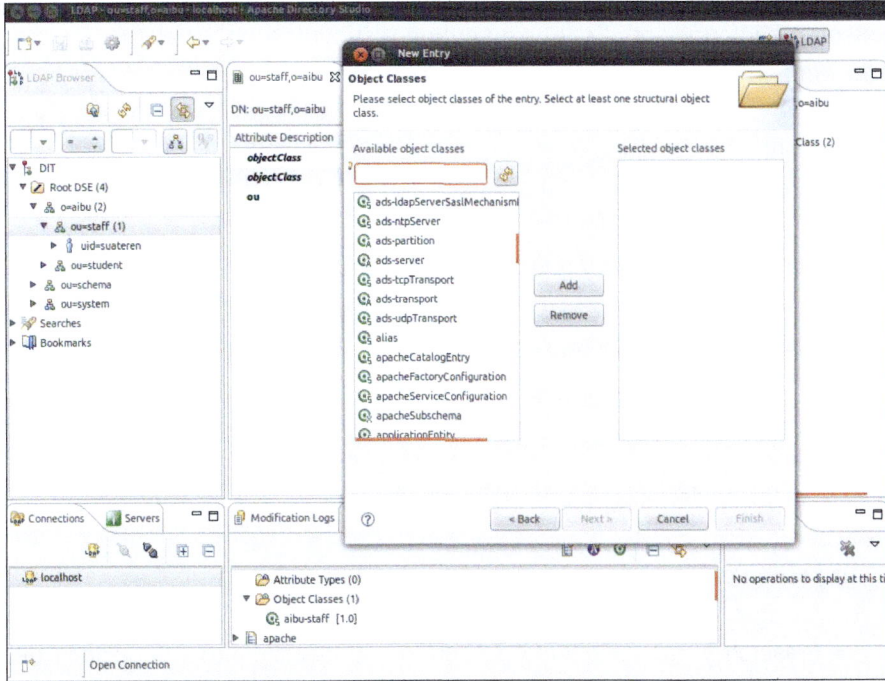

Navegador del servidor Apache DS, Apache Directory Studio

Actividades

9. Elija una de las herramientas mencionadas en este apartado e intente instalar alguna en su equipo para profundizar sobre sus funcionalidades y las posibilidades que ofrece.

7. Herramientas de sistemas de gestión de identidades y autorizaciones (IAM)

La identidad es la representación de un individuo o entidad dentro de un sistema de información. Es lo que permite distinguir a un usuario de los demás. Un perfil de identidad incluye aspectos como:

- Identificación única.
- Información personal del usuario.
- Credenciales de autenticación.
- Permisos de acceso y roles asignados al usuario.

La gestión de identidades y autorizaciones (IAM) es un conjunto de sistemas y procesos encargados de gestionar y controlar la identidad de las personas que acceden a los recursos del sistema de información y todo aquello que puede hacer cada usuario con estos recursos, cumpliendo en todo momento con las políticas definidas por la organización.

La gestión de identidades aporta funcionalidades como:

- Creación y mantenimiento de perfiles, lo que simplifica la gestión de los usuarios.
- Facilita o deniega el acceso a los recursos, tanto lógicos como físicos, a los usuarios adecuados.
- Añade visibilidad a los servicios de la organización, ampliando de un modo seguro los servicios que esta ofrece a los usuarios.

Las herramientas de gestión de identidades se utilizan sobre todo para administrar la autenticación de los usuarios, los derechos y restricciones de acceso, los distintos perfiles de cuentas, contraseñas y otros conceptos básicos para administrar los perfiles de acceso a una aplicación. Asimismo, con las herramientas AIM se pueden llevar a cabo acciones como:

- **Provisión o desprovisión de cuentas:** dar de alta cuentas nuevas en el momento que un nuevo usuario debe poder acceder al sistema y dar de baja las cuentas cuando el usuario que las utilizaba ya no debe acceder al mismo.
- **Automatización del flujo de trabajo:** las herramientas AIM permiten automatizar tareas que facilitan la integración de los distintos procesos de autenticación y autorización de los usuarios de la organización.
- **Administración remota:** con las herramientas AIM se pueden gestionar las identidades desde equipos externos con una simple conexión a internet.
- **Sincronización de contraseñas:** las herramientas AIM permiten que los usuarios tengan la misma contraseña para cada sistema y aplicación mediante su sincronización.
- **Reemplazo automático de contraseñas:** en el momento que hay varios intentos de acceso no autorizados, las herramientas de gestión de identidades permiten el reemplazo automático de las contraseñas para impedir este tipo de acceso.

Así, se puede resumir que la gestión de identidades es el puente entre las personas físicas y los recursos que facilitan los servicios de información en cuanto a identificación, autentificación, identidad y autorización de usuarios y a cumplimiento de la política de la organización.

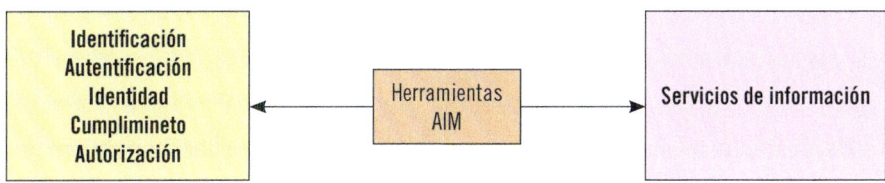

Como ventajas principales de estas herramientas destacan la mejora de la seguridad de la organización, la consolidación de las políticas de seguridad definidas y la reducción de los costes de administración. Por ello, estas herramientas AIM son soluciones muy adecuadas ante un entorno donde el desarrollo de las tecnologías de la información es creciente y más concretamente porque proporcionan soluciones a las problemáticas siguientes:

- Cada vez hay un mayor número de usuarios, tanto internos como externos (clientes, proveedores, empleados, etc.) que deben acceder a los recursos del sistema de información de la organización.
- Hay un número creciente de oportunidades de negocio a través del desarrollo de las nuevas tecnologías, que requiere un mayor nivel de control y seguridad en las operaciones de la organización.
- Hay numerosas aplicaciones y sistemas que cuentan con sus propias formas de autenticación y autorización.
- Los usuarios disponen de múltiples autorizaciones que se basan en distintos mecanismos de autorización y es necesario un sistema integrador.
- Los requerimientos legales, sobre todo la LOPDGDD, exigen controles muy elevados de seguridad.
- El aumento de competencia en los mercados exige una reducción de los costes, que las herramientas AIM son capaces de facilitar.

Nota

Gracias al elevado nivel de seguridad que facilitan las herramientas de sistemas de gestión de identidades y autorizaciones se puede combatir el aumento de riesgo de accesos no autorizados a los sistemas.

No obstante, a pesar de las numerosas ventajas de estas herramientas, también hay que tener en cuenta una serie de desventajas:

■ La funcionalidad de sincronización de contraseñas supone un incremento de los riesgos de seguridad, ya que si se descubre una contraseña se puede acceder a todas las aplicaciones a las que el usuario tiene acceso.

■ En las herramientas de gestión de identidades y autorizaciones, el acceso a las aplicaciones se realiza mediante la autenticación de los usuarios. Si hay algún fallo en los procesos de autenticación y autorización, esto afectaría a todas las aplicaciones integradas en estas herramientas.

■ La implementación de estas herramientas suele requerir una reestructuración de los procesos y de la operativa de las organizaciones, lo que supone tiempo, gasto y recursos.

■ La implementación de estas herramientas requiere una elevada inversión de dinero, tiempo y recursos, lo que no resultaría viable para proyectos a corto plazo.

■ Es necesario tener un conocimiento profundo de las aplicaciones que se pretenden integrar en la solución AIM para que las configuraciones de autenticación y autorización se realicen correctamente.

Una de las soluciones más utilizadas en la actualidad es la herramienta desarrollada por Oracle: *Oracle Identity Manager.*

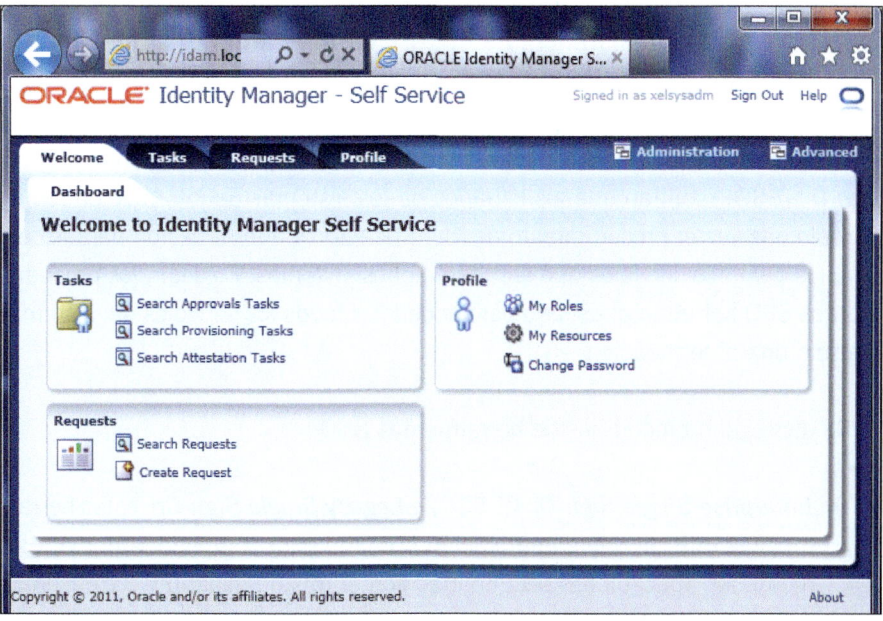

Oracle Identity Manager

Esta herramienta es una solución integrada que incluye:

- Un repositorio estándar LDAP para facilitar información de identidad.
- Permite la integración con otros directorios.
- Permite la integración del aprovisionamiento automático de los usuarios en el entorno *Oracle*.
- Facilita herramientas de administración que permiten que sea la propia organización la que realice la gestión de identidades.
- Facilita herramientas *Single sign-on* para aplicaciones web.

Actividades

10. En este apartado se indica que las herramientas IAM son un puente entre las personas y los servicios que facilitan los sistemas de información. Comente qué significa este enunciado y explíquelo con detenimiento.

8. Herramientas de sistemas de punto único de autenticación: *Single Sign On* (SSO)

Las herramientas de sistemas de punto único de autenticación o *Single Sign On* (SSO) facilitan que los usuarios de los sistemas de información realicen solo una vez el procedimiento de identificación y autenticación para acceder a los distintos servicios que facilitan dichos sistemas. Es decir, los procedimientos SSO habilitan al usuario para acceder a todos los servicios del sistema con solo una autenticación.

Se distinguen cinco tipos de herramientas SSO:

- **Enterprise Single Sign-On** (E-SSO) o **Legacy Single Sign-On:** estas herramientas utilizan una autenticación primaria para completar automáticamente las aplicaciones secundarias con el mismo usuario y contraseña.

- **Web Single Sign-On (Web-SSO) o Web Access Management (Web-AM):** solo funciona en aplicaciones y recursos web y utilizan *cookies* para reconocer a aquellos usuarios que han accedido exitosamente y su estado de autenticación.
- **Kerberos:** protocolo que externaliza la autenticación de los usuarios a través del servidor Kerberos.
- **OpenID:** herramienta que compila la identidad en una dirección url, que puede ser verificada posteriormente por cualquier aplicación o servidor para conocer la identidad y los privilegios del usuario que pretende acceder a ellos.
- **Identidad federada:** es una herramienta mediante la cual se evitan autenticaciones redundantes para identificar a los usuarios en aplicaciones web.

Una herramienta SSO útil y de código abierto (y, por lo tanto, gratuita), es la antigua *OpenSSO* llamada en la actualidad *OpenAM.* Esta está distribuida por la empresa Sun Microsystems y dispone de funcionalidades que permiten la simplificación de la identificación de los usuarios en infraestructuras de red segura.

Sus capacidades principales son las siguientes:

- Servicios de autenticación de usuarios.
- Permite establecer políticas de autorización.
- Adapta el proceso de autenticación al riesgo de la red y/o aplicación: cuanto más riesgo haya, más pasos habrá que seguir hasta concluir con la autenticación.
- Facilita servicios de identidad federada.
- Provee múltiples mecanismos distintos SSO.
- Alta disponibilidad, habiendo una ratio muy reducida de fallos en los inicios de sesión.
- Permite que los administradores puedan realizar modificaciones en la aplicación con conocimientos de programación.

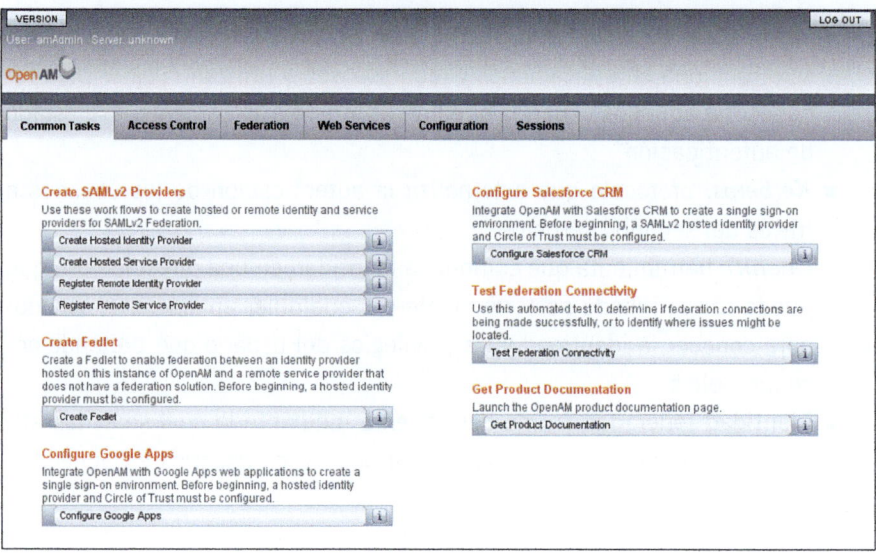

Herramienta OpenAM

Aplicación práctica

Como responsable de seguridad de su organización, ha decidido incrementar el nivel de seguridad de acceso a los datos y tiene claro que quiere implantar algún sistema de punto único de identificación *Single Sign On*. Aún no sabe cuál va a implantar pero sí tiene claro que este sistema utilice las *cookies* para reconocer a los usuarios que se han identificado correctamente y les permita el acceso posterior sin necesidad de identificarse nuevamente. ¿Qué tipo de sistema de punto único de identificación implantaría?

SOLUCIÓN

El sistema de punto único de identificación que utiliza las *cookies* como sistema de reconocimiento de usuarios identificados con éxito y permite accesos posteriores sin necesidad de identificarse nuevamente es el *Web Single Sign-On* (Web-SSO) o *Web Access Management* (Web-AM), siendo esta la herramienta apropiada en esta ocasión.

Actividades

11. Describa las diferencias entre los cinco tipos de herramientas SSO.

9. Resumen

En el momento de definir la política de acceso de los sistemas de información de una organización es fundamental realizar un análisis inicial de los requerimientos de acceso. Estos requerimientos se encuentran recogidos principalmente en la norma ISO/IEC 27002:2023.

Además de la Norma ISO mencionada en el párrafo anterior, también hay que referirse a la Ley de Protección de Datos personales y garantía de derechos digitales (Ley 3/2018) la cual persigue adaptar a la normativa española las recomendaciones del Reglamento Europeo (UE) 2016/679 que a su vez tiene como objetivo unificar criterios de actuación en todos los países miembros, en relación a la protección de las personas físicas en lo que respecta al tratamiento de datos personales y a la libre circulación de estos datos.

Una vez definida la política de seguridad de la empresa y revisadas las medidas de seguridad que hay que tomar, atendiendo a los requerimientos legales establecidos, ya se pueden definir los distintos perfiles de acceso de la organización atendiendo al puesto de trabajo que ocupan dentro de ella. No todos los empleados deben poder acceder y utilizar el mismo tipo de información, todo lo contrario: será vital observar el organigrama de la organización y las funcionalidades y responsabilidades de cada puesto de trabajo para así asignarles acceso y privilegios exclusivamente a la información necesaria y pertinente para cada empleado.

Hay varias herramientas de control de accesos: las herramientas de directorio activo gestionan todos los elementos que forman parte de una red; las herramientas de gestión de identidades y autorizaciones (IAM) se encargan de gestionar la identidad de las personas que acceden a los recursos del sistema de información y todo aquello que puede hacer cada usuario con estos recursos; y, para terminar, las herramientas de sistemas de punto único de autenticación o *Single Sign On* (SSO), que facilitan que los usuarios de los sistemas de información solo tengan que identificarse una vez para acceder a los distintos servicios del sistema de información.

Con todas estas herramientas, las organizaciones pueden llevar a cabo una política de control de accesos activa y eficiente y aumentar así el nivel de seguridad de la organización.

Ejercicios de repaso y autoevaluación

1. **Cuando se define una política de control de accesos, la norma ISO 27002:2023 describe que hay varias formas de implementar un control de accesos adecuados. Indique cuál de las siguientes opciones no se corresponde con un sistema de control de accesos:**

    a. Control de acceso obligatorio.
    b. Control de acceso universal.
    c. Control de acceso basado en redes.
    d. Control de acceso basado en atributos.

2. **Complete la siguiente oración:**

En relación a la gestión de identidades, la organización debería poder gestionar el ciclo de _____ completo de las mismas con la finalidad de poder obtener una identificación _____ tanto de los individuos como de los sistemas que acceden a la información de la organización y, así, permitir una asignación adecuada de los derechos de _____.

3. **Según la norma ISO/IEC 27002:2023, todos los procesos relacionados con la gestión de identidades deberían garantizar una serie de aspectos. ¿Cuál de las siguientes frases no se corresponde con estos aspectos?**

    a. Identidad genérica.
    b. Gestión de identidades no humanas.
    c. Auditoría de identidades.
    d. Identidad única.

4. Los directivos y gerentes de una organización deben encargarse de la revisión periódica de los derechos de acceso de los usuarios. Esta revisión debe realizarse mediante un procedimiento formal. Indique qué debe incluir, como mínimo, este procedimiento.

_____

_____

_____

_____

5. ¿Qué norma ISO recoge los requerimientos para definir una correcta política de acceso a los sistemas de información de una organización?

    a. ISO 27001:2023
    b. ISO 27002:2023
    c. ISO 27003:2023
    d. ISO 27004:2024

6. Identifique los siguientes enunciados con cada tipo de medidas que debe adoptar e implantar el responsable de un fichero:

    a. Medidas cuyos objetivos están encaminados a mantener la integridad, confidencialidad y disponibilidad de la información cuando esta contiene datos de carácter personal. Estas medidas están clasificadas en función del nivel de seguridad de sus datos: básico, medio y alto.
    b. Medidas cuyos objetivos están encaminados al establecimiento de procedimientos, normas, reglas y estándares de seguridad para proteger los datos personales en el momento de su tratamiento.

7. Según la LOPDGDD, ¿qué nombre recibe el responsable de los datos dentro de una organización?

    a. Responsable de ficheros.
    b. Responsable del tratamiento de ficheros.
    c. Responsable del tratamiento de datos.
    d. Responsable de datos.

8. **Comente qué acciones podrá realizar un usuario con los permisos siguientes:**

   a. El usuario podrá ejecutar aquellas aplicaciones que no influyan en los datos de la organización y también podrá visualizar los archivos, aunque no realizará ninguna modificación en ellos.
   b. El usuario ya está autorizado para hacer cualquier tipo de operación sobre los archivos en los que se les ha asignado este permiso, desde su creación, modificación hasta su eliminación.
   c. El usuario podrá abrir las carpetas para visualizar los archivos que hay en ella, pero no podrá acceder a ellos.
   d. El usuario con estos permisos solo podrá leer y visualizar los ficheros. No podrá ejecutar ninguna aplicación.

9. **Rellene las medidas de seguridad que falten en el listado.**

MEDIDAS DE SEGURIDAD
Almacenamiento de la identificación, fecha y hora del acceso, fichero accedido, tipo de acceso y acceso autorizado/denegado en cada acceso.
Control de acceso físico limitado al personal autorizado en el documento de seguridad.
Acceso autorizado solo a los datos necesarios.
Revisión de la información de control y elaboración de informes: una vez al mes por el responsable de seguridad.

10. **Relacione las siguientes definiciones con los protocolos mencionados a continuación:**

    a. Es una base de datos jerárquica en la que se almacena información sobre los nombres de dominio en las redes. Su utilización más frecuente está relacionada con la asignación de nombres de dominio a las direcciones IP.
    b. Es un protocolo que asigna de modo automático las direcciones IP.

    c. Es un protocolo de autenticación de usuarios que permite que dos equipos situados en una red de baja seguridad se puedan identificar mutuamente de un modo seguro.

    d. Se trata de un protocolo que permite el acceso a un servicio de directorio ordenado y distribuido cuya función principal es permitir la búsqueda de información en un entorno de red. En numerosas ocasiones, es considerado como una base de datos sobre la que se puede realizar una serie de consultas para localizar los datos deseados.

    __ DHCP.
    __ Kerberos.
    __ LDAP.
    __ DNS.

11. **¿Qué es un directorio activo?**

12. **Indique a qué hacen referencia las siguientes claves utilizadas con frecuencia en DLAP:**

    a. u.
    b. sn.
    c. cn.
    d. givenname.

13. **Complete la siguiente oración:**

La gestión de identidades y autorizaciones (IAM) es un conjunto de sistemas y procesos encargados de gestionar y controlar la _____ de las personas que acceden a los recursos del _____ y todo aquello que puede hacer cada usuario con estos recursos, cumpliendo en todo momento con las _____ definidas por la organización.

14. ¿Cuál de los siguientes aspectos no está incluido en un perfil de identidad?

    a. Información personal del usuario.
    b. Credenciales de autenticación.
    c. Identificación común.
    d. Permisos de acceso y roles asignados al usuario.

15. Relacione las siguientes definiciones con cada tipo de herramienta SSO:

    a. Protocolo que externaliza la autenticación de los usuarios a través del servidor Kerberos.
    b. Herramienta mediante la cual se evitan autenticaciones redundantes para identificar a los usuarios en aplicaciones web.
    c. Herramienta que compila la identidad en una dirección url, que puede ser verificada posteriormente por cualquier aplicación o servidor para conocer la identidad y los privilegios del usuario que pretende acceder a ellos.
    d. Herramienta que utiliza una autenticación primaria para completar automáticamente las aplicaciones secundarias con el mismo usuario y contraseña.

    __ Identidad federada.
    __ OpenID.
    __ Kerberos.
    __ Enterprise Single Sign-On (E-SSO) o Legacy Single Sign-On.

Bibliografía

Monografías

▍ BEAS Arco, J.: *Sistemas Informáticos.* Madrid: Editorial Síntesis. 2024.

▍ CARRACEDO, O.: *Seguridad en redes telemáticas.* Madrid: McGraw Hill, 2004.

▍ GÓMEZ, J.: *Administración avanzada de sistemas informáticos.* Madrid: Editorial Ra-ma, 2010.

▍ JIMÉNEZ Cumbreras, I.M.: *Sistemas informáticos.* Madrid: Garceta Grupo Editorial, 2023.

▍ JOYANES Aguilar, L.: *Sistemas De Información En La Empresa.* Madrid: Marcombo, 2015.

▍ VELTHUIS, M.P.: *Auditoría de tecnologías y sistemas de información.* Madrid: Editorial Ra-ma, 2008.

Textos electrónicos, bases de datos y programas informáticos

▍ Normas ISO/IEC, de: <http://www.ISO27000.es>.

▍ Aulaclic, de: <http://www.aulaclic.es>.

▍ Plantillas ITILv4, de: <https://www.itil-docs.com/blogs/itil-concepts/itil-v4-various-processes-and-explanations>.